The Same Planet
同一颗星球

The Same Planet
同一颗星球

刘 东 主编

消费的阴影
对全球环境的影响

[加拿大] 彼得·道维尼 (Peter Dauvergne) 著
蔡媛媛 译

The Shadows of Consumption

Consequences for

the Global Environment

江苏人民出版社

总　序

这套书的选题,我已经默默准备很多年了,就连眼下的这篇总序,也是早在六年前就已起草了。

无论从什么角度讲,当代中国遭遇的环境危机,都绝对是最让自己长期忧心的问题,甚至可以说,这种人与自然的尖锐矛盾,由于更涉及长时段的阴影,就比任何单纯人世的腐恶,更让自己愁肠百结、夜不成寐,因为它注定会带来更为深重的,甚至根本无法再挽回的影响。换句话说,如果政治哲学所能关心的,还只是在一代人中间的公平问题,那么生态哲学所要关切的,则属于更加长远的代际公平问题。从这个角度看,如果偏是在我们这一代手中,只因为日益膨胀的消费物欲,就把原应递相授受、永续共享的家园,糟蹋成了永远无法修复的、连物种也已大都灭绝的环境,那么,我们还有何脸面去见列祖列宗?我们又让子孙后代去哪里安身?

正因为这样,早在尚且不管不顾的 20 世纪末,我就大声疾呼这方面的"观念转变"了:"……作为一个鲜明而典型的案例,剥夺了起码生趣的大气污染,挥之不去地刺痛着我们;其实现代性的种种负面效应,并不是离我们还远,而是构成了身边的基本事实——不管我们是否承认,它都早已被大多数国民所体认,被陡然上升的死亡率所证实。准此,它就不可能再被轻轻放过,而必须被投以全力的警觉,就像当年全力捍卫'改革'时一样。"[①]

[①] 刘东:《别以为那离我们还远》,载《理论与心智》,杭州:浙江大学出版社,2015 年,第 89 页。

的确，面对这铺天盖地的有毒雾霾，乃至危如累卵的整个生态，作为长期惯于书斋生活的学者，除了去束手或搓手之外，要是觉得还能做点什么的话，也无非是去推动新一轮的阅读，以增强全体国民，首先是知识群体的环境意识，唤醒他们对于自身行为的责任伦理，激活他们对于文明规则的从头反思。无论如何，正是中外心智的下述反差，增强了这种阅读的紧迫性：几乎全世界的环境主义者，都属于人文类型的学者，而唯独中国本身的环保专家，却基本都属于科学主义者。正由于这样，这些人总是误以为，只要能用上更先进的科技手段，就准能改变当前的被动局面，殊不知这种局面本身就是由科技"进步"造成的。而问题的真正解决，却要从生活方式的改变入手，可那方面又谈不上什么"进步"，只有思想观念的幡然改变。

幸而，在熙熙攘攘、利来利往的红尘中，还总有几位谈得来的出版家，能跟自己结成良好的工作关系，而且我们借助于这样的合作，也已经打造过不少的丛书品牌，包括那套同样由江苏人民出版社出版的、卷帙浩繁的"海外中国研究丛书"；事实上，也正是在那套丛书中，我们已经推出了聚焦中国环境的子系列，包括那本触目惊心的《一江黑水》，也包括那本广受好评的《大象的退却》……不过，我和出版社的同事都觉得，光是这样还远远不够，必须另做一套更加专门的丛书，来译介国际上研究环境历史与生态危机的主流著作。也就是说，正是迫在眉睫的环境与生态问题，促使我们更要去超越民族国家的疆域，以便从"全球史"的宏大视野，来看待当代中国由发展所带来的问题。

这种高瞻远瞩的"全球史"立场，足以提升我们自己的眼光，去把地表上的每个典型的环境案例都看成整个地球家园的有机脉动。那不单意味着，我们可以从其他国家的环境案例中找到一些珍贵的教训与手段，更意味着，我们与生活在那些国家的人们，根本就是在共享着"同一个"家园，从而也就必须共担起沉重的责任。从这个角度讲，当代中国的尖锐环境危机，就远不止是严重的中国问题，还属于更加深远的世界性难题。一方面，正如我曾经指出过的："那些非西方社会其实只是在受到西方冲击并且纷纷效法西方以后，其生存环境才变得如此恶劣。因此,在迄今为止的文明进程中,最不公正的历史事实之一是,原本产自某一文明内部的恶果,竟要由所有其他文明来痛苦地承受……"①而另一方面,也同样无可讳言的是,当代中国所造成的严重生态失衡,转而又加剧了世界性的环境危机。甚至,从任何有限国度来认定的高速发展,只要再换从全球史的视野来观察,就有可能意味着整个世界的生态灾难。

正因为这样,只去强调"全球意识"都还嫌不够,因为那样的地球表象跟我们太过贴近,使人们往往会鼠目寸光地看到,那个球体不过就是更加新颖的商机,或者更加开阔的商战市场。所以,必须更上一层地去提倡"星球意识",让全人类都能从更高的视点上看到,我们都是居住在"同一颗星球"上的。由此一来,我们就热切地期盼着,被选择到这套译丛里的著作,不光能增进有关自然史的丰富知识,更能唤起对于大自然的责任感,以及拯救这个唯一家园的危机感。的确,思想意识的改变是再重要不过了,否则即使耳边充满了危急的报道,人们也仍然有可能对之充耳不闻。甚至,还有人专门喜欢到电影院里,去欣赏刻意编造这些祸殃的灾难片,而且其中的毁灭场面越是惨不忍睹,他们就越是愿意乐呵呵地为之掏钱。这到底是麻木还是疯狂呢?抑或是两者兼而有之?

不管怎么说,从更加开阔的"星球意识"出发,我们还是要借这套书去尖锐地提醒,整个人类正搭乘着这颗星球,或曰正驾驶着这颗星球,来到了那个至关重要的,或已是最后的"十字路口"!我们当然也有可能由于心念一转而做出生活方式的转变,那或许就将是最后的转机与生机了。不过,我们同样也有可能——依我看恐怕是更有可能——不管不顾地懵懵懂懂下去,沿着心理的惯性而"一条道走到黑",一直走到人类自身的万劫不复。而无论选择了什么,我们都必须在事先就意识到,在我们将要做出的历史性选择中,总是凝聚着对于后世的重大责任,也就是说,只要我们继续像"击鼓传花"一般地,把手

---

① 刘东:《别以为那离我们还远》,载《理论与心智》,第85页。

中的危机像烫手山芋一样传递下去,那么,我们的子孙后代就有可能再无容身之地了。而在这样的意义上,在我们将要做出的历史性选择中,也同样凝聚着对于整个人类的重大责任,也就是说,只要我们继续执迷与沉湎其中,现代智人(homo sapiens)这个曾因智能而骄傲的物种,到了归零之后的、重新开始的地质年代中,就完全有可能因为自身的缺乏远见,而沦为一种遥远和虚缈的传说,就像如今流传的恐龙灭绝的故事一样……

2004年,正是怀着这种挥之不去的忧患,我在受命为《世界文化报告》之"中国部分"所写的提纲中,强烈发出了"重估发展蓝图"的呼吁——"现在,面对由于短视的和缺乏社会蓝图的发展所带来的、同样是积重难返的问题,中国肯定已经走到了这样一个关口:必须以当年讨论'真理标准'的热情和规模,在全体公民中间展开一场有关'发展模式'的民主讨论。这场讨论理应关照到存在于人口与资源、眼前与未来、保护与发展等一系列尖锐矛盾。从而,这场讨论也理应为今后的国策制订和资源配置,提供更多的合理性与合法性支持"[①]。2014年,还是沿着这样的问题意识,我又在清华园里特别开设的课堂上,继续提出了"寻找发展模式"的呼吁:"如果我们不能寻找到适合自己独特国情的'发展模式',而只是在盲目追随当今这种传自西方的、对于大自然的掠夺式开发,那么,人们也许会在很近的将来就发现,这种有史以来最大规模的超高速发展,终将演变成一次波及全世界的灾难性盲动。"[②]

所以我们无论如何,都要在对于这颗"星球"的自觉意识中,首先把胸次和襟抱高高地提升起来。正像面对一幅需要凝神观赏的画作那样,我们在当下这个很可能会迷失的瞬间,也必须从忙忙碌碌、浑浑噩噩的日常营生中,大大地后退一步,并默默地驻足一刻,以便用更富距离感和更加陌生化的眼光来重新回顾人类与自然的共生历史,也从

[①] 刘东:《中国文化与全球化》,载《中国学术》,第19—20期合辑。
[②] 刘东:《再造传统:带着警觉加入全球》,上海:上海人民出版社,2014年,第237页。

头来检讨已把我们带到了"此时此地"的文明规则。而这样的一种眼光,也就迥然不同于以往匍匐于地面的观看,它很有可能会把我们的眼界带往太空,像那些有幸腾空而起的宇航员一样,惊喜地回望这颗被蔚蓝大海所覆盖的美丽星球,从而对我们的家园产生新颖的宇宙意识,并且从这种宽阔的宇宙意识中,油然地升腾起对于环境的珍惜与挚爱。是啊,正因为这种由后退一步所看到的壮阔景观,对于全体人类来说,甚至对于世上的所有物种来说,都必须更加学会分享与共享、珍惜与挚爱、高远与开阔,而且,不管未来文明的规则将是怎样的,它都首先必须是这样的。

我们就只有这样一个家园,让我们救救这颗"唯一的星球"吧!

刘东

2018 年 3 月 15 日改定

谨以此书献给我的孩子们

目 录

前言　001

引言　消费日益增长,形成生态阴影　001
第1章　失衡的全球政治经济　003
第2章　消费走向消亡　020

第一部分　汽车　035
第3章　意外的依赖? 通往汽车世界之路　037
第4章　优良的驾乘:安全又清洁　046
第5章　道路代价　057
第6章　事故和排放的全球化　066

第二部分　含铅汽油　071
第7章　加铅的科学:加出利润和风险　073
第8章　铅的使用必须停止　087
第9章　将铅逐出非洲　099
第10章　风险的全球化　104

第三部分　冰箱　109
第11章　冷冻臭氧层　111
第12章　逐步禁用含氟冰箱　121
第13章　销售"高级"冰箱　134
第14章　插电全球化　146

第四部分　牛肉　151

第 15 章　高效食用牛：高速、高脂、低价　153

第 16 章　大块牛肉的生态学　167

第 17 章　可持续牛肉？追逐"普通"食用牛的风潮　176

第 18 章　更多肉品的全球化　187

第五部分　捕猎竖琴海豹　191

第 19 章　向鲜血染红的冰层进发：英雄与过度捕杀　193

第 20 章　残忍！用行动主义消灭市场需求　207

第 21 章　为全球化市场捕猎幼海豹　220

第 22 章　动荡市场的全球化　231

结语　改变全球消费　237

第 23 章　环保主义的幻觉　239

第 24 章　平衡消费模式下更加光明的世界秩序　250

参考文献　265

致谢　321

译后记　323

前　言

就个体而言，我们的日常选择似乎对全球环境毫无影响。比方说，1814 年在潘帕斯(Pampas)草原①上，一个农民点了一盏油灯；或是 1889 年，上海的一个孩童吃了一碗米饭，这会有什么影响呢？某人在 1937 年驾驶一辆福特 T 型汽车驶过金门大桥；或是在 1946 年的伦敦，一名律师打开床头灯阅读《愤怒的葡萄》；抑或是在 2008 年的堪培拉，一名少年打开西屋(Westinghouse)冰箱去取一瓶牛奶，这实在说不上会有什么影响吧？然而，日积月累，所有这些个人消费行为——就如同台风中的雨滴——必将造成一定的后果。同样，所有引发消费的过程也必将造成一定的后果。

那么，消费行为会产生什么样的环境后果呢？它们如何影响我们的健康和安全？当今世界，消费不断增长，许多生态系统承受的压力越来越大，人们自然会问出这样的问题。但是几乎没有哪本书曾尝试作出回答。大多数关注的是消费对当地生态系统和生活方式产生的更即时的影响。我从更广泛的领域着眼，从不同的角度切入，不仅分析了消费的直接后果，也分析了从事消费品供应和更新的公司、贸易和融资链对环境造成的影响。我称之为"消费的生态阴影"，这就涵盖了所有可能产生的全球伤害模式。采取这种方式，毫无疑问，是将破坏全球环境所应承担的主要责任加诸于有权有钱阶级，但他们也和我们所有人一样，作为消费者承担着微责任。本书重点论述了政治、经济进程是如何将消费品成本转嫁给偏远的生态系统、居民社区和未来，从而揭示了我们个人选择的深远影响，这种影响几乎没有人看得到——或是不想看到。分析不仅局限于某些产品的改良过程，这就揭

---

① 潘帕斯草原：位于南美洲南部，阿根廷中、东部。"潘帕斯"源于印第安丘克亚语，意为"没有树木的大草原"，是南美洲比较独特的一种植被类型。——译者注

示了全球环境一步步踏入全面危机的核心原因。

要描绘出每一个消费生态阴影的原因和影响的足迹需要几代人的研究。我并没有蜻蜓点水似地触及多种产品,而是只记述了五种产品的历史,它们代表了从高端的制造业到低端捕猎的一系列政治经济范畴。每段历史用了三个章节展开论述,结尾处总结了经验教训,有助于理解生态阴影是如何及为何形成、转变和消亡的。

我先介绍了过去100年中两种最普遍——也最致命——的产品:汽车和含铅汽油。紧接着,我将分析延伸至家庭生活,转向了冰箱这种产品,人们更多地称赞它提高了食品的安全性,却忽略了它所造成的全球性伤害。最后我分析了两种动物产品,食用牛和竖琴海豹。有些人也许认为最后一个不合适(因为皮草这种奢侈品造成的全球后果比牛肉小得多),我之所以将其包含进来是要探究世界经济的外围消费与核心消费有何不同——这对于研究的全面性至关重要,因为相对于汽车、含铅汽油、冰箱和牛肉来说,大量消费品的政治经济学与海豹更为相似。

我总是找出发生积极变化的来源和实例——更安全的汽车、更干净的空气、高级的冰箱、有机的牛肉、反弹的生态系统——事实上,比一些读者在名为《消费的阴影》的这本书里预期读到的要多得多。我之所以这么做,一来是避免我的结论有失偏颇,二来是为了找到缓和消费的阴影效应的方法。

本书揭示了过去40年来环境保护主义不断发展的诸多动向。各国政府向环保机构赋予权力,改革国家政策,协商并强化国际环境法规。国际机构和援助捐赠国向发展中国家提供更多资金和技术,支持其开展环保行动。全世界的活动家们组织更多的活动对消费者进行教育,并鼓动公司和政府进一步深化环境改革。越来越多的公司在生产中奉行企业社会责任政策。越来越多的消费者从"绿色"市场购买"绿色"产品。

无论如何,环保主义的全球化减少了消费品的单位生态影响,使得资源利用更加高效。但是,我同样要论证的是,这些实例也揭示出,为何我们现在付出这么多努力管理全球环境却没有成效。很多"进步"都是一点一点发生的,是地方性的,更多地用来保护了特权和权力持有者,而不是生态系统和穷人。同时,随着企业、贸易、融资的全球化,生态阴影发生转移,不断加剧,并且投向更加偏远的地区,地球上的某些区域——如非洲和大洋洲——不得不为不断增加的消费付出不相称的代价。

从更大的层面来说,加速的变革将环境的负担转嫁给更为脆弱的生态系统以及那些无力应对恶劣后果的贫困人民。环境成本被隐藏在了偏远地区,由子孙后代来承担,而企业、政府及富人消费者对当今全球环境发生的许多变化却不承担责任。如此一来,富人浪费资源、过度消费,牺牲了贫困地区人民食、住等方面的基本需求。需付出的代价到很久以后方能显现,所有消费者均承受着长期的健康和安全风险。终于,国家开始逐步采取措施保护其公民和经济,于是便将环境成本转移至政治、经济权利较弱小的地区——热带雨林、最贫困的社区、最弱小的国家、公海、大气层——使其陷入危机,濒临崩溃。

从全球的情况来看,多地环境的完整性和稳定性都遭到破坏,不断恶化。冰川和原始热带雨林持续萎缩,沙漠面积越来越大,危险的化学品不断扩散,自然资源和淡水供应量日益减少。不断有物种灭绝,海洋里的生命越来越少。最令我们警醒的是,温室气体使地球变暖,气候正在发生变化,本世纪以来海平面升高,风暴更加肆虐。与此同时,城市里的污染和拥堵状况日益严重,农村地区工业化农场的面积逐渐扩大,"新型改良"消费品中的化学品渗入含水层、食物链,进入了千家万户,数十亿人面临着更大的环境疾病和环境事故的风险。

当权者大多不再公开辩驳这种趋势,但他们往往会提出"环境管理"带来的诸多进展——商业合作、生态效益、企业的社会责任以及自愿服从——他们只从自己的小世界着眼衡量这些变化,为那些将环境成本转嫁给无力反抗的人们的政策和机构拍手叫好。这就造成了发展进步的假象,使太多太多的人对于渐进式的解决方法心存乐观,却很少有人愿意质疑一个"失衡的世界"。在这个世界里,如此多的生态系统、如此多的人正"死于消费"。

  本书结尾处对于政策共同体分析和应对全球环境变化的方式给予了痛击。本书书名《消费的阴影》也许会让一些读者驻足不前，但是作为一名乐观主义者，我希望副标题"对全球环境的影响"会吸引他们和其他人打开书本，了解消费如何及为何导致全球环境失衡。要想迈向一个更加平衡的——从而也更加可持续的——全球消费政治经济体，这是至关重要的一步，也是最后一章的主题。

引言
消费日益增长,形成生态阴影

失衡的全球政治经济

几千年来,埃利斯(Ayles)冰架①一直静静地坐落在埃尔斯米尔岛(Ellesmere Island)北部沿岸,这是位于北极以南约 500 英里(800 公里)的一段由冰川和岩石构成的荒凉之地。2005 年 8 月的一个下午,大约 11 000 个足球场那么大的一块冰突然脱离,附近并没有人,没人知道到底发生了什么,但却引起 150 英里(250 公里)外的地震监测仪不断震动,屏幕闪烁,卫星也记录下了冰架漂向大海的照片。

为何会这样?这难道仅仅只是自然界的一个正常过程?

大多数科学家不这么看。他们认为气候变化至少要负一部分责任,这是有有力证据证明的。自有记录以来,最热的五个年头都出现在 1998 年以后。20 世纪 90 年代是最热的十年,而 2005 年则是 100 多年来最热的一年。近几年来,由于气候变暖,几十万平方英里的北极海冰已经融化。照这样发展下去,到本世纪末,北极冰冠将在晚夏时节名存实亡。

北极圈的昼夜日渐变暖,这似乎解释了埃利斯冰架坍塌的原因。但也使得一个隐含的问题浮出了水面:温度为何会上升?常规的科学解释是,因为由人类制造的温室气体不断增多(尤其是二氧化碳、甲烷和氧化亚氮等气体)。1980 年,全世界仅使用矿物燃料所排放的二氧化碳约为 180 亿公吨,如今却已超过 270 亿公吨,地球上平均每个男人、女人和儿童都要排放大约 4 公吨二氧化碳——差不多相当于两辆

---

① 冰架:指陆地冰,或与大陆架相连的冰体,延伸到海洋的那部分。——译者注

悍马的重量。①

　　这个答案又催生出一个更加根本的问题：为何温室气体不断增加？

　　上千种活动直接导致了这样的结果。工厂生产和火炉燃烧产生了温室气体，汽车行驶、飞机飞行也难辞其咎，还有水稻的种植和家畜的饲养。森林砍伐、土壤沙漠化和臭氧枯竭等环境变化也增加了温室气体的排放量。几乎每一个地方进行的生产和消费的每一个行为都对此负有不可推卸的责任。此外，全球人口数量和人均消费比例不断攀升，由此对环境产生的影响远不"只"气候变化这么简单。

消费不断增长

　　"啊，"儿童短篇小说家埃里克·卡尔（Eric Carle）戏谑地写道，"温顺的树懒顺着树枝缓缓地、缓缓地、缓缓地攀爬，吃得少却睡得多，生活无比平静。我们能向它们学学多好啊——哪怕只学一点儿也好啊。"②地球现有的67亿人口中，已经很少有人生活得如此平淡（或闲散）。20世纪下半叶，全球人口增长了35亿——增长速度创历史最高。全球经济的增长速度还要更快，人均国内生产总值每十年增长20个百分点，从1960年到2002年总共大约增长了3 000美元。③ 人类这样一个勤劳而兴旺的物种平均每个月都要增加600多万名成员——相当于增加了一两座大型城市。如果照这个速度，到本世纪中期，地球人口将超过90亿。96%的人口增长发生在发展中国家，其中约有半数集中在孟加拉国、中国、印度、印度尼西亚、尼日利亚和巴基斯坦

---

① 该计算使用的是2007款悍马H3的重量，为2.2公吨（4 800磅）。对于"消费及燃烧矿物燃料"所排放的二氧化碳量的估计来自于"美国能源信息管理局"，网址为http://www.eia.doe.gov/。
② 出自故事书 *Slowly, Slowly, Slowly," Said the Sloth*（《树懒说："慢慢来，慢慢来，慢慢来。"》）（Carle 2002)（卡尔，2002）。
③ 更准确地说，全世界的国内生产总值，以1995年固定价计，从1960年不足8万亿美元，增长至2002年的35万亿美元，世界人口则从30亿增加到62亿——人均增长3 000美元，从2 600美元增加到5 600美元。参见 World Bank（世界银行），World Development Indicators Online（世界发展指标在线），网址为http://www.worldbank.org/。

这六个国家。①

人口不断增长所引发的全球消费飓风席卷着每一代人,并有愈演愈烈之势。50多年来,木材、鱼类和水等自然资源的人均消费量的增长速度比人口增长的速度快得多,这从很多统计数据中均可看出。例如,1960至2000年间,尽管全球人口只翻了一番,私人消费支出(家庭在商品和服务上的开销)却增长了3倍多。随着发展中国家逐渐采取北美和欧洲的生活方式,未来的人均消费比例还会更高。这个事实不容忽视:占世界总人口不到12%的北美洲和欧洲,其私人消费支出却超过总量的60%。② 而中国也紧随其后,几乎每个领域的消费都在增长。

消费的政治经济学

人们出于需求、习惯、信仰、欲望、恐惧等多种原因去购物。大多数富裕的消费者可以在诸多产品中自由选择。但即便如此,全球政治经济也会决定着人们的"选择",并对消费者的集体"选择"起导向性作用。全球政治经济并非静止不动的结构,而是一条长链上从开采到生产、到零售、再到处理等多种因素相互作用所产生的一组不断转变的力量。贸易、企业和融资的全球化就处于全球政治经济的核心。新型技术、广告业和文化形成了全球政治经济的基本结构,而其发展则有赖于政府政策、活动家网络和全球各个机构的引导。

使日益增长的消费形成的全球政治经济造成的环境影响得以缓和,这即使不是21世纪环境治理所面临的最大挑战,也至少是最大的挑战之一。要做到这一点就必须更好地了解消费是如何导致了全球环境的变化,为何会产生这种影响,以及这种影响到了何种程度。第一章即揭示了企业、投资和贸易全球化引发的一些后果。经济全球化不仅造福了社会,也为环境治理带来了福音。但这一过程也造成各个

---

① UNFPA(联合国人口基金会)2004,8;United Nations Secretariat(联合国秘书处)2001。
② World Bank(世界银行)2005,236。

强大的国家和公司越来越轻易地将生产、使用和更新消费品的成本转嫁给了遥远的生态系统,以及处于全球经济边缘的人们,最终造成了各地变革的进度不均衡——社会不平等、国力参差不齐,发展中国家以不健康的方式向大自然索取——正如第2章中所言,这种不均衡使得最脆弱的生态系统、最贫困的人民以及子孙后代为消费增长所形成的生态阴影付出了不成比例的代价。①

生态阴影的全球化

在全球化经济下,贸易额、投资额和融资额持续增长,消费者数量不断增加,消费行为在地球上越来越多的地方投射下纵横交错的生态阴影。② 政府和企业为了追求经济发展、投资利润、金融稳定和地区利益,转嫁了生产、运输、使用和更新消费品所付出的环境成本,从而造成了全球性的危害。

说得更具体些,日本、美国等国家的跨国公司从东南亚和南美洲的热带雨林进口木材或牛肉,欧洲和北美洲富裕的消费者将二手电脑运往中国循环使用,中国和印度等国家为了刺激经济发展,完全不考

---

① 在那些谈论消费对环境的影响的书籍中,*Confronting Consumption*(《面对消费》)(Princen, Maniates, and Conca 2002)(普林森、马尼阿特斯和孔卡,2002)是最好的之一。书中收集的文章审视了消费的"生态政治经济学",特别分析了"影响力和权力的社会及政治运作,尤其是有组织的运作,从而将利益倾斜给某些国家和地区,而将伤害转移至另一些国家和地区"(p. ix)。尤其参见:Princen(普林森)2002a, 2002b;Maniates(马尼阿特斯)2002a, 2002b;Manno(曼诺)2002;Conca(孔卡)2002;Clapp(克拉普)2002;Tucker(塔克)2002;Helleiner(黑莱纳)2002。其他辅助书籍和文章,还可参看:Redclift(雷德克利夫特)1996;Goodwin, Ackerman, and Kiron(古德温、阿克曼和凯伦)1997;Westra and Werhane(韦斯特拉和威亨)1998;Crocker and Linden(克罗克和林登)1998;Lichtenberg(利希腾贝格)1998;Luban(路班)1998;Rosenblatt(罗森布拉特)1999;Schor and Holt(斯格尔和霍尔特)2000;Woollard and Ostry(伍拉德和奥斯特拉亚)2000;Cohen and Murphy(科恩和墨菲)2001;Myers and Kent(迈尔斯和肯特)2004;Southerton, Chappells, and Van Vliet(萨瑟顿、查珀尔斯和万·弗利特)2004;Ehrlich and Ehrlich(欧立希和欧立希)2004;Schor(斯杰尔)2004, 2005;Clapp and Dauvergne(克拉普和道维尼)2005;O'Rourke(欧诺尔)2005;Cooper(库珀)2005;Wapner and Willoughby(威普纳和威洛比)2005;Fuchs and Lorek(福斯和罗瑞克)2005;Princen(普林森)2005;Greenberg(格林伯格)2006;Paterson(帕特森)2007。

② 就我所知,"生态阴影"这种说法首次出现在 MacNeill, Winsemius, and Yakushiji(麦克尼尔、温斯米厄斯和药师寺)1991, 58 - 59。我在 *Shadows in the Forest*(《森林的阴影》)(Dauvergne 1997)(道维尼,1997)一书中第一次使用这个概念,旨在"评估一个国家的经济对另一个国家或地区的资源管理所产生的环境影响"(p. 2)。1997 年的这本书重点谈论了日本对东南亚雨林的影响,揭示了日本的商人和金融家是如何与地方政治勾结,加速了森林的砍伐。本书延续了生态阴影的概念,捕捉了全球消费纵横交错中呈现出的更多复杂特征。

虑对大气或公海造成的损害,由此产生了上文所说的全球性的危害。此外,一些公司推出产品时不考虑产品对人们的健康或环境的稳定所带来的长期影响,还有一些国家禁止不安全的产品在国内销售,却允许其销往国外,这同样造成了全球性的危害。

全球化使全世界的经济、机构和社会融为一体——并进行重组——从而加快了危害生态系统的进程。背后的推手有很多。其中之一是影响不断扩大的资本主义和西方价值观,此二者是很久以前在现代化和殖民化的背景下产生的。还有飞机、电视、电脑等更加快捷的技术,无论是传送人员、资源,还是资金、知识,都要更高效更便宜。所有这一切使得正在成为"单一之地"的世界上的东西越来越多,千里之外发生的变化会更加频繁地对世界各地的人们产生更快更强的影响。金钱、技术、思想和游客想要进入别国越来越便捷。但是,尽管存在着《难民地位公约》等国际协议,许多穷人想要进入其他国家显然不是那么容易。[①]

全球化的潜在价值和设想即是如何最好地做到使世界秩序井然。难怪在有些人看来,全球化与其说是一套流程,不如说是一种思想体系。有一种核心的设想就是,经济的无限发展是可能的也是必须的——而且,"新兴"经济体应当沿着工业发展和密集型农业这条路走下去,这样才能确保消费量增加,从而带来国家的繁荣和稳定。只要人均消费量增加,就皆大欢喜,即使有些地区分配到的利益严重失衡。有些人将这些地区称作"贫困区域"。惯常的"解决办法"可以归结为一个相当简单的准则:依赖投资、贸易、技术和(如有必要的话)法规的全球化,更高效地生产出更多的产品、提供更多的服务——即投入较少的人工、资源和时间,浪费较少,对环境产生的影响较小。这一准则可以带来巨大的经济效益,创造就业机会,增加收入,生产大量的产

---

① 人们通常认为,社会学家罗兰·罗伯森(Roland Robertson)(1992, p. 6)是将全球化的世界描述为"单一之地"的第一人。有关全球化的文献数量庞大,无法全部列举,可参见 Hirst and Thompson(赫斯特和汤普森)1999;Robertson and White(罗伯森和怀特)2002;Giddens(吉登斯)2002;Bhagwati(巴格瓦蒂)2004;Wolf(沃尔夫)2004;Friedman(弗里德曼)2005;Scholte(斯科尔特)2005。

品,提供更多的服务,还能够提升环境管理。

环境管理的全球化

半个世纪以来,人均收入不断上涨,催生出了可持续发展这个概念,人们通常认为,可持续发展指的是"这种发展既要能满足当代人的需求,也不影响子孙后代满足他们的需求。"①富裕地区的居民开始要求居住环境要更干净、更安全,活动家们则要求人们付诸行动。政府起初还予以抵制,后来也开始着手"治理"环境,通过提高税收来增强自身的调控能力。面对来自消费者的压力和政治压力,企业着手制定行为准则,开拓环境市场,最重要的是,更高效地进行生产,减少产品生命周期中造成的危害。同时,政府间能够一起商定上百条国际环境协议,包括同意资助发展中国家的环保活动,以保护全球环境。在大家的齐心协力下,政治经济影响力薄弱地区的生物多样性得到保护,如南极洲的地衣和非洲的大象,我就举这两个例子。

如今,几乎每个国家都在参与治理全球环境,但同时既不妨碍经济发展,也不影响跨国投资、贸易和融资。大多数人认为,这种做法对于维护政治和社会稳定,实施环境法规(比如说,通过雇佣员工或者购买设备)是必不可少的。这也部分解释了为何世界银行和国际货币基金组织(IMF)等国际机构不断推动这么多发展中国家实现投资和贸易规则自由化。在当前的世界经济条件下,大多数国家和国际组织力求避免货币崩溃和资金外流,这两者不仅会带来社会浩劫,还会带来环境灾难,正如1997—1999年亚洲金融危机之后的印度尼西亚呈现给我们的那样。

经济全球化还会在其他方面推动全球环境管理。发展中国家的一些跨国公司提高了衡量标准,他们所遵循的行为准则比当地法律所要求的更加严格——政治学者罗尼·加西亚-约翰逊(Ronie Garcia-

---

① World Commission on Environment and Development(世界环境与发展委员会)1987, 43。

Johnson)称之为"出口环保主义"。① 之所以出现这样的情况,是因为跨国公司依赖更精良的工艺和管理技术,因为社会和市场的力量迫使它们不仅遵守当地的常规做法,还是因为公司希望能够避免法律诉讼或遭遇客户抵制。此外,公司与公司之间会竞争贸易或市场优势,还有一些公司采用了业界守则(例如化工界的"行业关怀")、国际标准(如国际标准化组织的那些标准)或者有关社会责任的内部政策。

同时,贸易能够促进高效生产,刺激环保技术的转让。还能鼓励生产标准较低的制造商提高标准以进入标准较高的市场。自由贸易也能促进环境标准的提高。相比之下,提高关税、实施贸易禁运等贸易壁垒则会降低环境标准,错误的市场信号掩盖了市场无能的事实。躲在贸易壁垒后从事生产的企业缺乏竞争,也就失去了更新设备、避免不必要浪费的动力。政府的补贴,如减免饲料粮种植户的税收,也会导致金融和环境的低效能。

国际融资机构可以向贫困国家提供直接支持,助其实施环境政策。比如全球环境基金(GEF),创立于1991年,最初只是一个试点项目,如今已包含三个执行机构:世界银行、联合国开发计划署和联合国环境规划署。其任务是向发展中国家的全球环境项目(如缓解气候变化或保护生物多样性)提供拨款和技术支持。GEF是该类型项目主要的资金来源之一,至今已拨款70多亿美元,并从其他渠道共同融资280亿美元。

世界经济正逐步走向全球化,加上全球化的环境政策与制度,是能够改善环境管理的——按照某些标准衡量的话,确实正在改善。然而,正如下一章中将要论述的,这一"进步"是建立在,至少是部分建立在,经济全球化不平衡发展的基础之上的,这种经济全球化消耗自然资源,将日益增长的消费成本转嫁给获利最少的群体,而最大的获益者却无所损失。因此,环境进步可能只发生在某个地区(伦敦、巴黎、洛杉矶),而另一个地区(新德里、里约热内卢、公海)则要承担随之而

---

① Garcia-Johnson(加西亚-约翰逊)2000。

来的代价。这也就不难理解,何以某些特定消费品的生命周期内产生的影响在减少,但生物圈所承受的总压力却在增加。

不均衡的全球化

全球化扩大了"全球市场",也有人称之为"全球消费文化",通过一些数据足以证明这一点。如今,世界商品出口额已超过 10 万亿美元,2000 年时仅有 6 万亿美元,但即使是 2000 年的 6 万亿美元,也已比 1948 年时多了 100 多倍。平均每天的外汇贸易额大约为 2 万亿美元,十年前每天仅有 1 万亿美元,已远远超过 19 世纪 70 年代每天一二百亿的贸易额。越来越多的跨国公司的母公司在不止一个国家进行投资,1970 年时约有 7 000 家,如今已增加到 78 000 多家(分公司还不止 78 000 家)。跨国公司不断拓展,发展中国家的外商直接投资额也随之上升,1990 年时是 220 亿美元,2006 年时已达 3 800 亿美元(历史最高)。[1]

贸易和跨国企业推动了世界经济的发展。过去几十年的数据显示,这段时间里,贸易增加、跨国企业数量增多,经济迅速发展。2000 年全球 GDP(以 1995 年固定价格计算)差不多是 1970 年的 3 倍,从 13.4 万亿美元增长到 34.1 万亿美元。世界经济也在持续发展,2001 年到 2006 年这五年间的发展比二战以来任何一个五年的发展都要快。这五年间,第一世界国家经济的平均增长超过 3 个百分点,第三世界国家的经济增长速度还要更快,2006 年的平均增长率约为 7%(2005 年为 6.6%,2004 年为 7.2%)。

随着全球化进程加剧,未来的 25 年中,国民收入的增长速度要比 1980—2005 年间快得多。在被称为"下一波的全球化浪潮"中,世界银行预测全球经济产值——尤以中国、印度等发展中国家为最——将从 2005 年的 35 万亿美元激增至 2030 年的 72 万亿美元(以固定汇率和

---

[1] World Bank(世界银行)2006。也可参见 World Bank(世界银行),World Development Indicators Online(世界发展指标在线),网址为 http://www.worldbank.org/。对 2006 年发展中国家外商直接投资额的估计来自 UNCTAD(联合国贸易与发展会议)2007。

价格计算)。这就意味着发达国家年均增长率为2.5%,而发展中国家为4.2%。世界银行还预计,到2030年时,商品、服务等领域的全球贸易额将增长至原来的3倍还要多(达到27万亿美元)。在此期间,预计贸易在全球经济中所占份额将从1/4跃增至1/3。仅发展中国家经济的迅猛增长,就将使收入在4 000美元到17 000美元之间的"中产阶级"人数从4亿增加到12亿。若未来25年中,经济发展保持这样的速度,数十亿人的购买力都将得以提升,例如,新兴中产阶级就能够买得起汽车等高级消费品。世界银行预计,若照此发展下去,到那时,中国、墨西哥、土耳其等国的平均生活水平或多或少都将达到如今西班牙的水平。赤贫——即日收入不足1美元——人口的数量将从11亿减少到5.5亿(尽管最贫困国家的人口在不断增长)。①

然而,到目前为止,全球化下的地球"扁平化"并未给个人和社会带来平等或均衡。② 比尔·盖茨(Bill Gates)等超级富豪相对于27亿人来说,就如同生活在大海环抱中的一个小岛上,而这27亿人仅能依靠每天不足2美元的收入维持生存。2006年,全世界946位亿万富豪坐拥3.5万亿美元的资产,同时却有8亿多人不断患上慢性营养不良,还有十几亿人甚至喝不上干净的水。《福布斯》杂志将美国的比尔·盖茨和沃伦·巴菲特(Warren Buffett)列为2006年世界首富。这两个人的身家总计1080亿美元(盖茨560亿,巴菲特520亿)。排名第三的富豪以490亿资产紧随其后,他就是来自墨西哥的卡洛斯·斯利姆·埃卢(Carlos Slim Helú),这强有力地说明了全球化带来的影响是不平等的。下面三个部分中将会论述到,促成财富分配不公平的诸多因素——企业、贸易和融资——尤其易于将消费的生态成本从富人转向穷人和无权者,这一过程也许部分地解释了为何有些人试图抵制全球化,有时甚至奋力争取开历史的倒车。

---

① 细节可参见 World Bank(世界银行)2006。也可参见:World Bank(世界银行),World Development Indicators Online(世界发展指标在线),网址为 http://www.worldbank.org/。
② 关于弗里德曼所谓"全球化的扁平化影响"的分析,可参看 Friedman(弗里德曼)2005。

企业行为的副作用

至少从殖民时代开始,企业家们便已前往海外采购商品,再供应给国内的消费者。他们冒着巨大的风险,但价格低廉、抑或有异域特色的外国产品带来的回报也是可观的。17世纪,来自欧洲的第一波企业家出发"采集"自然资源,或"收割"庄稼。接下来的几个世纪里,英国的伐木工涉入东南亚的雨林,砍伐柚木和红木,法国的矿工在非洲腹地挖地三尺寻找钻石和黄金,英法和其他欧洲国家的渔民穿越大西洋,捕捞鳕鱼和海豹。海外的种植园也开始向富人消费者供应茶叶、咖啡、香蕉、糖和胡椒等奢侈品——这些奢侈品很快就成为了"必需品"。渐渐地,制造商们也开始向海外转移,以获取便宜的自然资源,以及廉价劳动力和基础设施。18世纪末,欧洲进口的自然资源和商品数量显著增长。到了19世纪末至20世纪初,美国的进口能力开始超越欧洲国家,全球进口量加速增长。[1]

贸易和融资的历史充斥着种族歧视、残酷的战争和文化灭绝。此间兴起的跨国公司和贸易链虽然在某些方面对发展中国家有所裨益,但是国与国之间的关系结构失调仍然存在。如果要说有什么区别的话,这些企业活动所产生的生态阴影的强度和范围比殖民时期还要更大。原因之一是如今跨国企业数量众多,包括越来越多来自于马来西亚(如伐木业)和中国(如采矿业)等发展中国家的企业。21世纪初,世界GDP总额中已有1/10来自跨国企业,企业内部贸易额占世界出口总额的1/3。[2] 从那以后,经济全球化开放市场,鼓励并购,巨头企业——花旗集团(Citigroup)、通用电气(General Electric)、埃克森美孚(Exxon Mobil)、沃尔玛(Wal-Mart)、微软(Microsoft)、福特(Ford)、通用汽车(General Motors)——的金融影响力持续增长。

---

[1] 参见 McKendrick, Brewer, and Plumb(麦肯德里克,布鲁尔和普拉姆) 1982;Tuckerand and Richards(塔克和理查兹) 1983;Tedlow(特德洛) 1990;Tucker(塔克) 2002。
[2] World Bank(世界银行) 2006; UNCTAD(联合国贸易与发展会议) 2002, xv, 272; UNCTAD(联合国贸易与发展会议) 2001, 1, 9。也可参见 World Bank(世界银行),World Development Indicators Online(世界发展指标在线),网址为 http://www.workbank.org/。

这些公司进行投资时，往往会带来"先进的"技术和融资，并带领企业打入全球市场。这些投资总能提高"效能"，扩大市场，从而推动经济发展。但与此同时，这些跨国公司也会谋取更多的自然资源，包括木材、鱼类或矿产，或是比当地企业生产出更多的产品。许多跨国公司尽可能行动迅速，将产品出口至富裕市场，以赚取外汇。许多农业公司不断对出口食品的生产进行投资，例如，它们会投资印尼外岛的棕榈油种植园（以供应给人造黄油和快餐烹饪油市场），或者投资亚马孙雨林的畜牧场（以满足全球不断增长的对廉价牛肉的需求）。这些运作通常都有赖于化学品和肥料——大多由千里之外的跨国公司提供——对环境造成长期的损害。

随着自给农业逐渐衰落，农作物出口量增大，对化学品和肥料的依赖性增强，导致了当地人营养不良。此外，发展中国家遵循较低的环保标准大批量生产的产品往往会对河流、土壤和供水造成污染。第一世界国家的一些公司还会将垃圾和有害废物运往较贫困的国家（例如将电脑废弃物运往中国）。处处可见企业将有害物质（二噁英、呋喃、多氯联二苯、DDT）排放到空气中，这些有毒物质最终都会落回到地球上。诚然，现在几乎所有的跨国公司都参与了环保计划，给自己贴上"可持续产量"、"可持续管理"或者"可持续投资"这样的标签。然而，在很多情况下，这些环保计划要不就是不现实，要不就主要是，即使不完全是，出于公关的目的而实施。久而久之，即使在发展中国家，尽管跨国公司间的竞争会使得单位产量对环境造成的危害逐渐减小，但与此同时，竞争也会扩大市场，那么反过来，即使单位损害减小，消费的生态阴影也依然会变得更大。

跨国公司还会通过其他方式投下生态阴影。它们往往在一条由供应商、融资人、生产者、批发商和零售商所构成的复杂贸易链内运作，这种网络通常难以问责，透明度低，想让任何单个的企业实体为环境成本承担责任，都是极其困难的事情。一些公司通过不法活动掩盖成本。例如，在砍伐东南亚和南太平洋雨林的跨国公司中，走私、逃税、转让定价等现象都是司空见惯的，还有向执法人员、海关官员、军官和政客打点贿赂的。

　　几乎所有的跨国公司都会采用双重标准,在国内遵循较高标准,而在东道国则执行较低标准。工资、养老金、意外保险等劳动力标准尤其如此,就连很多环保标准也是这样。尽管公司辩称,双重标准是"尊重"当地法律和传统,但纵容双重标准意味着,许多用来保护国民免于环境危害的国家政策却反而刺激公司去开拓标准较低的海外市场。环保标准较高的国家政府通常无视这些"意外后果"以安抚企业,使环境规制在国内能够更有效地实施,同时确保公司有利可图。基于上述原因,跨国企业的双重标准成为了在世界上最贫困地区投射消费的生态阴影的一股核心力量。

　　企业一心追求高利润往往会投射下更长的生态阴影。而政府通过激励机制维持经济发展——或是对危害环境的行为缺少惩罚措施——则会使这种趋势恶化。广告商通过品牌设计等策略扩展或垄断市场也会恶化这种趋势。例如,企业会将未经处理的废弃物倒入附近河流,故意转嫁环境成本,从中获利。推出风险尚未可知的新产品或新服务,其实是用消费者的健康或生态系统的完整性作试验品,让自己渔利。上世纪一些获利最丰的企业"发明",如1928年发现的用于冰箱和空调的"安全"而"稳定"的氯氟碳化物(CFCs),所产生的危害已对未来造成深远的影响。40多年来,氯氟碳化物损耗臭氧层造成的恶果一直不为科学界所知晓。

　　但是,其他不计其数的发明,例如20世纪20年代之后在汽油中加入四乙铅,其可能造成的后果从一开始就引起了一些科学家的警觉。在这些情况下,产业科学家和企业公关大师努力使批评家们疲于应对,企业高管游说政府官员,要求提供造成直接危害的"证据",他们提出"科学的"质疑,并借助旷日持久的法律战拖延规章制度的实施,推迟项目停止时间。此时国内形势"艰难",一些跨国企业就借机开拓海外市场(如烟草行业)。公司还会开始寻找有利可图的替代品。有的时候,这些替代品会消除对环境的伤害,但也有些时候,又会有另一种"改良"产品(如无铅汽油中的苯,或者冰箱用的氢氟碳化物)在消费者身上开启新一轮的试验。企业研究团队总是在不断寻找下一个顶尖的方法或新产品,用来占领或者开拓市场。推出这些"新发明"会有何影响可能需要很多年方可确定,有时甚至需要几代人。例如说,谁能真正预测转基因生物或纳米科技将来的影响?

贸易的副作用

贸易全球化与企业交互作用,以其他方式拉长了生态阴影。木材和牛肉等贸易品的生产者价格和消费者价格并不能完全反映收割、加工、生产、销售和处理这一整个过程的生态成本或社会成本。由此产生的低廉的零售价格又随之引起浪费型消费和过度消费(被称为无益于幸福的消费,比如吃得过量直至肥胖)。这有助于解释为何诸如"超大尺寸"这样的策略能为快餐连锁店带来利润,又为何即使数以百万计的人仍在挨饿,全球肥胖比例却一直在增加。

浪费型消费反过来又使得生态阴影面积更大、危害性更强。日本二战后经济飞速发展,引起的环境变化充分说明了这一点。日本各家贸易公司——三菱(Mitsubishi)和住友(Sumitomo)等——开始资助公司间形成的网络,为高速发展的日本经济进口大量低廉的自然资源。许多资源,比如说木材,来自东南亚。举个例子来说,菲律宾(1964—1973)和马来西亚沙巴(1972—1987)原始森林伐木鼎盛期时,60%的原木出口到了日本,而印度尼西亚(1970—1980)伐木兴盛期时,出口木材的40%也是销往日本。随着菲律宾和沙巴价格低廉的原木供应量骤跌,印度尼西亚又严格限制原木出口以支持国内的胶合板工业,这些企业便将目光转向马来西亚的沙捞越和美拉尼西亚。到20世纪90年代中期,沙捞越、巴布亚新几内亚和所罗门群岛出口的原木总量中,约一半去往了日本。国内蓬勃发展的建筑业正在寻求廉价的方式为混凝土塑形,于是加工者们将大量原木制成了胶合板条。这些板条,日语中称作"kon pane",通常只用了几次就被烧毁或闲置不用,任由其腐烂。之所以这么"浪费",原因很简单:购买新板条比清洁旧板条还要便宜。

日本并没有马基雅维利（Machiavellian）①阴谋,以消耗他国森林的方式保护本国的森林。日本公司到国外寻找木材,是因为国内的供给不合适(数量不足或质量较差),价格也更高。这也不应完全归咎于日本人民的消费,由于从全球范围到地区层面的政治力量、社会经济力量和生态力量复杂的相互作用,森林砍伐、生物多样性消失、水土流失等情况至今仍不断席卷整个东南亚和美拉尼西亚。20 世纪 90 年代初,日本林野厅还在夸耀说,日本如今是"全世界森林覆盖面积最大的国家"之一,从中不难看出,时至今日,对于环境进展的妄言在国家政府中依旧普遍。②

全球贸易也会以其他方式拉长生态阴影。政府努力发展贸易或者参与制定贸易协定,这有时会削弱——或许是未能增强——环境法规。这会导致国家间的"逐底竞争",而在有些情况下,则会使一些国家"在底线上挣扎"。③ 而且,有些做法被富裕的国家打上了"健全的贸易惯例"的标签——即使在所谓的贸易自由化之后——但其实却既不"自由"也不"公平",许多贸易规则继续保护强国的利益(比如美国和西欧的农民)。贸易全球化也拉大了生产者和消费者之间的距离,因此使用者对于造成的影响无法察觉——或者至少是更容易忽略。④ 贸易全球化创立起更大、更多样化的市场,将阴影投射到越来越偏远的地区。即使市场崩溃,就像 1980 年代,欧洲禁止进口白毛海豹毛皮之后一样,新的市场很容易就形成了,消费需求反而更高,如今中国和俄罗斯对海豹毛的需求就是如此。

融资的副作用

外国援助支持很多贸易和企业结构,将生态阴影投射至发展中国家。世界银行和 IMF 等组织提供援助的同时还要附加条件,要求政

---

① 马基雅维利:意大利政治思想家和历史学家。以主张为达目的可以不择手段而著称于世。——译者注
② 引语出自 Japanese Forestry Agency(日本林野厅)1993, 2。也可参见 Dauvergne(道维尼)1997, 2001。
③ 参见 Porter, G.(加雷斯·波特)1999。
④ 在评论贸易产生的环境影响方面,最知名的评论家之一就是马里兰大学的赫尔曼·达利教授。可参看 Daly(达利)1993,1996,2005。

府实现贸易和投资的自由化。诚然,消除关税壁垒这一类的改革能够减少废弃物的排放,提高效率,从而改善环境管理,但是几十年来接受的外国援助已使很多发展中国家背负的外债越来越重。1970年时,发展中国家的外债总额仅有720多亿美元,而十年后,已超过6 000亿美元。到90年代时竟已接近15 000亿美元。21世纪初,外债额在24 000亿美元上下徘徊。2001年,发展中国家花了3 770多亿美元来还债,其中1 160亿美元是利息。即使近年来国际上已尽量对一些负债最重的国家减免债务,但半数以上发展中国家的债务负担依旧越来越重。①

沉重的外债迫使政府寻求新的发展道路,以赚取足够多的外汇偿还贷款。这往往意味着要采用出口黄金、木材、石油,或开垦土地种植咖啡、糖等经济作物的策略。此外,还会促使发展中国家的政府兴建基础设施,吸引更多对自然资源、种植园和低端制造业的投资。而所有这一切使得将消费的生态成本转嫁给遥远地区或是未来的全球化秩序再一次得到强化。

转嫁成本和责任

在有些国家内部,消费的生态成本往往被转嫁给工业社区或者原住民社区,强化了现有的不平等和种族歧视。而在国家与国家之间,富裕的国家和城市常常会将成本转嫁给贫困的国家和地区,加剧了现已存在的南北贫富差距。放眼全球,非洲的沙漠、亚马孙的雨林、北极的海洋生物、太平洋的深处以及平流层的高处都远离权力中心,常常成了成本的转嫁之所。生态成本还会积聚在生态系统中,使人们长期遭受健康威胁(穷人面临的风险更大),在未来产生更严重的后果。所有这些变化均使得浪费型消费和过度消费的模式得以强化。同时,让贫困地区承担环境后果会造成营养不良和住房不足,引起政治和经济

---

① World Bank(世界银行),World Development Indicators Online(世界发展指标在线),Clapp and Dauvergne(克拉普和道维尼)2005,193-195当中作了引用。

的动荡，导致弱小国家或脆弱的环境陷入崩溃，社会福祉也就无从谈起了。

对消费的生态阴影造成的不良后果进行治理远比阻止化工厂向溪水中排放有毒物质或是阻止市民随地乱扔垃圾要困难得多。这些后果通常源于复杂又混乱的全球体系，因此要想厘清其间的因果关系已非政策制定者和科学家之力所能及。随之而来的变化所引起的多米诺效应还会造成许多无法预估的后果，这些后果在不同的系统内和各个系统间造成的影响会像滚雪球一样越来越大。责任往往无人承担，许多消费者无法了解他们所作出的各种选择会对全球环境带来怎样不同的影响。120英尺厚的埃利斯冰架发生崩塌，究竟谁能对此作出解释，谁又该为此负责呢？

当然，从某种程度上来说，每一个消费者都应该承担责任，只是每个人的责任大小不同罢了。有权有钱者消耗着地球上更多的生态资源，费城的奢侈生活与哈拉雷的贫困生活相比，会将更大的环境危害转嫁到更远的地方。任何单个的消费者，无论多么浪费，多么挥霍，都不可能造成生态阴影，也不可能使其转向，但这并不意味着那些忽视其个人选择对他人生活的可持续性造成影响的消费者可以免除责任。承认这些影响是"实实在在"存在的，对于维持改革的集体意志是至关重要的。

然而，要进行影响深远的变革所要做的绝不仅仅是教育一些文化中的消费者在消费一些产品前要三思。正如本章所揭示的，还需要应对世界秩序的结构特征，这样的世界秩序下，消费的环境成本被转嫁至权力较小的地方。特别是，治理机制要对全球化进行更有效的引导，通过控制企业、贸易、融资和当地政策造成的阴影效应，来强化环境保护主义，必须立刻采取行动。世界人口总量正直逼90亿，甚至110亿，种种迹象表明，全球经济的增长速度比以前快得多，消费主义理念得到进一步巩固，而全球消费模式转变造成的生态变化，也在下一波全球化浪潮下呈现出更大的规模、更快的速度。

环保主义的全球化极有可能一方面提高消费品生产、使用和循环利用的效率，另一方面推动全球监管的进一步发展，制定更加绿色的企业行为守则，更加严格的国际环保法律，更加强有力的"适当"消费行为的文化规范。但是，照目前的情势看，这种增量式的做法，速度太慢，无法阻止生态阴影范围扩大，生态阴影的影响加剧，本书结语部分第 23 章会详细论述这一点。第 2 章中将清楚说明，全球环境和人类健康均已付出了非常昂贵的代价，不得不立刻采取行动了。

消费走向消亡

消费成本在全世界的分担并不平等,整个生态系统和数十亿人都在承担着风险。然而,很多人生活的小圈子依旧一派繁荣,因此他们看到的更多的是进步而不是危险,体会到的是更好的环保做法和环保技术,使用的是节能家电,住的是绿色建筑,吃的是有机食品。在全球政治经济下,生产出了更多"新型改良"产品。很少有当权的人会质疑这种政治经济的副作用——即使几乎每一个生态系统都遭受到越来越严峻的威胁。

日益阴暗的天空

许多自然环境都危机四伏。① 全世界半数以上的原始森林和湿地都已消失。热带雨林是生物多样性的一种奇观,却一直面临着伐木工和工业农场主的严重威胁。热带地区的天然森林以每年超过1 300万公顷(3 200万英亩)的速度在消失,仅巴西一地就消失了300多万公顷(700万英亩),印尼消失了将近200万公顷(500万英亩)。② 与此同

---

① 由于难以获取可靠的地方数据,因此全球环境统计数据都是粗略估计。本书中的统计数据取自多种来源,以确保平衡。包括联合国数据源,尤其是 UN Environment Programme(联合国环境规划署)(http://www.unep.org), UN Development Programme(联合国开发计划署)(http://www.undp.org), Food and Agriculture Organization(联合国粮食农业组织)(http://www.fao.org),以及 World Health Organization(世界卫生组织)(http://www.who.org)。除了参考文献中所列,用于复核复查的来源还包括 World Bank(世界银行)(http://www.worldbank.org), World Resources Institute(世界资源研究所)(http://www.wri.org),以及 World Wildlife Fund / World Wide Fund for Nature(世界自然基金会)(http://www.panda.org)。

② FAO(联合国粮食农业组织)2005a, 21。

时,原本看来似乎无穷无尽的海洋如今却翻涌着水银等有毒物质。这些污染并没能阻止鱼类的捕捞,捕捞量已使不少商业储备近乎崩溃。例如,大西洋蓝鳍金枪鱼自1970年以来已经减少了至少80%。[①] 加拿大东部沿海的北方鳕鱼40年来减少了99%,已濒临灭绝,可是就在17世纪时,鳕鱼量还很充足,水手们只要把桶放在船舷外的海水里,就能装满一桶鳕鱼。[②]

这样的故事在全世界比比皆是。一个由14人组成的团队对7 800种野味物种的数据进行分析,结果发现其中29%的物种的捕捞量已比过去的平均值低了至少90%。除非采取措施减少捕捞,否则该团队预测到2050年时余下用于出售的野生海鲜种类将会"枯竭"。[③] 另一项对全球海洋进行的为期10年的调查发现,过去50年中,大型食肉鱼类的数量减少了90%,包括鳕鱼、比目鱼、马林鱼、剑鱼和金枪鱼。[④] 事实上,除非全世界改弦易辙,否则欧内斯特·海明威(Ernest Hemingway)在《老人与海》当中所描述的水域里很快就不会有马林鱼交战了,这当然不是因为海明威笔下的老人圣地亚哥(Santiago)这些人的英勇行为,而是因为工业渔船掏空了海洋以满足全球市场的需求。

人类活动也使土地和淡水资源承受着巨大的生态压力。阿拉海[⑤]的命运对这些变化的严重性作了极好的诠释。阿拉海曾是世界第四大湖,但是原本流入阿拉海的水源却被用作农业灌溉和水力发电,仅仅过了30年,其水域就缩小了一半,到20世纪90年代初,湖水已经和海水一样咸了。农业、工业和个人的各种需求也使得其他地区原本就已稀缺的水资源逐渐枯竭。十多亿人因为没有干净的淡水而难以生存。照目前的趋势看,未来几十年内,还会再有几十亿人面临水源严重短缺的状况。

---

① Dalton(道尔顿)2005,1056。
② 2003年,加拿大濒危野生动物委员会宣布北方鳕鱼为濒危物种。
③ 参见Worm et al(沃尔姆等人)2006,787-790。
④ 参见Myers and Worm(迈尔斯和沃尔姆)2003,280-283。
⑤ 阿拉海:咸海。——译者注

这些变化导致每天都有50—150种物种灭绝,其中许多是生活在海洋和森林深处的微生物,科学编目人员尽力了解地球上预计存在的500万到3 000万种生命物种,但对逐渐灭绝的那些却还没来得及了解。不仅如此,肉眼可见的植物和动物物种也在走向灭绝,其速度比自然灭绝的速度(假设一个物种的平均寿命是500万—1 000万年)平均要快50—100倍——17世纪初以来已有1 000多个物种灭绝。世界观察研究所认为,地球现在"正遭受6 500万年前恐龙灭绝以后最大的一波动物灭绝"。[1]

　　消费额呈指数增长也使得全球环境中的化学品趋于饱和。有些化学品每年能挽救上百万条生命,比如DDT可以消灭蚊子,阻止疟疾的传播。然而,这些"有用的"化学品也在污染着生态系统,毒害着人类。仅在美国一国,就有约75 000种化学品登记使用,而其中只有1 500种(或2%)的致癌性经过了科学家的检测。另有11 000种商用有机氯和几千种偶然产生的——究竟是什么常常都无从知晓——化学副产品的毒性,科学家知之甚少。[2]

　　化学品最主要的来源之一是农业。过去这半个世纪以来,农民越来越依赖杀虫剂和农药。例如,1940年代时,美国农民每年使用5 000万磅杀虫剂,到70年代末,用量已超过8亿磅。从全球范围来看,自1961年至1999年间,杀虫剂使用量的增长率超过800%。同一时期,氮肥使用量的增长率超过600%,磷肥超过200%。[3] 化学品使用量如此大幅度地增长极有可能导致了癌症等疾病的患病率不断上升,但是没有政府或企业热心于从环境角度调查这些疾病的致病因,而是将精力集中于诊断、治疗和治愈等方面。

---

[1] Worldwatch Institute(世界观察研究所)2003;引文出自 *State of the World* 2003(《2003 世界现状》), 9 January 2003 摘要,网址为 http://www.worldwatch.org/。所估计的物种灭绝速度出自 World Resources Institute(世界资源研究所)2005, 36。
[2] Davis and Webster(戴维斯和韦伯斯特)2002, 25。
[3] 美国统计数据出自 Wenz(文茨)2001, 5 - 6;全球统计数据出自 Green et al(格林等人)2005, 550。

气候变化也许是最严重的环境威胁。① 在由英国财政大臣委托完成的一份厚达 700 页的报告中，世界银行前任首席经济学家尼古拉斯·斯特恩(Nicholas Stern)指出，全球气候变化有可能对经济和社会造成的破坏相当于两次世界大战和经济大萧条造成的破坏之和。② 现代消费生活的方方面面——生产、旅行、取暖、制冷、燃烧、食用——都在制造着温室气体，主要是二氧化碳、甲烷、一氧化二氮。砍伐森林也在释放二氧化碳，人为因素排放的二氧化碳中，25％源于森林砍伐。20 世纪以来，所有人类活动所导致的二氧化碳的排放量增长了 12 倍。③ 到了 21 世纪，由于矿物燃料燃烧和水泥制造，导致二氧化碳排放量的速度增长翻了一番，20 世纪 90 年代时年平均增长 1.3％，2000 至 2006 年间，已上升至 3.3％。《美国国家科学院院刊》发表的一篇研究表明，2000 年至 2006 年这七年间二氧化碳的排放量是 20 世纪 50 年代末有现代记录以来任何一个七年间增长速度最快的。如今，大气中二氧化碳的浓度已超过百万分之 380，至少是 65 万年来的最高纪录（可能也是 2 000 万年来的最高）。④

现在，全球温室气体的排放率比 1970 年高出了 70％多，这些温室气体正在使地球变得越来越暖。⑤ 20 世纪以来，地球表面平均温度上升了约 0.6 摄氏度(1.1 华氏温度)。看起来似乎不是很多，但却使 20 世纪成为过去这一千年来最热的一百年。全球变暖的一个显著标志就是极地冰冠开始融化。自 1979 年以来，极地冰冠正以每十年 9％的速度在消融。另一个显著标志则是西西伯利亚已 11 000 岁高龄的永久冻土近来也开始融化。温度不断升高，这个问题似乎正愈发严重。

---

① 要了解全球政治经济在气候变化及改变多种生态系统方面所起的作用，可参见 Rowlands(罗兰)2000；Litfin(利特芬)2000；Newell(纽厄尔)2000；Skjærseth and Skodvin(斯杰思和斯科温)2001；Cass(卡斯)2005；Bäckstrand and Lövbrand(拜克斯特朗和洛维布朗德)2006；Victor(维克多)2006；Depledge(德普拉芝)2007；Bulkeley and Moser(巴尔克利和莫泽)2007。
② Stern(斯特恩)2006, ii。
③ FAO(联合国粮食农业组织)2005b；也可参见 IPCC(政府间气候变化专门委员会)2001，第 11 章。
④ Canadell et al(卡纳德尔等人)2007, 18866。
⑤ 联合国政府间气候变化专门委员会(IPCC)对气候变化的研究进行追踪和评估，在 2007 年 11 月发布的《IPCC 第四次评估报告》中指出，已有"毋庸置疑"的证据表明"气候系统正在变暖"。参见 IPCC 网站上"致政策制定者的摘要"，网址为 http://www.ipcc.ch/。

20世纪90年代是最热的十年,而2005年是至少一百年来最热的一年。过去十年中,差不多每年的温度之高都在创下新的纪录。有史以来温度第二高的年份是2007年,排名第三的是1998年(该年出现了强厄尔尼诺现象),2002年的温度排名第四(出现了弱厄尔尼诺现象),2003年和2006年分列第五、第六位。①

21世纪很可能会更暖和。联合国政府间气候变化专门委员会的六个方案(2007年公布)显示,下个世纪全球平均地表温度可能会比1980—1999年的平均值再升高1.1—6.4摄氏度(2.0—11.5华氏温度)——最乐观估计,至少是过去一万年来最快的增长速度。美国航空航天局的德鲁·辛德尔(Drew Shindell)指出,温度再升高3—5摄氏度(5.5—9华氏温度)"就将达到地球一百万年来温度的峰值"。②

然而,如果温度上升达到"临界点",③那么未来的温度可能还要高得多。如今一些科学家担心,全球变暖使得地球上一些"吸收槽"(土地、森林和海洋)吸收或容纳温室气体的能力逐渐减弱。有两个例子可以证明:在南冰洋,温度上升,风力更加强劲,翻卷着富含二氧化碳的海水。在西伯利亚,逐渐融化的永久冻土释放出甲烷,这种气体造成的温室效应是二氧化碳的20倍。地球越来越温暖,意味着越来越多的永久冻土将会消融,从而释放出更多的甲烷,又反过来使温度上升,再导致更多的冻土融化。这种自我强化的反馈造成的后果是,仅西伯利亚东北部的冰复合物就可以释放出大约490亿公吨甲烷(约占全世界陆地上存储的甲烷总量的1/6)。④ 其他自我强化的反馈还会进一步加速气候变暖。

---

① 最热年份排名依据美国航空航天局(NASA)统计的地球表面每年平均温度数据。参见 http://www.nasa.gov/。2005年与1998年的平均气温较接近,但2005年在没有厄尔尼诺升温效应的情况下,高温有所上升。

② 参见 IPCC 网站 http://www.ipcc.ch/。Drew Shindell(德鲁·辛德尔),在 Zabarenko(扎巴云可)2006中被引用。

③ 我所用的"临界点"指的是,从这一点开始,原本平稳衰退的生态系统开始无法掌控地朝着系统崩溃发展。关于临界点的社会理论的通俗化解读,可参见 Gladwell(格拉德韦尔)2000。若要通过全面的环境分析,了解为何有些社会发生崩溃,还有一些并没有崩溃,请参看 Diamond(戴蒙德)2005。

④ Walter, Smith, and Chapin III(沃尔特、史密斯和查宾三世)2007,1657。

温度升高将会产生许多无法预料的、不均衡的后果。刮风、降雨、下雪的模式会发生变化,有些地方会越来越热,而另一些地方会越来越冷。海平面上升将会吞没一些地势低洼的岛屿。干旱会破坏农业产量,尤其在非洲等地区。恶劣天气——飓风、龙卷风、冰雹、干旱等——会出现得更加频繁,强度更大。虽然我们不太可能看到下一个冰期像一头巨大的灰熊冲上纽约街头,就像2004年的影片《后天》[①]中所拍摄的那样,但是全球变暖对很多物种来说都是毁灭性的灾难。比如说,温度仅升高0.8—2.0摄氏度(1.4—3.6华氏温度)就会"导致"2050年时18%—35%的动植物物种灭绝。而更高的二氧化碳浓度等其他一些因素则会加速灭绝。[②]

全球环境的变化已经对几十亿人造成伤害,从北极的因纽特人到沙捞越的本南人,再到里约热内卢的巴西人都深受其害。举个例子来说,每年都有一千多万不到5岁的孩子死于可预防、可治愈的疾病,其中差不多有一半人是死于不健康的环境。

一家家公司用一大批新产品在消费者身上做实验,置我们许多人于健康的风险之中,这同样令人不安。国际法律界成功地禁止了含氯氟碳化物化学品的使用,他们完全有理由为此拍手叫好。可是现在我们的食品、空气和水源中"发现"的几千种其他化学品又该怎么办呢?如果这些化学品相互结合会发生什么? 有些化学品经证明是无害的,但也有些经证实是有害的,有些甚至是致命的。科学家也好,公司、活动家和政府机构也好,都在进行检测、争论和分析。就像当时禁止氯氟碳化物时那样,还需要好多年,甚至好几十年,才能看到让这些化学品进入我们的环境所带来的全部的后果。

每天的新闻中报道的有可能损害生态系统——进而损害人类健康——的种种物质的例证似乎越来越多。有些是活动家团体工作的

[①]《后天》:20世纪福克斯公司制作的科幻片。影片讲述了北半球因温室效应引起冰山融化,地球进入第二冰河期,龙卷风、海啸、地震在全球肆虐,整个纽约陷入冰河包围中的故事。——译者注
[②] Thomas et al(托马斯等人)2004,145-148;Pounds and Puschendorf(庞兹和普申多尔夫)2004,108。气候变化综述可参见Dressler and Parson(德雷斯勒和帕森)2006。

结果,有些是记者制造的轰动效应,但很多还是因为科学检测产生了令人担忧的后果。下一节中将提到,如今针对家具和电子产品中能否使用多溴二苯醚(PBDEs)的争论使我们回想起,几十年前曾就家中能否使用DDT驱蚊进行的争论。

消费风险

如今使用的DDT、PCBs和CFCs中都含有PBDEs等化学品。30多年来,企业在家用产品和办公产品(床垫、枕头、小地毯、窗帘、地毯垫、电视机、电脑)中使用PBDEs作为阻燃剂。20世纪70年代时,这些化学品的使用被视为保护消费者安全的一项重大进步,可以防止电视机着火,也可以防止着火的床垫快速燃烧起来。当时,化学家和医学专家认为在硬塑料或是软泡沫中加入PBDEs没什么好担心的,只有大量使用才会有毒。而且,他们充分相信,PBDEs会始终安全地存留在产品内。

20世纪90年代末,瑞典科学家发现有一部分人母乳中的PBDEs浓度在上升,从而敲响了警钟。很快就真相大白了,这些化学品是从消费品中转移到人类身上的——与二噁英或PCB等其他持久性有机污染物不同的是,PBDEs似乎并非主要通过食物链转移,而是人类从家庭环境中吸收的,尤其是通过室内空气和屋尘吸收。[①] 最近的检测表明,美国居民体内的PBDEs含量位居全世界首位(加拿大人位居第二)。平均说来,北美洲居民体内的PBDEs含量是日本人或欧洲人的10—70倍。有些个体——约占北美洲总人口数的5%到10%——似乎吸收了尤其多的PBDEs,可能因为他们接触了床垫和家具中的碎泡沫塑料,也有可能是婴童爬来爬去接触了灰尘。对这些个体的母乳、身体组织和血液进行的检测表明,他们身体中PBDEs的含量比那些

[①] 人类所接触的多氯联苯及二噁英等持久性有机污染物中约有95%来自于食物[Betts(贝茨)2004,387A]。持久性有机污染物产生的生态影响越来越大,这也揭示了当地环境中化学品增加所产生的危险。可参见 Clapp(克拉普)2001;Selin and Eckley(塞林和埃克利)2003;Downie and Fenge(唐尼和芬格)2003;Stevenson(史蒂文森)2005;Cone(科恩)2005;Maguire and Hardy(马奎尔和哈迪)2006。

读数较低的人要高出约1 000倍。

在实验室进行的实验中,这么高的含量在动物身上引起了与患有多动症和注意力缺陷的儿童类似的症状。PBDEs似乎还会引起精子数量减少。从化学结构来说,PBDEs与PCBs(有些人将它们称作"化学近亲")相类似,但医疗研究员更关注PBDEs独有的性质,这些性质似乎会模仿并干扰人类激素(如甲状腺激素)。有些专家认为,PBDEs和典型的有毒化学品不同,若在成长中的关键节点接触PBDEs,那么只是微量的PBDEs也有可能损伤大脑——过去医生一直认为这一点点量是无关紧要的。在最近进行的实验中,科学家检测了微量PBDEs——现在有些人身体里的PBDEs已经达到了这个量——的影响,发现能够造成老鼠永久性的脑损伤。

这十年来,欧洲政府已采取措施杜绝两类尤其令人担忧的PBDEs配方,一种普遍用于床垫,另一种用于电脑机箱和显示器(2001年,这一类PBDEs的用量占全球PBDEs市场的15%)。美国很多州也采取了同样的措施。美国环保署(EPA)已成功鼓励一些主要的PBDEs生产者主动停止使用这两类配方。有一些生产和销售公司也已采取行动,停止使用PBDEs。瑞典家居企业宜家是首批产品中不使用PBDEs的公司之一。美国戴尔电脑公司和瑞典沃尔沃汽车公司等企业也正努力淘汰一些危害最大的PBDEs配方。①

对于杀虫剂和除草剂会引起神经退行性疾病的最新研究结果同样要引起警觉。举个例子来说,2006年美国癌症协会对143 000名参与者进行了流行病学分析,研究人员发现,经常接触小剂量杀虫剂和除草剂的人——如园丁、农民、农场主和渔民等——比常人患帕金森症的几率要高70%。②

全氟化合物是另一类可能对消费者健康造成危害的化学品。研究人员正着力研究这个家族中的两个成员:全氟辛酸(PFOA)和全氟

---

① 参见 Raloff(拉洛夫)2003;Betts(贝茨)2004;Hites et al(海茨等人)2004;Bergeson(帕格森)2005;Schecter et al(谢克特等人)2006。
② Ascherio et al(阿斯切利奥等人)2006,197-203。

辛烷磺酰基化合物（PFOS）。PFOA 和 PFOS 非常坚固，因此被用来制造特氟龙锅和不粘锅，防油污防水的小地毯、沙发和雨衣中也用到 PFOA 和 PFOS。在披萨盒、微波爆米花袋、快餐汉堡包装纸、薯条盒以及指甲油和剃须膏中也能见到它们的身影。

PFOA 和 PFOS 是从消费品中转移到环境和人体中的（但究竟如何转移却无从知晓），和铅、PBDEs 以及杀虫剂一样，现在在环境和人体中的量已经达到可以检测得出的程度。越来越多的医生意识到长期少量接触 PFOA 和 PFOS 会和接触其他化学品一样，对人类健康构成威胁，对孩子的健康尤其如此。例如，人们最近在实验室中用动物进行实验，结果发现，PFOA 会引起低出生体重、甲状腺受损、男性生殖激素变化、乳腺癌和肝癌。美国及其他一些国家的检测发现，一些儿童体内所含 PFOA 和 PFOS 的量比实验室动物身上所含的能引起重大损伤的量还要多，越来越多的健康和环境专家开始警觉。①

自然的生物过程可以将 DDT 等化学品分解成危害较小的物质，但对 PFOA 和 PFOS 却无能为力，这就尤其令人担忧。美国非政府环境工作组副主席理查德·怀尔斯（Richard Wiles）将它们称作"新千年的 DDT"，但危害更大，因为它们"永远存在"。尽管人类耗上几十年，也许能将 PFOA 排出体外，但是这种无法让任何物质附着的奇特化学品，却似乎可以在活物上长期附着，进行生物累积，起初只有微小的量，逐渐累积至具有毒性。

杜邦公司坚称，他们的特氟龙锅和煎锅只要正确使用都是安全的。企业宣传册中解释道，生产厂家只是使用 PFOA 生产特氟龙，但是 PFOA 并非其中一种"成分"。杜邦公司负责特氟龙等产品的全球经理大卫·布思（David Boothe）解释说，"按照正确的方式、在适宜的温度使用炊具，是绝对安全的。"

---

① 环境情报员 Martin Mittelstaedt（马丁·米特斯塔德）（2006a, A1, A8）对这些研究进行了总结。米特斯塔德在加拿大《环球邮报》上发表多篇文章，论述化学品对环境的影响。通过这些文章可以对最新的研究有个初步了解。尤其可以看 2006 及 2007 年的几篇文章。有研究称目前环境中 PFOA 的含量已对人类健康构成威胁，有文章对此进行了批评，可参见 Weiser（韦泽）2005。

话虽如此,但许多公司——即使杜邦公司——已开始放弃使用这些化学品。美国科技企业明尼苏达矿业制造公司(2002年起改名3M)一马当先。2000年5月,在进行了40年的生产后,公司开始逐步停止在畅销品牌斯奇佳剂(Scotchgard)中使用PFOS,并着手停止生产PFOA。3M公司作出上述声明的同一天,美国环保署告知世界各国政府,动物实验表明,PFOS"具有极强的持续性、生物体内积累能力和毒性"。自2000年起,其他一些公司也效仿3M,主动减少使用量,比如快餐连锁企业麦当劳不再使用含有全氟化合物的包装袋。①

一些国家的政府也开始敦促企业不再使用PFOA。例如,2006年,美国和加拿大开始逐步停止使用PFOA,并对其实施安全审查。2006年初,美国环保署与杜邦公司及其他七家生产企业达成协议,到2010年时,实现美国生产设备中PFOA的排放量,及产品中PFOA的含量减少95%,到2015年时,彻底淘汰PFOA。杜邦公司迅速行动起来,2006年时PFOA的产量已减少95%。

目前,很多发达国家已对几百种普遍使用的其他化学品展开了安全审查,其中包括双酚A(BPA),这是一种合成石化产品,是制造聚碳酸酯塑料和树脂的主要原料。自20世纪50年代以来,BPA的成交量稳步上升——拜耳(Bayer)、陶氏化学公司(Dow Chemical)、通用塑料集团(GE Plastics)和太阳石油公司(Sunoco)均是主要生产厂商——如今,BPA是全球正在生产的最常见的化学品之一。硬质透明塑料水瓶和奶瓶中均含有双酚A。光盘、运动头盔、可微波塑料、牙封闭剂及许多罐头的内里也都含有双酚A。和许多其他化学品一样,微量的双酚A正逐渐迁移到环境和人体中。自20世纪30年代起,科学家就已知晓,双酚A可以模拟女性雌激素。但他们仍然认为,人体接触双酚A的量并不大,因此对健康不构成威胁,在这一点上,20世纪的科学界基本达成了共识。

---

① 理查德·怀尔斯,大卫·布思和美国环保署的话,在Mittelstaedt(米特斯塔德)2006a,A8中被引用。环境工作团体总部设在华盛顿。可通过网址http://www.ewg.org/了解相关信息。也可参见Renner(伦纳)2004,1887;Stokstad(斯托克斯塔德)2006,26-27。

然而,过去十年中进行的几百次实验发现,双酚 A 可能引发前列腺癌、糖尿病、精子数目减少和早熟。人们关于毒理学的常识至少可以追溯到 15 世纪:剂量越大,伤害越大。但是几百次的研究结果却对这一常识提出了质疑。越来越多的科学家得出结论,微量的双酚 A 会被身体视为一种激素(因此开放细胞受体),其实,这有可能会造成更大的伤害;而大量的双酚 A 被视为毒素(因此受体超负荷,停止工作)。集体诉讼已开始利用这一研究结果。第一起诉讼发生在 2007 年 3 月的洛杉矶,五家奶瓶生产厂家被起诉。还有很多其他的消费品中含有会破坏内分泌系统的化学品,上述这一类的案例将会对这些化学品的安全性提出进一步的质疑。

毫无疑问,要想停止使用 PBDEs、PFOA 和 BPA 耗时巨大。杜邦等厂商将会继续坚持"以科学为本的途径"(包括资助科学研究)。公司会提出申诉和反诉,诉讼时长也会一拖再拖。不同管辖区域内,司法进程不可能完全一样,因此,同一家公司会将风险转移到海外,以确保其产品销量和利润。来自美国塑料产业协会的斯蒂文·昂特热(Steven Hentges)与上世纪大多数企业发言人的观点一致,他说:"人们使用聚碳酸酯塑料等产品时摄入的双酚 A 含量极低,对人体健康没有危害。"科学家的反应听起来同样很耳熟。生物学教授弗雷德里克·沃姆·扎尔(Frederick vom Saal)是激素和合成化学领域的专家,他回应说:"在化学品公司看来,不管已出版的科学文献说了什么,他们都可以信口雌黄。"[①]

双方的争论甚嚣尘上。与此同时,其他的化学品也正在进入全球市场,这些化学品有些本身即有副作用,有些结合在一起产生副作用,这进一步加重了整个生态系统的负担,对人类和环境健康造成不可估量的后果。某些特定的化学品和混合化学品正在危害着人们的健康,

---

[①] 杜邦公司对于想要限制 PFOA 等化学品的人作出了回应,其中就用到了"以科学为本的途径"这一说法,在"Chemicals' Makers Criticize Ban"("化学品制造者谴责禁令"),*Globe and Mail*《环球邮报》(Canada), 20 June 2006, A8 中进行了引用。史蒂文·亨吉斯和弗雷德里克·沃姆·扎尔的话引用在 Mittelstaedt(米特斯塔德)2006b, A3 中。

这是显而易见的，但是由于其中的因果关系过于复杂，因此无法确定究竟是如何危害，又危害到何种程度。然而，从全球癌症率或许可以一窥这令人焦虑不安的发展趋势。

癌症的阴影？

全世界每年使用 4 亿公吨化学品，这是否可以部分地解释为何患癌率会不断上升？或是因为臭氧枯竭、空气和水源污染或气候变化等其他环境变化？亦或是加工食品和快餐消费量的不断增加等因素造成的？全世界每年约有 800 万人死于癌症——世界卫生组织预计，未来 20 年里，这个数字将增加到一千多万（每年增加 1 500 多万新病患）。1843 年，法国医生斯坦尼斯拉斯·谭周（Stanislas Tanchou）曾预言性地说到"文明病"，癌症就是一种"文明病"。

如今在发达国家，癌症是继心血管疾病之后第二种最常见的致人死亡的疾病。即使已经考虑到人均寿命在延长，也已将肺癌排除在外，美国的患癌率仍在逐年上升（几项研究表明，自 50 年代至今，患癌率已增长约 35％）。① 美国去世的人当中，差不多有1/4是死于癌症。美国癌症协会估计，美国男性一生中患上癌症的几率约为1/2，女性为1/3略高。

为何患癌率会上升？原因很复杂，饮食习惯的改变、运动方式的选择、诊断技术的提高等等都会产生影响。仅仅归咎于化学品、电源线或者污染就将问题过分简单化了。但近来，实验室所做的几千次研究，结果都显示，这些实验动物患上癌症与消费品（从洗发水到汽油到炸薯条）、饮用水和空气（室内和室外空气）中常见的化学品有关，这就不能不令人担忧了。② 科学家发现，很多人的血液中环境毒素在堆积发酵——即使还没有科学证据表明它导致了癌症——但也同样让人忧心。

---

① 参见 Davis and Webster（戴维斯和韦伯斯特）2002，15-16。
② 例如，一篇评论文章回顾了有关乳腺癌与环境污染物的多个科学出版物，发现动物实验中有 200 多种化学品会导致乳腺肿瘤。在这 200 多种化学品中，有 73 种正存在于或已存在于消费品或食物链中，10 种为食品添加剂，35 种存在于空气中，25 种在工作场所普遍存在。参见 Rudel et al（鲁德尔等人）2007，2635-2667。

消费者如何能够避免接触可能有致命危险的化学品呢？只有一种方法，就如塔夫斯大学医学院的安娜·索托（Ana Soto）曾语带讽刺地说过："别吃，别喝，别呼吸。"①

绘制生态阴影地图

20世纪初，人均寿命30岁，如今已超过66岁。仅将过去100年中医学领域取得的所有进步——抗生素、产科学、心脏移植、巴氏杀菌法、疫苗——列举出来就可填满一整本书，但这并不是政府和企业没有更加尽力保护消费者和生态系统的借口。要搞清楚该采取哪些措施，就需要先绘制一份详细的生态阴影地图——了解生态阴影是如何对我们造成影响，又为何会发展或消退。

为此，3—22章分析了汽车、汽油、冰箱、牛肉和海豹的制造、饲养或捕捞过程，以及它们是如何被消费的。这些章节涵盖了丰富的地形、年代、行业、管理结构和政治经济的内容（从17世纪低端的自然资源开采到21世纪高端的生产制造）。但毫无疑问，即使是从这么广泛的领域里采集的实例也无法穷尽几千种消费的政治经济中出现的细微差别。分析其他一些消费品，如咖啡、香蕉、糖和茶叶以及鲸鱼、大象、老虎和猪，有助于对那些细微的差别有所了解。对渔业、林业、矿业等行业的分析或是生物多样性、杀虫剂、煤炭、危险废物和持久性有机污染物等问题的分析同样会有所助益。② 接下来的五个实例在广泛

---

① Ana Soto（安娜·索托），Mittelstaedt（米特斯塔德）2006c，A8中进行了引用。
② 关于咖啡，参见 Wild（怀尔德）2004，Talbot（塔尔博特）2004，Bacon et al（培根等人）2008；关于香蕉，参见 Striffler（斯特里夫勒）2002，Striffler and Moberg（斯特里夫勒和莫伯格）2003，Bucheli（比舍利）2005，Soluri（斯鲁里）2006；关于食糖，参见 Schmitz（施米茨）2002，Gudoshnikov, Jolly and Spence（古多什尼科夫，乔利和彭斯）2004；关于茶叶，参见 Moxham（莫克塞姆）2003，MacFarlane and MacFarlane（麦克法兰和麦克法兰）2004；关于鲸鱼，参见 Stoett（斯特艾特）1997，Heazle（赫索尔）2006；关于大象，参见 Pearce（皮尔斯）1990；关于老虎，参见 Meacham（米查姆）1997；关于猪，参见 Jones（琼斯）2003；关于渔业，参见 Bhattacharya（巴塔查里亚）2002，Clover（克洛弗）2004；关于林业，参见 Dauvergne（道维尼）1997,2001；关于矿业，参见 Jackson and Banks（杰克逊和班克斯）2003；关于生物多样性，参见 Steinberg（斯坦伯格）2001，Mushita and Thompson（慕士塔和汤普森）2002；关于杀虫剂，参见 Hough（霍夫）1998；Hond, Groenewegen and van Straalen（亨德，格朗维根和万·斯塔伦）2003，Pretty（普雷蒂）2005；关于煤炭，参见 Freese（弗里兹）2003；关于危险废物，参见 O'Neill（奥尼尔）2000，Clapp（克拉普）2001，Pellow（佩洛）2007；关于持久性有机污染物，参见 Downie and Fenge（唐尼和芬格）2003，Johansen（约翰森）2003。

的领域内做了深度的调查,揭示了一直以来导致环境变化的力量以及生态阴影造成的后果。

在每一个实例中,环境管理多多少少都发挥了作用。比如说,提高了资源利用的效率,改善了生产流程,减少了单位影响,实现了循环再利用。之所以会有所改善,原因有很多。教育改变了社会的价值观,越来越多的消费者开始回收利用商品(如报纸和瓶子),节约能源(如家用电器),一些消费者的行为标准在进步(如出于道德或环境原因而放弃购买毛皮大衣),生态标识计划(如木材和海产品)得到推广,生态市场(如有机牛肉市场)逐渐扩大。新型技术(如汽车的触媒转化器或冰箱的冷却系统)和更加高效的生产(如适时生产线)也有助于减少对环境的影响。企业间相互竞争,抢占市场份额和利润,或从较小范围来看,企业的社会责任等政策也都在提高环境效率(汽车、冰箱等较高端生产领域尤其如此)。还有许多其他力量也在转变着生态阴影。政府调控——不仅为了保护环境,也为了促进贸易和投资——起到了关键的作用。绿色和平组织或世界自然基金会等非政府组织施加压力,政府签订国际协议,防止臭氧枯竭,保护濒危物种,世界银行和全球环境基金等组织提供国际援助等等举措都功不可没。

本书中五个实例毋庸置疑地证明了生态阴影确实正在改变、缩小,甚至逐渐消失。但同时也暴露出,在现行的环境管理模式下取得的增量式的进步无法阻止对全球环境造成的无法弥补的伤害。全球化经济下,经济发展速度加快,更多的人参与其中,消费也随之不断增长,对环境造成的影响已非环境治理逐渐取得的成果所能抵消。各种实例中,短期经济和政治因素往往会减缓变化的速度。但这并不等于说某一地区的某种特殊消费模式会因为政治、科学、法律、经济、环境或健康等原因而绝不会发生显著的变化。事实上,由于消费者的抵制、科学领域的新发现、政府禁令、市场崩溃以及企业破产等原因引起变化的事例不胜枚举。有时,某一地区突然发生的一个变化甚至会触发连锁反应,促发全世界更好地进行环境管理。

退后一步看,一种全球性的转变过程还是无法阻止环境危机的恶化。许多所谓的"环保进展"其实是允许——有时甚至是导致——消费阴影的增强。这种转变过程更易于使得全球贸易、跨国企业和全球融资将环境成本转嫁给经济落后、政治力量薄弱、适应能力较差的地区和人民,却让政治、经济力量强大的消费者坐收其利。

这五个实例将会详细证明,这种转变过程产生了诸多破坏性的后果。会加剧国家内部以及国与国之间的不平等,一些人富得流油,而另一些人连基本的生存必需品都无法得到满足。会使得跨国公司在富裕国家逐渐禁止"可疑"产品的情况下,在贫困国家扩大销售。会造成责任分派和追究上的困难,国家、企业和消费者不对环境损害承担应负的责任。会让子孙后代来承担企业追求利润、国家寻求经济发展引起的健康风险。还会跨越时间和生态系统造成不可估量的溢出效应。

与铅中毒、臭氧层变薄、气候变化和患癌率上升等情况一样,消费行为的后果需要几十年,甚至几代人才能显现。这五个实例表明,政策制定者们需要应对不明原因引起的不良后果,并采取预防措施,应对复杂系统内的影响,以免产生不可估量的后果。这些实例还表明,政府不该认定自由贸易和资本主义会大幅缩小生态阴影,更不要说消除阴影。相反,国际条例和制度应引导全球化进程,防止跨国企业执行双重标准,对贸易的生态影响加强控制,并确保全球融资对可持续发展提供支持。事例表明,环境保护需要当地消费者和各国政府共同努力。最后,这五个实例还指出,环境保护主义需要加以改造,以促进个人消费更加平衡,全球政治经济更加平衡。

现在,我们来看第一个实例——汽车。有证据表明,这是有史以来对人类健康和安全,以及对地球环境的稳定性造成损害最大的一种消费品,但是国际社会对其管控相对较少。

第一部分
汽车

第 3 章

意外的依赖？通往汽车世界之路

19世纪初，汽车还是有钱人的玩物。如今却已快速穿行于各种文化。未来十年里，马路上跑的汽车总量将攀升至10亿辆。全球的交通运输依赖汽车，这绝非偶然，可以追溯到通用汽车的亨利·福特（Henry Ford）和阿尔弗雷德·斯隆（Alfred Sloan）等天才企业家，他们缩小利润率、游说政策制定者、推销新款汽车、为"遗老遗少"设计汽车、干掉了电车等其他交通工具，从而大大地开拓了汽车市场。从汽车发展的历史可以看出，几代人以来，社会是如何随着技术的发展和个人收入的提高，而开始对一种消费品产生依赖的。还可以看出，这种依赖又是如何因为缺乏政府监管，而改变了社区和经济的导向，以至于鲜少有人质疑所引起的生态阴影的代价和风险。

自从第一起交通"事故"发生，社区第一次有所反应时，我们已开始对汽车产生的阴影效应漠然视之，而国际社会对于如今全球交通危机的态度也已可见一斑。

事故

布里吉特·德里斯科尔（Bridget Driscoll）这位当时普通得不能再普通的一位妇女，也许从来没有想过，在她去世一百多年后，她的名字会出现在这么多百科全书之中。1896年8月一个闷热潮湿的午后，阿瑟·艾德索（Arthur Edsall）在伦敦水晶宫前驾驶着一辆展览"汽车"将她撞倒。查尔斯·埃德温·雷多克（Charles Edwin Raddock）医生急忙冲出水晶宫对她进行救治，但德里斯科尔的大脑已经"外凸"，很快,她便成为因汽车"事故"死亡的第一人,也成为道路交通史的一个注脚。

在对其死因进行调查时,各位律师和大律师询问了很多问题。汽车是否超速?艾德索先生是否疏忽大意了?是不是艾德索致德里斯科尔夫人死亡?艾德索存在过失吗?有些目击者认为,艾德索驾车时为超过正前方的两辆汽车在往右边打方向时加了速。但也有一些目击者认为,德里斯科尔夫人至少也该承担一部分责任,因为她在"躲避"汽车时犹豫不决——一位证人的证词中提到,她当时有些"慌乱"。

出事时,她的女儿梅·德里斯科尔(May Driscoll)正在母亲身边,她对此提出质疑,她作证说,艾德索先生甚至都不知道怎么开车。艾德索先生否认了一切,声称自己既没有疏忽大意,也没有加速,他发誓说,当时曾按响喇叭,还大喊着提醒德里斯科尔夫人。他还说,他甚至都不确定德里斯科尔夫人怎么会被撞倒的,因为他的车在离她尸体两三英尺的地方就停了下来。然而,按照为德里斯科尔夫人作尸检的医生的结论,她肯定曾被汽车"猛烈地"撞击过。

验尸官珀西·莫里森(Percy Morrison)听取了一系列相互矛盾的证词,最终却告知陪审团,他们"所能得出的结论仅仅是,汽车正常驾驶,直线前行,速度缓慢"。在深思熟虑六个小时后,陪审团裁定为"意外死亡"。有传言称,她的验尸官曾经表示希望"这类事情不要再发生",当然这种说法也许并不足信。①

当今的"意外"危机

自那时起,"这类事情"已经导致至少 3 000 万人,甚至可能多达 6 000—9 000 万人死亡。如今,一直被我们大多数人称作"交通事故"的车祸平均每六个小时就会造成 800 多人死亡,34 000 多人受伤——六个小时也是德里斯科尔的陪审团进行裁定所花的时间。交通事故

---

① 参见"Inquests"("审讯"),*Times*(《泰晤士报》)(London), 21 August 1896, 6, col. B;"Inquest"("审讯"),*Times*(《泰晤士报》)(London), 26 August 1896, 4, col. F;也可参见 Hamer(哈默尔)1996。

导致的伤亡人数持续上升。随着小汽车和商用车的数量不断增加,到2020年时,每年死于交通事故的人数有可能会翻一番。①

车辆不断增多使全球环境的稳定性承受了巨大的压力。汽车产业消耗了全世界主要一部分自然资源和能源。汽车还排放出二氧化碳、二氧化硫、一氧化二氮和悬浮颗粒物,导致气候变化,天降酸雨,雾霾达到危害健康的程度。即使在美国这个尾气排放标准最严格的国家,所排放的1/3的二氧化碳、15%的一氧化二氮和40%的挥发性有机化合物均来自于交通运输工具。②

汽车数量为何会激增?过去100年来,是什么力量改变了客车和卡车的环保标准和安全标准?汽车对发展中国家和发达国家的生活条件产生了什么影响?要回答这些问题,先要搞清楚汽车在美国是如何开始大批量生产的。

美国汽车文化的兴起

汽车是由许多天才的大脑发明出来的——从15世纪莱昂纳多·达·芬奇(Leonardo da Vinci)从理论上设计出了自动力车辆,到1886年工程师卡尔·奔驰(Karl Benz)造出了第一辆汽油动力汽车。一直到布里吉特·德里斯科尔被撞死的那年,汽车一直都在有条不紊地制造着,每一辆车都不尽相同,成本高昂。1896年,美国杜里埃汽车公司一下制造出了13辆几乎一模一样的小汽车。这是汽车大批量生产的肇端。

1910年,亨利·福特在密歇根州开办了高地公园工厂,将大批量生产推向深入,开发出越来越高效的装配流水线,在此后几十年里将生产出几百万辆福特T型车。1914年,福特仅用了13 000名工人就生产出260 720辆汽车,而其他汽车企业却用了66 350人,才生产出

---

① 基于WHO and World Bank(世界卫生组织和世界银行)2004,3,172的数据。
② "Perpetual Motion"("永恒运动"),*Economist*(《经济学人》),4 September 2004,4;U. S. Department of Energy(美国能源部),"Future U. S. Highway Energy Use:A Fifty-Year Perspective(Draft)"["未来美国公路能源使用:50年展望(草拟)"],May 2001,McAuley(麦考利)2003,5415中进行了引用。

286 770 辆车——花了近 5 倍的人力才生产出差不多数量的车。1908 年,第一辆福特 T 型车售出,自此以后,汽车售价开始跳水——从 1910 年时的 850 美元左右跌至 1916 年的 360 美元,再跌至 1921 年的 260 美元——不久以后,福特将其 T 型车售价降至大多数竞争者售价的一半左右,一般的美国人都能买得起车了。①

福特奉行薄利多销的原则,抓住每一个转折点力求缩减成本,提高净利润。他通过降低价格来提高市场份额,1909 年,每辆车的利润是 220 美元,1914 年时降至 99 美元。同年,他为其工厂工人推出了日工作 8 小时,最低薪酬 5 美元的薪资标准。他之所以这么做,并非像当时有些人叫嚣的那样,说他是个社会主义分子,而是为了减少工人流动,从而节约雇佣和培训的成本。亨利·福特后来解释说:"每天工作 8 小时,工资 5 美元,这是我们所采取的降低成本的最佳举措之一。"②结果足以令人惊叹,汽车销量猛增,总利润也随之直线上升,从 1914 年的 3 000 万美元上涨至 1916 年的 6 000 万美元。

1916 年,福特车销量超过 50 万辆,一名普通的福特车装配工花上不到 3 个月的工资便可购买一辆福特 T 型车。1920 年,全球半数以上的汽车是福特 T 型车。1925 年,任何一名普通的美国工人——不仅仅是福特公司的工人——都可以花上不到 3 个月的工资购买一辆车。到 1924 年时,高地公园工厂已经推出了 1 000 万辆福特 T 型车,至 1927 年停产时,这个数字已经达到 1 500 万辆。

在 20 世纪第一个 25 年中,美国的汽车文化已在逐步形成。1902 年开出了第一张超速罚单。1905 年第一次出现汽车被盗。1911 年画出了第一条中心车道线,1914 年出现了停车标志和交通信号灯。此时,汽车产量已超过了马车。1929 年,汽车音响出现。至此,每 5 个美国人就持有一辆注册汽车——而在 1920 年时,这个比例只有 1/13。③汽车越来越多,就需要更多的道路和高速公路。1921 年,美国《联邦高

---

① Gross et al(格罗斯等人)1996, 83;McShane(麦克沙恩)1994, 135。
② Henry Ford(亨利·福特),在 Gross et al(格罗斯等人)1996, 84 中被引用;也可参见 p. 81。
③ Porter, R.(波特)1999, 1;Jackson(杰克逊)1985, 161;Foster(福斯特)1981, 58。

速公路法案》向各州高速公路部门提供补贴。同时,各州政府开始征收汽油税,以投资修建新的道路。公路网飞速铺开。汽车销量的增加标志着经济的繁荣,也标志着政治管理的卓有成效。仅在1920年代,美国注册乘用车的数量就差不多增加了2倍,从800万辆猛增至2 300万辆。①

20世纪30年代经济大萧条,40年代发生二战,美国汽车销售的步伐变慢。但美国仍然居于全球汽车产业的核心地位。1934年注册机动车(小汽车、卡车和公共汽车)差不多有2 500万辆,约占全球总数的70%。1937年,这个数字攀升至约3 000万辆,仍占全球总数的70%。此后10年中,美国小汽车、卡车和公共汽车的销量只有小幅增长,从1940年的3 200万辆左右增加到1946年的3 300万辆。② 然而,到了50年代,销量突然上涨,部分原因在于一些中产阶级家庭离开城市前往新开发的近郊居住,那里公共交通不完善。用经济学家理查德·波特(Richard Porter)的话说,"汽车使得近郊生活成为可能,而近郊生活又使得汽车不可或缺。"③

1950年,注册车辆数已增至4 900万辆。人们驾驶的旅程也更长,尤其是1956年,美国《国家州际公路系统和国防公路法案》资助修建了40 000英里长的免费洲际公路网之后。从50年代起,与汽车有关的一切——不论是生产、广告、租车、销售还是驾驶——都在不断发展,逐渐成为美国经济重要的部分。仅车辆增长之多已能说明问题。1960年,约有7 400万辆机动车登记在册,1965年时,已超过9 000万辆。④ 到了1970年,美国注册车辆已约10 800万辆(包括8 900万辆小汽车,1 900万辆卡车和公共汽车),差不多每两个美国人就有一辆车。尽管现在美国登记车辆仅占全球总量的44%——相较于30年代

---

① Foster(福斯特)1981, 58;National Automobile Chamber of Commerce(全国汽车商会)1931, 26.
② AMA(汽车制造商协会)1935, 84;1936, 84;1938, 84;1946—1947, 30. 二战期间,汽车数量下滑,例如,1944年时就跌至大约3 100万辆(AMA 1944—1945, 48)。
③ Porter, R.(波特)1999, 2.
④ AMA(汽车制造商协会)1951, 28;MVMA(机动车厂商协会)1978, 31.

中期70%的份额下降不少——但美国仍然拥有最大的国内市场。①

20世纪70到80年代期间，美国注册小汽车、卡车和公共汽车的数量不断增加——1975年时约13 300万辆，1980年15 600万辆，1985年时17 200万辆，1991年则到了18 800万辆——每7名工人中就有1人从事着与汽车多少有些关联的工作。1990年，最大一笔电视广告费花在了汽车上（占广告费总额的17.6%）。1991年，仅汽车生产这一项在美国国民生产总值（GNP）中的占比就高达3.3%。②

1990年代，注册车辆数一路上升，1995年有2亿多辆，2000年超过21 300万辆。③ 1998年，美国汽车业仅广告费用就超过140亿美元，在广告费用中排名首位，超过了一般零售行业的116亿美元和电影媒体行业的41亿美元。④ 20世纪末，美国汽车文化已近疯狂，这么说并不是很夸张。

如今约一半的美国人居住在近郊，机动车成为主要的交通工具，事实上，在城市里更是如此。城市出行仅有2%是通过公共交通（在加拿大这个比例是7%，在西欧则是10%）。即使到了今天，美国人口仅占人口总量的不到1/20，却拥有23 000万辆注册乘用车和商用车，占全球汽车总量的1/4多。大多数家庭拥有两辆甚至两辆以上的汽车，私家车数量超过了驾照数量。因此，每年全球40%以上的汽油被美国人消耗了。现在，人们趋于使用更大更重又不节油的汽车，越野车（SUV）和其他轻型卡车约占汽车购买总量的一半——这部分反映出近年来，联邦商业税已大幅降低。如今，美国所有车辆中超过40%是越野车和轻型卡车。⑤

---

① 基于MVMA（机动车厂商协会）1972, 28 – 29的数据。
② MVMA（机动车厂商协会）1977, 28；1982, 32；1987, 36。AAMA（美国汽车制造商协会）1993, 41。广告及国民生产总值相关数值出自Freund and Martin（弗罗因德和马丁）1993, 135。
　　在其他许多发达国家中，整个汽车产业在经济中所占比重更大，约占第一世界国内生产总值的10%。"Perpetual Motion"（"永恒运动"），*Economist*（《经济学人》），4 September 2004, 4。
③ AAMA（美国汽车制造商协会）1997, 46；Ward's Communications（沃德通信）2002, 51。
④ Sheehan（希恩）2001, 60。
⑤ 本段所及统计数据出自Frumkin（弗鲁姆金）2002, 201；Worldwatch Institute（世界观察研究所）2004a, 6；Worldwatch Institute（世界观察研究所）2004b, 28, 30；Ward's Communications（沃德通信）2003, 2, 47, 49；Sheehan（希恩）2001, 13。

此外,在美国,每辆小汽车、越野车和轻型卡车行驶的路程都比在许多其他国家要远——平均算来,比在英国要远10%,比在德国要远50%,比在日本要远将近200%。美国所有小汽车行驶的总里程数超过了其他所有发达国家小汽车行驶的总里程数之和。这样一来,美国小汽车和轻型卡车使用了美国近40%的石油,成为全球碳排放的主要来源,其排放量大约相当于日本整个经济的排放量。

美国用于车辆购买和运转的费用高达几千亿美元——用于燃油、轮胎、通行费、注册费、保险和维修。而这些直接费用只是全部社会成本的一部分。纳税人还为机动车提供补贴,包括免费停车位、道路施工、桥梁、交通执法、环境清扫和采买油品。还必须加上撞车的经济成本。差不多每三秒钟就要发生一起车辆碰撞,每小时有300人伤亡,2002年时,车祸的总成本——用于治疗、保险、伤残、警察出警和法律服务——超过了2 300亿美元(平均每人820美元)。①

在美国,小汽车之所以"不可或缺",原因有很多。广告鼓吹,拥有一辆车就意味着独立、成功和地位,它宣告着一个人的成年,唤醒了人们对速度的渴望,激发了冒险意识和浪漫的感觉。但事实上,在美国人的日常生活中,它们也确实是"不可或缺"的,或者至少可以让生活非常便利,上下班通勤、跑腿、接送孩子,或周末举家外出都离不开汽车。

意外的依赖?

对汽车如此依赖并非偶然。亨利·福特——1947年去世时身家10亿美元,是有史以来最富有的商人之一——这样真正的天才企业家,通过薄利多销的策略扩大市场,发财致富。新市场的兴起部分原因是越来越多的工人想要拥有——也能够买得起——一辆车,还有一部分原因是政府落实了基础设施建设,支持更多车辆通行。其他一些

---

① 美国国家高速公路安全管理局对车祸成本作出估计,在Thomas(托马斯)2004, 26中被引用。近年来,美国每年有大约43 000人在车祸中丧生,另有260万人受伤。

有创意的企业家，例如在1923年至1956年间任通用汽车总裁，后又任董事会主席的阿尔弗雷德·斯隆，采取了"有计划的求新弃旧"等策略，鼓励消费者每隔几年就提升档次，换辆新车。斯隆还将"风格"这一理念引入汽车业，销售具有不同特性的不同类型的汽车，并向客户提供贷款，从而刺激了消费。这些企业家为了拓展市场，还干掉其他运输方式，或者至少是导致了其他运输方式的衰败——尤其是有轨电车。

19世纪末至20世纪初时，美国许多城市的有轨电车既便宜又便捷。1900年时，差不多每个人口在25 000人以上的城市都有有轨电车。1890年一年，人们搭乘了20亿次有轨电车。而仅仅30年后，这个数字就跃升至每年155亿次。历史学家马克·福斯特（Mark Foster）说："（1920年时，有轨电车是）几乎各个阶级各个年龄层主要的交通工具。商人乘坐电车去办公室上班，产业工人乘坐电车去工厂上工，家庭主妇搭乘电车处理家庭采买等事务，孩子们则搭乘电车上学、放学。"①自20年代起，有轨电车由于众多原因开始走下坡路。目光短浅的、不称职的或是贪污腐败的经营者造成一些电车系统管理不善，还有一些则走向破产，因为无法适应当地经济不断变化的需求，小汽车的便利性和越来越强的可购性也使得有轨电车无法与之抗衡。

汽车制造商也将目光对准了客运系统。1949年，美国政府与全国城市干线涉入了一起法律纠纷，这是一起臭名昭著的案例。全国城市干线这家控股公司由通用汽车（GM）、加州标准石油公司及凡士通轮胎和橡胶公司共同组建。全国城市干线在40多座城市购买运输公司，接着拆除电车线路，用安装了凡士通轮胎的通用汽车取代了有轨电车。芝加哥联邦法院认定通用汽车、加州标准石油公司和凡士通轮胎和橡胶公司违反了反垄断法的规定。汽车产业的其他公司同意签订独家（有时是违法的）供货商合同，向市政当局提供经济和技术支持，以实现从轨道交通系统向道路交通系统的转变，他们还对支持这

---

① Foster（福斯特）1981，14。

一转变的政客进行游说、提供资金支持,从而得以以较低价格购买运输公司。结果,轨道交通系统消失了——就像洛杉矶和橙县1 100英里长的太平洋电力铁路红色列车系统那样——个人和经济都越来越依赖小汽车和公共汽车。到了50年代时,全美90%以上的有轨电车系统都被拆除了。①

将小汽车和公共汽车击败轨道交通系统仅仅描述为企业与政府间的合谋未免太简单了。也有很多例证表明,美国地区政府是支持轨道交通系统的。还有一些案例中,公众的抗议阻碍了50年代末以后道路系统的发展(例如,市民团体叫停了旧金山、波士顿和华盛顿高速公路的修建)。然而,正如社会学家彼得·弗罗因德(Peter Freund)和乔治·马丁(George Martin)所写,现实不外乎一个简单的理由引发的阴谋,"汽车产业群富有,且具有极大的影响力。而与之相对抗的利益群体无论富裕程度还是影响力都要逊色不少。"②

前面的章节中说到,从全国城市干线组建之日起,美国汽车市场就不断扩张。西欧和日本的汽车市场也在不断发展,政府和企业同样在为汽车消费的增长推波助澜。虽然这三大市场在全球市场所占份额稍有下滑,但其机动车产量仍占全球产量的50%,其注册机动车数量占全球总量的65%。③ 而在下一章中将说明,在过去50年中,这些市场也在其他方面发生着变化,包括采取了更高的环保和安全标准。

---

① Yago(亚戈)1984,59-61;Freund and Martin(弗罗因德和马丁)1993,135-137;Dunn(邓恩)1998,8;Paterson(帕特森)2000,268。
② Freund and Martin(弗罗因德和马丁)1993,136。
③ 基于Ward's Communications(沃德通信)2003,14,47-49的数据。有大量文献论述汽车产业的发展。例如,Sinclair(辛克莱)1983;Yang(杨)1995。

第 4 章

优良的驾乘:安全又清洁

20 世纪 60 年代以来,政府调控和汽车制造商之间的竞争使得常规汽车更安全、更清洁,无论在富裕国家还是贫困国家都是如此。六七十年代,第一世界国家政府通过立法确立了空气污染和汽车排放的标准。自 1966 年起,加州在这方面始终领先一步,其率先制定了世界首个汽车尾气中一氧化碳和碳氢化合物的排放标准,并逐渐加强对汽车排放的管理。北美洲、欧洲、日本、澳大利亚等地的管辖范围以及一些发展中国家也通过立法加强管理。在此期间,各国政府还制定法律,设置方案使得道路和车辆更加安全,例如,要求系安全带、限制车速、强制使用婴儿或儿童座椅等。在第一世界国家中,与交通和车辆安全相关的法律法规实施得比在第三世界国家要好,影响也更加深远,这一点与环境保护相关的法律法规实施情况相同。

汽车制造商采用环保技术升级了新车型,在车辆上使用触媒转换器和燃油喷射装置,还配有防震刹车、安全玻璃和气囊等安全装置,以满足更加严格的管理标准,占领更大的市场。老旧汽车和维护不善的汽车是尾气排放的主要来源,因此政府鼓励消费者对老旧汽车和卡车进行维护保养,或置换新型汽车。有些政府还与汽车制造商合作,推动报废汽车的回收利用。在第一世界国家,钢、铁等易于回收利用的材料的再循环取得了一定的成绩,但是塑料和"残渣"(切割汽车产生的有害残留物)等难以回收的材料的再循环在各个国家做得都不好。然而即使在这个问题上,欧洲和日本等国政府也已着手提高再生利用率,他们要求汽车制造商负责车辆的回收利用,促使他们在设计汽车时始终将回收利用时的成本效益放在心上,比如说,给塑料部件贴上内容码。

本章节通过例证证明,由于推行了这些规定和技术,50年来,个人汽车给人们生活和生态系统质量造成的阴影效应已逐步减弱。例如,如今美国一辆标准新型小轿车所造成的污染就比60年代的车型要小得多。自60年代以来,发达国家中每英里死于交通事故的司机人数也有所减少。

这些进步表明,国内法规和企业发展可以合力提升消费品的环境绩效,而通过贸易和投资,这些改良产品又被输送至环境法规较宽松的管辖区域。即便如此,这些进步也未能阻止汽车产业整体所造成的生态阴影的加剧,依然由无力抵抗或无法适应的人们及生态系统承担了生态成本。这一点在第5章中将进行论述。

第一世界的交通管理

自20世纪50年代至70年代,第一世界的政府和企业不断努力提升汽车的环境绩效。以美国联邦政府为例,政府逐渐完善与空气质量相关的立法,先有1955年的《空气污染控制法》,后有1963年和1970年的《清洁空气法》,制定了新的空气质量标准,为研究改善空气污染提供了更多的资金。[①] 其他许多发达国家——日本、英国、德国、加拿大、澳大利亚等,仅举几例——也于70年代采取管理措施,提升车辆的环境绩效。同时,油价翻了两番,全世界对于节油汽车的需求量激增。由于汽车将近90%的能源消耗集中在"使用阶段",因此提升车辆的环境绩效对于节约能源至关重要。[②]

加利福尼亚制定了更严格的车辆环保标准,这不仅在美国,在欧洲和日本也都是居于领先地位的。60年代初,加州要求使用曲轴箱强

[①] 1990年,《清洁空气法》再次得以修订和强化。
[②] Madsen(马德森)1995,207-234;McAuley(麦考利)2003,5414。1960年代之后,发达国家加强环境保护和消费者保护的趋势更加显著,而环境绩效方面的进展只是其中一部分而已[Vogel(沃格尔)2003,557]。

制通风装置,这种技术可以控制碳氢化合物的排放。1966年,加州在全球率先制定汽车尾气中一氧化碳和碳氢化合物的排放标准。同年,加州公路巡警开始在路边随机检查车辆的烟雾控制装置。三年后,加州在美国各州中第一个通过了环境空气质量标准,控制总悬浮颗粒、二氧化氮、光化学氧化剂、二氧化硫和一氧化碳的量。1971年,在美国各州中,它又第一个制定了汽车氮氧化物的标准。

之后的40年里,加州不断加强汽车管控。1984年,《加州烟雾检测计划》实施,强制要求每两年就要对汽车排放控制系统进行一次检测。1988年,加州通过立法,要求到1994车型时,车辆均须通过车载电脑监测排放性能。90年代,又颁布法律要求使用更清洁的柴油,并逐步采用燃烧时更清洁的汽油。2001年,制定了新的标准,到2007车型年时,大钻机车等车辆中大型柴油机的柴油烟碳和形成烟雾的气体排放量能够减少90%。[①]

政策法规的变化刺激着汽车制造商着手研发、设计、销售那些采用了较好的环保科技的汽车,有些企业已经看到了这些汽车潜在的竞争优势,而其自身的进步也使得他们更愿意接受新的法规。所取得的进步涉及的范围太广,无法全面回顾,下一节中将重点谈论两个最显著的进步——触媒转换器和燃料喷射装置。

转换器和喷射装置

触媒转换器用于净化汽车尾气中造成烟雾的污染物,它于70年代初首次出现在新车上,迅速蔓延至整个北美和日本市场。(大多数欧洲市场直到90年代初才广泛采用触媒转换器。)70年代中期以后,美国出售的几乎所有的新车上均装有触媒转换器。汽车制造商竞相

[①] 参见 California Air Resources Board(加州空气资源局),"California's Air Quality History Key Events"("加州空气质量历史关键事件"),网址为 http://www.arb.ca.gov/。
"富强的'绿色'政权在向贸易伙伴倡导调节性的'力争上游'计划中发挥了至关重要的作用",政治科学家 David Vogel(大卫·沃格尔)(1995,6)称之为"加州影响",因为"近30年来",这个州"无论在国内还是全球的环境规制中都处于最前沿的位置"。沃格尔著作的第8章中对于加州影响如何产生,以及在什么样的条件下产生进行了全面的分析。

安装更有效的转换器。1977年,沃尔沃出售一款"无烟雾"汽车——首次采用三向触媒转换器控制碳氢化合物、氮氧化物和一氧化碳。80年代初,由于采用了更高效的触媒转换器,一些美国公司在减少烟雾方面已经比联邦政府的排放标准做得更好。①

燃油喷射装置提升了燃料效率,减少了排放,提高了汽油发动机的功率。50年代问世以来,汽车公司不断对其进行完善,1967年推出了电子燃油喷射装置,大大提高了环境绩效。80年代时,欧洲汽车已普遍使用燃油喷射装置,到了1990年时,已成为美国新车型的标准配置。(1990款斯巴鲁Justy是美国销售的最后一款装有化油器的车型。)

不断提高的排放标准:加利福尼亚堪为典范

过去40年来,由于实施了更加严格的法律法规,采用了触媒转换器和燃料喷射装置等更优良的技术,大多数发达国家中,个人汽车对环境造成的影响已逐渐降低。例如,就氮氧化物、二氧化碳和碳氢化合物等的排放而言,美国一辆标准新车就比60年代所销售的汽车造成的污染要少95%以上。② 在有些情况下,即使路上行驶的车辆数迅速增加,但是汽车造成的净生态影响却在减小。加州提供的数据格外令人印象深刻。1970年,加州注册机动车仅有1 200多万辆,年度车辆行驶里程(VMT)总计1 100亿英里。平均每辆车每英里排放5.3克氮氧化物,8.6克碳氢化合物。每年排放的氮氧化物和碳氢化合物总计近150万公吨。

十年后,排放标准更加严格,车辆采用了更优良的环保科技,平均每辆车每英里的氮氧化物排放量降至4.8克,碳氢化合物则降至5.5克。如今汽车数量增加了500多万辆,行驶里程增加了450亿英里,

---

① Ananthaswamy(阿南塔斯瓦米)2001,18。
② MECA(排放控制制造商协会)的《清洁空气的事实——机动车排放控制:过去、现在与未来》,网址为 http://www.meca.org/。照近期的管理和技术趋势来看,MECA估计,到2009年时,"美国售出的汽车造成的污染会比1960年代售出的汽车减少99%"。参见MECA《清洁空气的事实——美国机动车排放与空气质量》,网址为 http://www.meca.org/。

但氮氧化物和碳氢化合物的排放总量仍与 1970 年持平。1990 年，2 300 万辆车在加州登记注册，仅那一年的行驶里程数就达到 2 420 亿英里。平均每辆车每英里的氮氧化物排放量跌至 3.0 克，碳氢化合物则跌至 2.7 克。行驶里程数增加了 870 亿英里，但氮氧化物和碳氢化合物的排放总量与 1980 年相比却每年减少约 200 000 公吨。接下来的十年，尽管汽车总量不断攀升，排放量却将继续减少。

1995 年时，平均每辆车每英里的氮氧化物排放量降至只有 2.2 克，碳氢化合物则降至 1.8 克，全年排放的氮氧化物和碳氢化合物总量约为 100 万公吨，比 1970 年减少了 1/3，而行驶里程数却增加了 146％。（1995 年，2 600 万辆注册车辆行驶总里程数为 2 710 亿英里。）

五年后，加州氮氧化物和碳氢化合物的排放量再次下降，尽管这次的下降幅度并不大——每英里氮氧化物又平均再减少 0.1 克，碳氢化合物减少 0.2 克。车辆排放的氮氧化物和碳氢化合物总量稍有上升——达到每年约 110 万公吨——车辆每年行驶里程数增至 2 800 亿英里。但即使是 110 万公吨，2000 年的年排放总量仍比 1990 年要少大约 200 000 公吨，比 1970 年少 400 000 公吨。①

第一世界的其他城市，即使有的空气质量还过得去，也效仿加州提高车辆排放标准。以温哥华为例，实施了"空气护理"计划，检测轻型车辆尾气排放中的碳氢化合物、一氧化碳和氮氧化物是否满足最低标准，使得 2002 年的有害车辆排放物比 1992 年减少了 35％。与此同时，由于采用了更清洁的燃料和新型科技，排放物又再减少了 31％。我们有理由相信，温哥华的空气质量会不断得到改善。部分原因在于，2004 年起，整个加拿大都开始与美国看齐，逐步实施更加严格的新车排放标准。这最终将使允许排放量减少多达 95％。加拿大政府也一直在采取措施，确保汽油更加清洁。法律明令禁止销售含苯量超过

---

① California Air Resources Board（加州空气资源局），"California's Air Quality History key Events"（"加州空气质量历史关键事件"），网址为 http://www.arb.ca.gov/。

1%（按体积计）的汽油，规定每千克汽油中平均硫浓度不得超过30毫克（约为每美制加仑38毫克）。①

回收利用废弃物

加拿大等第一世界国家政府还采取措施刺激车主置换新车。在加拿大，旧车和维护不善的车辆（占车辆总数的10—15%）排放的废气占车辆总排放量的50%，置换新车可以进一步减少排放量，这项举措也就顺理成章了。从另一方面来说，置换新车向各个国家提出越来越大的挑战：如何安全处理汽车零部件，有效地回收利用。

日本等国政府正在推行新的法律法规，提高车辆的回收利用率。日本目前的车辆回收率和再利用率占总重量的75%—85%。政府计划在2015年时将这个比例提高到95%。按照"报废车辆指令"（ELVs），欧盟委员会要求生产厂商和进口商建造废料场，回收带有商标标识的旧车辆，进行再利用，"防止污染"。欧盟（EU）国家每年有约1400万辆车达到"报废"年限。报废车辆指令旨在确立规则，创建激励机制，使得制造商在设计汽车时就将回收利用放在脑中。规定要求汽车制造商对零部件和材料进行编码，并提供车辆拆解信息。欧盟成员国也和日本一样，力求到2015年时，车辆总重量的95%都能实现再使用、回收、和循环再利用。② 他们也争取让车主不再简单地丢弃旧车，而是花钱让专人来处理。

北美的车辆循环利用产业与日本相似，可回收车辆总重量的75%—85%，其中大多数是钢和铁，在欧洲和日本也是如此。即使在20世纪90年代，美国小汽车的钢材循环利用率——将每年循环利用量与每年用于生产新车的量相比——就已达到90%多。如今，回收商

---

① Environment Canada（加拿大环境部），"Gasoline"（"汽油"）及"Vehicles Air Quality History key Events"（汽车、发动机和燃料：报废计划），网址为http://www.ec.gc.ca/。要了解更多关于温哥华空气护理的信息，请登录http://www.aircare.ca/。

② 报废车辆指令措辞谨慎："再使用"指的是汽车部件再次用于同样用途；"循环再利用"指的是汽车部件经过再加工，用于另一个原装配件或替代配件；"回收"指的是汽车部件的能量通过焚化等方式被回收[Brinkler（布里科勒）2004, 9]。然而，汽车制造商在使用这些措辞时前后并不一致。有些是无心之失，还有一些则是故意将焚化报告为"循环再利用"或"再使用"[Ecology Center（生态中心）2005, 6]。

从拆解的车辆中提取的钢材比制造商用于制造新车所需的钢材量稍微多一些(部分原因在于一些更新型的车需要的钢材量较少)。回收的钢材并非都用于制造汽车。事实上,新车车身只有 1/4 的钢材来自于再循环利用的钢材,内部零部件所用的钢会更多一些。①

汽车是全世界循环利用率最高的商品之一,北美洲和欧洲 95% 的车辆最终都被拆解切割。拆解工人会拯救一些状况良好的零部件,包括发动机、轮胎、电池、燃料、触媒转换器和气囊,但主要精力还是用于回收钢材,这个过程比较简单。相比而言,回收利用散热器中的液体、刹车系统和传动装置或者汞、铅、镉等有毒金属就费用高昂、费时费力了。回收利用橡胶、玻璃或塑料制成的非金属零部件也是如此。一辆标准汽车总重量的 70%—75% 来自于金属部件,而非金属部件部分,轮胎和弹性体约占 1/4,塑料约占 1/3,玻璃约占 13%。②

回收利用塑料汽车

这几十年来,汽车中使用的塑料越来越多,从保险杠到车门衬里再到轮廓装饰都要用到塑料。塑料既轻便又便宜,还容易弯曲,既能节省油耗,又能进行多种设计。1960 年时,塑料仅占整车重量的 0.6%,2000 年时,这个比例已攀升至 7.5%。看起来似乎并不多,但这就等于说仅美国一个国家每年用于车辆上的塑料就重达 43 亿磅。③然而,尽管在发达国家,对汽车塑料零部件的回收利用正在逐步发展,但仍然远远落后于钢材的回收利用。

例如,在美国,拆解工依然只能取回汽车上一小部分的塑料。车体压扁后,一块巨型磁贴将金属部件吸出,剩余的就是切割残留物或

---

① Fenton(芬东)2000,40.1;the Steel Recycling Institute(钢铁回收协会)的《钢铁回收情况简报》及《报废汽车的回收》,可登录 http://www.recycle-steel.org/查看。
② Bellmann and Khare(贝曼和卡勒)1999,721,724;Bandivadekar et al(班迪沃德卡等人)2004,22.
    按重量算,玻璃占一辆标准汽车重量的 3%。自从 1990 年代末开始,在循环再利用汽车玻璃方面已经取得了一些进展,尤其是在日本和欧洲。然而,在有力高效地再加工玻璃方面,还有许多障碍需要克服。例如,玻璃蚀屑流会被金属和塑料以及不同种类玻璃的混合物所污染,从而影响其成色和质量[Brinkler(布里科勒)2004,10-11]。
③ Ecology Center(生态中心)2005,2。

"残渣"——混杂了塑料、橡胶、玻璃、油漆、灰尘、油料和乱七八糟的东西。国际社会和许多国家政府都将切割产生的"残渣"视为危险废弃物,因为其中含有多氯联苯(PCBs)和其他有害物质。

美国每年产生约500万公吨这种残渣。大多数都送往垃圾填埋场填埋或者焚烧。汽车塑料部件的回收利用率很低,其中一个原因在于,一辆标准车辆中使用了20多种塑料,要对其进行分类和加工费用高昂,难度很大,而一些旧车的塑料部件没有印上成分和等级信息,难度就更大了。第二个原因是,回收利用少量低档塑料废弃物的技术难度较大。第三个原因,也许是最重要的原因,则在于再生利用的汽车塑料和切割残留物缺乏强有力的市场支撑。[①]

一些科学家正在对几种减少塑料废弃物的创新方法进行研究。其中有个新奇的点子,是制造出在处理时能够生物降解的塑料汽车部件。就这点而言,美国一家倡导清洁空气、安全水源和健康社区的非政府组织"生态中心"认为,丰田公司是"透明可持续塑料的领军者"——远远走在了本田、戴姆勒克莱斯勒、福特、尼桑和通用汽车的前面。丰田正在利用玉米、甘蔗等可再生原料开发生物降解塑料,致力于清除聚氯乙烯。聚氯乙烯是一种常见的塑料,能使车辆释放出二噁英、呋喃、多氯联苯等有毒化学物质。[②]

规范第一世界的交通安全

过去30年来,在发达国家,除了车辆,驾驶员和乘客也都越来越安全。带来这种变化的原因有很多。活动家们唤起了发达国家公众对更高的安全标准的需求,消费者利益的维护者、1965年的畅销书《任何速度都不安全》的作者拉尔夫·纳德(Ralph Nader)就是其中之一。许多政府通过新的法律,确立基线标准,如美国1966颁布的《国家交

---

① Schaffer(谢弗)2004,4;Bandivadekar et al(班迪沃德卡等人)2004,2223;Bellmann and Khare(贝曼和卡勒)1999,721-733。
② Ecology Center(生态中心)2005,2-3。尽管对其赞赏有加,生态中心对丰田公司的评级仍旧只是C级。

通与机动车安全条例》。政府还开始设计更加安全的道路,并对其进行维护保养。有些地方安装了减速带,最高时速也限制在更适合的水平,超速和醉驾都要接受处罚。有些政府还要求汽车制造商为车辆配备安全设施,其中最先采用的,也是最成功的,就是安全带。

系好安全带,踩好刹车

虽然早在20世纪30年代,就有一些医生在他们自己的车上安装了安全带,并呼吁所有新车都要安装,但直到50年代,福特、克莱斯勒和沃尔沃等汽车制造商才首次在某些车型中配备安全带。到了60年代,安全带越来越普及——也越来越精致。1964年,包括澳大利亚维多利亚州和南澳大利亚州在内的一些管辖区域开始要求新车前排座椅必须安装安全带固定装置。1971年,维多利亚州率先通过立法,强制使用安全带。这一年,交通事故导致的乘客和司机的死亡率降低了18%。

很快其他地区也开始效法。1972年,澳大利亚所有的州都要求必须使用安全带,新西兰和西德也作出了同样的要求。然而,也有很多国家很长一段时间都没有作出这样的要求,比如英国。英国直到1983年才要求前排座椅使用安全带。在新法的约束下,前排座椅安全带使用率上升了58%——从37%上升到95%——而医院接收的交通事故受伤人员则减少了35%。[①] 如今,第一世界的大多数国家均要求使用安全带。大量研究表明,这种做法可以挽救很多的生命,司机和前排乘客的交通意外死亡率降低了40%—65%。

还有很多其他的进步也使得汽车和卡车更加安全。50年前使用的鼓刹,在温度较高时,需要100磅的踏板力才能起作用。50年代末,机动刹车普及,所需的踏板力较先前要小得多,而且不受温度影响。分离刹车系统于60年代初问世,即使在刹车油管泄漏时,也可以保留部分制动功率,因此60年代末,美国等国家强制要求使用分离刹车系

---

① WHO and World Bank(世界卫生组织和世界银行)2004,132 - 133。

统。今天，防抱死制动系统（ABS）等技术则要更加有效，也更加可靠。

气囊、儿童或婴儿座椅和安全玻璃等其他安全装置也降低了车祸的死亡率。1953年，一种新型挡风玻璃面世，虽然说如果人的脑袋撞穿了这种玻璃还是会死，但它却可以裂而不碎。1965年出现了第一块"高抗渗"挡风玻璃。仅仅三年后，美国便要求所有汽车都使用这种玻璃。气囊于70年代中期面市，到1999年时，美国已要求所有新乘用车均使用双气囊。这些安全装置极大地降低了车祸的死亡概率。举个例子来说，有研究表明，在追尾事故中，气囊可以使司机死亡率减少22%—29%，而有了安全座椅，撞车时婴儿死亡率可以减少71%，小童死亡率减少54%。①

在最新一轮的安全装置大潮中，汽车制造商正在开发采用了新型安全科技的"智能"汽车，这些科技有的简单（安全带和车速语音提醒），有的复杂（自动报警系统，在车祸发生后可以通知救援人员）。在不久的将来，车辆还会配备雷达计算机，可以取代司机，引导车辆转弯或刹车，避免发生碰撞。

越野车这股逆流

美联社2003年做了一项调查，受访的美国人中每10人就有4人认为，驾乘越野车比小汽车更安全。然而，越野车容易侧翻，这就使得越野车对于司机和乘客来说和小汽车一样危险——甚至更危险。美国国家公路交通安全管理局的计算结果显示，2001年，发生车祸时，乘坐越野车的人比乘坐小汽车的人死亡的可能性要高出3%（100万辆越野车中有162人死亡，而100万辆小汽车中有157人死亡）。三年后，交通部数据显示，这个比例已接近11%。

还有更加有力的证据证明越野车会增加其他小汽车司机的死亡风险。据国家公路交通安全管理局估计，当一辆越野车，而不是一辆

---

① "Safety: Improving Your Odds"（"安全：提升你的存活几率"），*Consumer Reports*（《消费者报告》）68（April 2003），26；WHO and World Bank（世界卫生组织和世界银行）2004，91-92。

普通小汽车,撞击到另一辆小汽车的驾驶侧,这辆小汽车司机的死亡几率会高出 4 倍。①

尽管如此,一些关于交通意外死亡人数的基本数据清楚表明,发达国家的交通状况整体来说是更加安全了,即便不考虑由更好的医疗护理和急救护理带来的更高的存活率。

在第一世界驾驶更安全

以每 10 万人计,在美国,1966 年时有超过 25 人死于交通事故,2000 年时则仅有 15 人;在英国 1966 年时是 15 人,2002 年时只有 6 人;在澳大利亚,则从 1970 年的 30 人降至 2001 年时不足 10 人。司机和乘客即使驾乘的路程更远,也依旧更加安全。以美国为例,1953 年时,驾乘人员每英里的死亡几率是如今的 4 倍多。②

总而言之,结论是显而易见的:现代汽车,采用了更优良的环保科技,也更安全。这样的变化必然能够造福消费者,推进环境管理。但是,正如第 5 章中将要论述的,发展中国家街头的小汽车和轻型卡车越来越多,这就使得改良车辆所带来的益处几不可见。

---

① 来自国家公路交通安全管理局的数据,在 Cloud(克劳德) 2003 中进行了概括;来自运输部的数据,在 Fonda(方达) 2004,65 进行了概括。
② WHO and World Bank(世界卫生组织和世界银行) 2004, 37;"Safety: Improving Your Odds"("安全:提升你的存活几率"),*Consumer Reports*(《消费者报告》), April 2003, 26。

第 5 章

道路代价

2008 款丰田普锐斯(Prius)造成的生态伤害比 1965 款丰田科罗娜(Corona)要小,2008 款福特金牛座(Taurus)比 1965 款福特野马(Mustang)要安全得多,这都毋庸置疑。然而,如今随着全球车辆的增加,即使汽车更加安全、更加清洁,仍然产生越来越大的阴影效应。丰田等公司树立了典范,通过适时生产提高效率,减少浪费,控制质量,从而提高产量。公司在环保科技的研发上也走在前列。但是丰田的终极目标并不止于扩大销量、抢占市场,也不只是增加利润——或者成为环保汽车工程学的先锋——它还想要积聚声望,超越通用汽车,成为世界第一的汽车制造商。

全球争相生产更多的汽车,使得如今马路上的小汽车和商用车辆已远远超过 8 亿辆——差不多是 1950 年时的 12 倍,1950 年时仅有 7 000 万辆。汽车制造商推销越野车和其他轻型卡车作为乘用车,许多新型汽车都又大又沉(对生态系统和行人来说也更加危险)。随着通用、福特和丰田等公司纷纷涌向中国等繁荣的市场,第三世界国家汽车销量迅速上升,意味着这个地区汽车数量在全球汽车总量中所占的比重越来越大。

全球能源输出量的 15% 用于驾驶这些更清洁的汽车,而每年全世界能源相关的二氧化碳排放量的 1/5 也来自于这些汽车。丢弃旧车,更换新车也加重了全球生态负担,尤其是在那些缺少有效再循环设施的发展中国家。同时,这些更安全的车辆发生的车祸每天都在夺走 3 000 多人的生命,使 137 000 人受伤。尽管过去 50 年来,在安全性方面取得了重大进展,但在第一世界国家,死于交通"事故"的几率仍然极大。然而,汽车产业不断扩大,在发展中国家造成的阴影效应还是要大得多。因为发展中国家的交通法和基础设施并不完善。如今,85%的交通事故致死事件发生在发展中国家,儿童面临的风险尤其大。死亡率每年都在上升,但在第一世界国家却在下降。

制造更大的车流量

过去50年中,全世界注册的乘用车和商用车数量一直稳步增加,1960年时是1.27亿辆,1970年2.46亿辆,1980年4.1亿辆,1990年5.83亿辆,2000年7.35亿辆,现如今已经超过8.25亿辆。[1] 全球汽车产业每年生产出约6 700万辆轻型车辆——包括乘用车、旅行车和6公吨(13 200磅)以下轻型商用车——比2000年多出了约1 000万辆。每年虽有几百万车辆被丢弃或回收利用,但据产业分析家预测,汽车总量还会迅速增加,到本世纪中期,全世界的马路上将行驶着20亿至35亿辆轻型汽车。[2]

丰田自2000年以来的发展尤其引人瞩目,全球汽车产量增量中50%来自于丰田。几年前,董事会主席奥田硕(Hiroshi Okuda)定下的企业目标是占领10%的全球市场——达到他所说的"商品占有率在世界市场达到10%"。这个目标实现后,他又将新目标定为全球市场的15%,取代通用汽车,成为世界头号制造商。仅2006年一年,丰田的全球产量就又上升了10个百分点,达到900多万辆,通用仅比它多162 000辆。2007年,通用销量增长了3%,但仅比丰田多3 000辆。2008年和2009年,丰田终于走在了成为全球销量领跑者的道路上,这个位置从1931年起一直都是通用汽车占据的。

---

[1] 对现有客车和商用车数量的估计推断自 Ward's Communications(沃德通信)2003, 49,2001—2002年的趋势(加上沃德通信发布的最新数据)。全球注册汽车的数据来自于 AMA(汽车制造商协会)1951, 28;AAMA(美国汽车制造商协会)1994, 41;Ward's Communications(沃德通信)2002, 53。

[2] "Perpetual Motion"("永恒运动"), *Economist*(《经济学人》), 4 September 2004, 4;"The Car Company in Front—Toyota"("位居前列的汽车公司——丰田"), *Economist*(《经济学人》), 29 January 2005, 73;Worldwatch Institute(世界观察研究所)2006;McAuley(麦考利)2003, 5414。

丰田之道

丰田的成功很大程度上来自于它的企业文化。丰田始终追求效率更高、质量控制更好、浪费更少、产量稳步提升,最终生产出质更优价更廉的汽车。丰田的生产体系——因为《改变世界的机器》[①]这本书广为人知——旨在将"按需及时发送"的零部件组装在一起,不断完善制造过程,消除低效率现象,始终追求高品质。例如,工人若发现产品瑕疵,可以叫停生产线。

在丰田的生产体系下,单位产品的自然资源消耗量更少,产生的废物也更少。其他国家的汽车企业也采用了很多丰田的生产战略,"在此过程中,美国和欧洲的汽车发生了变化,70 年代时,美国和欧洲的汽车并不可靠,时常出现故障、漏油和零碎脱落的状况,令人不甚恼火。但如今,消费者理所当然地认定美国和欧洲车既坚固又可靠。"[②]

丰田公司始终保持高效率,最近更是成为创新型环保科技的领头羊,生产出普锐斯这样的混合动力汽车,将传统的燃气发动机与电动机结合在一起,使汽车在开阔道路上行驶时能够维持高功率。启动、空转或低速行驶时,只依靠电动机(电动机本身不会释放温室气体)。这样一来,普锐斯做到了在城市中每加仑汽油可行驶超过 61 英里,开阔道路上,超过 57 英里。与一辆具有可比性的美国新车相比,普锐斯仅消耗一半的汽油,排放一半的二氧化碳,排放的氮氧化物和碳氢化合物也要减少约 90%。[③]

普锐斯是一项重大进步,但被丰田员工称为"丰田之道"的核心则

---

① Womack, Jones, and Roos(沃马克、琼斯和鲁斯)1990。
② "The Car Company in Front—Toyota"("位居前列的汽车公司——丰田"),*Economist*(《经济学人》),29 January 2005。
③ "London Congestion Charges No Barrier for Toyota Prius"("伦敦的拥堵无法阻挡丰田普锐斯"),*Management Services*(《管理服务》),April 2003, 5;"Why the Future Is Hybrid"("未来为何属于混合动力"),*Economist*(《经济学人》)373, 4 December 2004, 22。并非所有的混合动力汽车都能大量节约能源。2005 款本田雅阁混合动力汽车每加仑汽油只比四缸本田 EX 多跑 1 英里。本田雅阁电动引擎的卖点并不是更高的汽油里程数,而是更佳的提速性能——车速从 0 提升至每小时 60 英里仅需 6.9 秒(而四缸本田 EX 则需 9.0 秒)。

是扩大市场——这个驱动力推动大家生产、销售更多的汽车,从而赢得竞争,成为全球销量冠军。丰田的工厂越来越多,"丰田之道"也就不言而喻了。1980 年,丰田在 9 个国家拥有 11 家制造工厂;十年后,增加至 14 个国家,20 家工厂。2005 年时,这个数字已经扩大至 26 个国家 46 家工厂,还在美国、法国、比利时和泰国拥有设计和工程机构。和许多一流的汽车制造商一样,丰田通过精妙的广告活动推销小汽车和卡车,还定期开发出新车型,填补市场空白或与对手一较高下。例如,仅日本市场就有 60 多个车型,还有更多的车型是专门为海外市场设计的。①

制造交通大拥堵

丰田、通用、福特和戴姆勒克莱斯勒等企业生产的越野车、小型货车及其他轻型货车销量非常好,这在很大程度上解释了为何 90 年代以来汽车产量不断增加。人们购买的车辆中,越野车和轻型货车所占比重越来越大,照这样发展下去,到 2030 年时,全世界一半的乘用车将是越野车和轻型货车。② 相比标准乘用车来说,越野车每英里行程消耗的燃料更多,还会占据更多空间,加剧了洛杉矶等城市的拥堵。在洛杉矶,马路和停车场已占据城市土地面积的 2/3。美国标准客车的平均重量,在经历了 70 年代和 80 年代的减少后,到 90 年代又开始增加,其中一部分原因就是由于这些更大更沉的车辆越来越多。早前减少车辆重量而赢得的燃料效率也大大退步。③

过去这一个世纪,汽车已经成为日本、欧洲和美国等国家和地区经济不可或缺的一部分——有些人甚至认为是其文化不可或缺的一部分。本世纪全球汽车产业的前沿阵地则是发展中国家。

---

① "The Car Company in Front—Toyota"("位居前列的汽车公司——丰田"),*Economist*(《经济学人》),29 January 2005,65-67。
② Worldwatch Institute(世界观察研究所)2004a,6。
③ McAuley(麦考利)2003,5415;Freund and Martin(弗罗因德和马丁)1993,19。

让发展中国家汽车遍布

通用、丰田、福特、大众、尼桑、宝马、本田和现代正野心勃勃地在发展中国家开拓市场。它们所销售的车辆有些是第一世界的淘汰品。例如日本 2003 年就出口了约 100 万辆旧机动车——价值约 27 亿美元。① 但大多数销往第三世界的都是新车。

稍微了解一下中国市场就能知道汽车销售的潜力有多大。20 世纪 90 年代末,每千人拥有汽车不足 10 辆(而在美国,每千人拥有 780 辆车)。自 2000 年起,小汽车总量稳步增加——2003 年增加了 400 万辆,其中仅北京一座城市就增加了 40 多万辆(增长率达到 25%)。国际能源署预测,2005—2030 年间,中国小汽车和卡车数量将增至原来的 7 倍,达到 2.7 亿辆。所有主要的汽车制造商如今都想方设法在这个迅猛发展的市场中抢占一席之地,这不足为奇。通用公司如今在中国运营着七家合资企业和两家全资企业。2005 年售出了 66.5 万多辆车,比 2004 年增长了 35%(如今仅占市场份额的 11%)。自 2001 年以来,中国总体上已经越过加拿大、法国、德国、韩国和西班牙,成为全球第三大机动车生产国(仅次于美国和日本)。②

环境代价

未来,机动车总量一定会不断增加。汽车消费的全球化已经对全球环境造成伤害,将几百万人——尤其是世界上最贫困的那些人——置于危险之中。数据统计的概况证实了这一点。近几十年来,全球每年消耗的半数的油和橡胶、1/4 的玻璃和 15% 的钢材都用在了汽车

---

① 一方面,日本对 3 年以上的汽车的审查既严格又昂贵,因此相较于欧洲或北美洲的消费者而言,日本消费者更愿意更快置换汽车。保养、维修及零配件价格很高也是其中的原因。这些经济因素,加上消费者普遍青睐新产品,就解释了为何日本对二手车的需求量较低。另一方面,欧洲和北美洲对当地二手车的需求量较大,也就使得这些地区不大会出口二手车。
② McAuley(麦考利)2003, 5414; Worldwatch Institute(世界观察研究所)2004a, 6; Ward's Communications(沃德通信)2003, 14; Yardley(亚德利)2004, A4; 及 General Motors(通用汽车公司), 网站 http://www.gm.com/。参见 Gallagher(加拉格尔)2006, 一整本书都分析了在汽车如何影响全球环境变化方面,中国所起到的越来越重要的作用。

上。仅乘用车使用的能源就占全球能源消耗量的15%,还必须加上用于修建和维护供汽车行驶的公路所消耗的能源。这些公路又反过来破坏自然水循环,引发洪灾,减少地下水供应。①

汽车还排放出二氧化碳、一氧化二氮、二氧化硫和悬浮颗粒物,造成烟雾、酸雨和气候变化。如今,在洛杉矶等城市,烟雾——1905年将烟和雾这两个字放在一起造出来的词——已经不像几十年前那么严重了。但是在其他许多城市,尤其是发展中国家的城市中,烟雾仍旧是一个严峻的关乎环境和健康的问题,并且越来越严重。这些城市70%—80%的空气污染来自于交通工具。在全球范围内,室外空气污染每年导致24 000多儿童死亡。即使富裕地区也在继续奋力控制室外空气污染。以加拿大为例,安省医学会2005年发布的一项研究估计,有5 000多人因为空气污染而过早死亡——他们预计到2026年时,这个数字将超过10 000。②

机动车是气候变化的最大诱因之一,随着交通量越来越大,产生的影响也越来越大。不同的管辖区域内,汽车对全球二氧化碳排放量的影响当然是不一样的。在加拿大这样的地区,个人消费排放的温室气体占全国排放总量的1/4强,其中,道路客运占了一半,而私人车辆是最主要的排放源。

如今,全世界机动车排放的二氧化碳约占能源相关二氧化碳排放量的1/5(约占交通工具总排放量的3/4)。即使在美国,车辆的环境绩效已取得长足进步,交通工具排放的二氧化碳仍占总排放量的1/3。③一些用于生产"更清洁"汽车的工艺设备正给生态造成意想不到的伤害。例如第4章中着重提到的触媒转换器,可以有效地减少很多会造成烟雾的气体排放,但也会产生一氧化二氮(也被称为"笑气")等副产

---

① "Perpetual Motion"("永恒运动"),*Economist*(《经济学人》),4 September 2004,4;UNEP(联合国环境规划署)2002,35;Freund and Martin(弗罗因德和马丁)1993,27。
② UNCHS(联合国人居中心)2001,68;Gordon, Mackay, and Rehfuess(戈登、麦凯和瑞弗斯)2004,28。安省医学会的研究在 Rutledge(拉特利奇)2005,F7 中进行了概述。
③ Myers and Kent(迈尔斯和肯特)2004,29;McAuley(麦考利)2003,5415 中对美国能源部的数据进行了综述。

品。如今美国温室气体中一氧化二氮所占比例超过5%,其中15%来自于装有触媒转换器的小汽车和卡车(其他主要来源还包括粪肥和化肥)。触媒转换器还会排放出重金属(铑、钯和铂),对身体健康会造成什么影响目前尚不可知。①

越野车和其他轻型货车对环境的影响尤其大。北美洲一辆每年行驶12 000英里(20 000公里)的普通越野车排放二氧化碳6公吨,是一辆普通中型轿车排放量的一倍半。包括美国在内的许多国家,并未将对小汽车的环境制约同样实施于越野车和其他轻型货车。忧思科学家联盟称,美国销售的一辆普通卡车所排放的"会造成烟雾的污染物是一辆普通小汽车的2.4倍,排放的温室气体是后者的1.4倍"。②

这些卡车对生态的影响并不止于更多的气体排放。他们还破坏沙漠,扬起大量灰尘——地理学家安德鲁·古迪(Andrew Goudie)将这种现象称为"丰田化",因为北非等地的大量四驱车都是丰田陆地巡洋舰。"丰田化"再加上森林砍伐和沙漠化,造成了更频繁、更严重的沙尘暴。例如,古迪教授对撒哈拉非洲的卫星图片进行了分析,结果表明过去50年发生的沙尘暴是以往的10倍。据古迪教授计算,每年就有多达30亿公吨沙尘被卷入大气之中。这足以扰乱气候模式,破坏珊瑚礁。③

越来越多旧的小汽车和卡车被丢弃,同样造成很多环境问题。上一章中曾经论述过,日本、西欧和北美等富裕之地回收再利用旧车的能力正在稳步提升(未来十年还会继续提升)。但是大多数发展中国家的情况就不是这样了。举个例子来说,在非洲贫困的国家几乎不会出现车辆的再生利用。国家通过立法强制车辆再利用也会将处理车辆的负担转嫁给一些无法有效进行车辆回收利用的国家(例如,旧的

---

① Ananthaswamy(阿南塔斯瓦米)2001,18;Energy Information Administration(能源情报署)2007,1,5。
② Union of Concerned Scientists(忧思科学家联盟),"Automaker Rankings: The Environmental Performance of Car Companies"("汽车制造商排行榜:汽车公司的环境绩效"),网址为http://www.ucsusa.org/。
③ Vince(文斯)2004中对Andrew Goudie(安德鲁·古迪)的结论进行了概述。

德国车倾销至东欧,旧的日本车倾销至东南亚)。①

即使像中国这样相对富裕的发展中国家,在开发再生利用的基础设施方面也不过刚刚起步。如今中国正在使用的车辆超过 5 000 万辆,每年有 200 多万辆被废弃。照目前的发展速度,到 2010 年时,每年废弃车辆将增加到 300 万辆。虽然中国于 2001 年通过法律对车辆的废弃处理和再生利用进行了规范,但中国政府表示,截至 2004 年,仍有 90% 达到"报废"状态的车辆——安全性低,污染严重的车辆——继续非法使用。②

死在路上

全球交通量的增加不仅破坏了自然环境,也夺去了一些国家的驾驶人员、乘客和行人的性命,这些国家通常基础设施和安全法规都很薄弱。第 4 章中论述过,许多新型车辆对于驾驶人员和乘客来说要更安全(尤其是进行碰撞试验时)。但是有些车辆,例如越野车,对于其他小汽车的车内人员而言就会很危险,对行人来说更是如此。举个例子来说,许多越野车的前端很高,这就意味着发生车祸时,导致行人丧命或受重伤的可能性是一辆标准乘用车的 2 倍多。③

尽管大多数发达国家的安全状况更好,但是交通事故造成的伤亡人数仍然每年都在上升。过去一百年来,至少有 3 000 万人死于车祸。考虑到全球数据统计的不确定因素,实际数字可能是 2 倍或者 3 倍之多。如今,交通事故每年造成 2 000 万至 5 000 万人受伤,120 万人死亡(其中约 1/3 是行人)。世界卫生组织和世界银行预计,到 2020 年时,每年死于交通事故的人数将超过 200 万。④

一个普通人,即使生活在发达国家,一生中也仍然有大约 1% 的可

---

① Bellmann and Khare(贝曼和卡勒)1999,733。
② 参见 Chen(陈)2005,20 - 26。
③ Simms and O'Neill(西姆斯和奥尼尔)2005,787。
④ WHO and World Bank(世界卫生组织和世界银行)2004,3 - 4;Crandall, Bhalla, and Madeley(克兰德尔,巴拉和梅德利)2002,1145。

能性会死于车祸。① 在不同的发达国家,风险概率不尽相同,这不足为奇。以美国为例,据国家安全委员会估计,一生中死于车祸的几率在1/84,或者1.2%。② 但在发展中国家这种危险就要大得多。如今,全世界因交通事故造成的死亡中,85%发生在低收入和中等收入国家。虽然发达国家的死亡率在降低,发展中国家却在升高。1975年至1998年间,每一万人中死于交通意外的人数大幅增加,马来西亚增加了44%以上,印度增加了79%以上,哥伦比亚增加了237%还要多一点,中国大陆增加了243%,博茨瓦纳增加了将近384%。③

发展中国家的儿童尤其面临着巨大的风险。每一万个死于车祸的人之中,儿童所占比例在低收入国家是高收入国家的6倍。事实上,在所有死于车祸的儿童中,96%来自于贫困国家。低收入国家的死亡人口中很多是行人、骑自行车的人和骑摩托车的人。车速过快、不遵守道路法规、几乎不采取安全保护措施(连头盔这样简单的措施都没有),这一切加在一起造成了严重的危害。公共交通工具通常也非常危险,正如在尼日利亚的拉各斯,"公共汽车"这个词的口语表述是 *danfo*(意为飞行的棺材)和 *molue*(意为移动的停尸房)。如今在低收入和中等收入国家,因外伤住院的人当中,30%至86%的人是因为交通事故,这给医疗系统带来巨大的负担。④ 与此同时,政府和汽车制造商不断淡化这些悲剧,还开出空头支票,担保说,随着全世界的车辆越来越安全、道路越来越好、法律越来越完善,这些"事故"不会再发生——但现状是每年死于车祸的人数还在无情地攀升,已经逼近了200万。

---

① 基于联合国道路交通事故统计数据,在 Haegi(赫之)2002,1110 中被引用。
② 国家安全委员会在对一生中死于交通事故的几率进行估计时,假设人的寿命为78年。参见 http://www.nsc.org/上国家安全委员会的"资源"。
③ WHO and World Bank(世界卫生组织和世界银行)2004,37。
④ Nantulya and Reich(兰图雅和赖希)2002,1139–1140;WHO and World Bank(世界卫生组织和世界银行)2004,4–5。

第6章

事故和排放的全球化

过去这100年来,在地球上几乎每一种文化群落中,汽车都已从一种奢侈的玩具变成了普通人正常购买的商品。几亿人的生活都依赖于私人汽车。工作者们依赖私家车上下班、父母依赖私家车送孩子上学、带他们出去玩,家庭依赖私家车去农舍和海边度假。诚然,很多驾驶人员可以选择公共交通工具,但那样通常比较慢也不太方便。

各个社会对于汽车的结构性依赖并非历史的偶然。汽车公司、轮胎公司和建筑公司间形成关系网,他们拓宽道路,阻碍(甚至破坏)公共交通系统。例如,政府曾经对私家车主进行补贴,赋予他们道路的免费通行权,向他们提供免费停车场。制造企业和广告公司则将"拥有一辆车"与性感、自由、速度、探险和富足联系在了一起。结果就是,汽车畅行在各个潮流文化中,几乎没有任何机构,也没有消费者质疑过汽车生态阴影的代价和风险。

过去一个世纪来,技术进步、政府调控和企业定位这三股最重要的力量,改变了汽车对环境的影响。从亨利·福特等实业家开始,汽车制造商竞相缩减劳动力、降低资源和时间的投入,减少浪费,生产更多的汽车。投入减少了,产出增加了,汽车越来越便宜,销量越来越大。

福特T型车演绎了首个迅猛发展的时代是如何到来的。T型车上了流水线后,生产效率提高了,节约下来的成本用于降低售价,因此普通美国工人也能拥有自助游这样的奢侈享受了。1908款T

型车售价850美元,13年后,降至260美元。生产和营销战略取得了巨大成功,到了1920年时,全球一半的小汽车都是福特T型车。到20年代中期,福特已售出1 000万辆T型车,接下来几年又售出了500万辆。20世纪20年代,美国汽车产业迅猛发展,20年代末,美国注册小汽车达到2 300多万辆——每5个美国人就拥有一辆车,而在20年代初,每13人中才有一辆车。接下来的几十年里,发展趋于平缓。二战结束后,销量再一次飞升。1950年,仅美国一个国家的汽车数量就接近5 000万辆,到1960时已快达到7 500万辆,到了1970年时,轻轻松松就超过了1亿辆,此时,每两个美国人就拥有一辆车在路上行驶。

60年代时,欧洲和日本的汽车销量也在显著增长,政府和消费者开始向企业施加压力,要求推出具有更好的环境保护和安全保护装置的新车型。从那时起,汽车性能就稳步提高,尽管有时也会停滞不前。如今,北美、西欧和日本的普通汽车的安全性大大增强(装有安全带、防抱死刹车和气囊等安全装置),生命周期内对环境的伤害较小(装有触媒转换器和燃油喷射装置)。在所有发达国家,每英里行程的死亡人数逐渐下降,加州等地的空气越来越干净,这些都是有力的证明。

然而,这些改变带来的益处是极其不均衡的。强国的富裕消费者们是最主要的受益者,然后才轮到污染比较严重的地区的贫困消费者们。而且,越来越多的车辆挤上马路,全球汽车产业整体对环境的影响也就越来越大。19世纪末时,乘用车和商用车的数量还很少,如今已远远超过8亿辆。这个数量还在不断增加。

照这个趋势发展下去,到本世纪中期,将有20多亿辆轻型机动车将全世界的马路塞得水泄不通。大多数新增加的汽车都在发展中国家——那里基础设施薄弱,政府能力不足,无法维持安全、健康的环境。消费者购买汽车和卡车开上路要花上几千亿美元。而这些直接成本还只是总成本的一小部分,他们还要支付其他费用用于道路工程、停车场、过桥费、交通警察、国家管制和环境清理等方面。这么多车辆还意味着第三世界的城市会更脏(尽管第一世界的一些城市越来越干净),对全球环境造成的压力也会更大——比如说大大增加全球温室气体排放量。还意味着会有更多的人死于交通事故。即使在最富裕的国家,死亡的风险也很高,一生之中死于交通事故的风险约为1%。现如今,每年有 100 多万人死于车祸——还有 5 000 万人在车祸中受伤。这 100 多万人中,85% 在发展中国家。未来的形势还要更加严峻。到 2020 年,每年死于交通事故的人数预计将超过 200 万,而在全世界所有富裕的国家,死亡率却有可能不断下降。[1]

因此,对于贫困人口和全球环境而言,尽管新科技降低了新车的单位影响,但是汽车产业的阴影效应还是在不断加剧。过去十年来,越野车销量不断增加,从中可以看出,依赖推动技术进步、提高企业利益、倡导消费者主权来转变汽车产业的社会和环境影响是很危险的。许多消费者显然很享受这种大型易操控车辆带来的力量感。他们也会感觉更安全(尽管马路上每辆越野车乘员死亡率的统计数据并没有明显好于其他车辆)。然而,选择驾驶越野车却增加了行人以及其他车辆驾乘人员伤亡的风险。这些越野车转移了生态成本,它们与小汽车相比,占据了更大的空间,需要更多的资源——如汽油、橡胶和钢材等。越野车给全球环境造成的负担也比小汽车大,它们激起沙漠的沙尘暴,排放出更多的温室气体。现在美国购置的车辆中有将近一半是越野车,如果全世界的发展趋势都是如此,那么到 2030 年,全世界范围内有一半的机动车会是越野车或其他轻型卡车。

这样一来,为了提高安全性、降低汽车对生态的影响而做出的改良就会收效太慢,无法阻止汽车对几百万家庭(尤其是在发展中国家)和全球环境造成不可逆转的危害。从某种程度上来说,这是经济变革全球化的自然结果,经济变革不仅是要创造更好的生活条件,更是要产生更大的销量和利润。丰田公司现在秉承的理念——"丰田之道"——就恰恰揭示了这一点。《经济学人》将它描述为"永不止步地

---

[1] WHO and World Bank(世界卫生组织和世界银行)2004,3-4。

追求卓越"。① 丰田一直以来都在生产更加安全可靠、更加环保的小汽车和卡车,但产生的废物较少,耗费的资源也很少,这非常令人钦佩,因此几十年来,其他汽车公司也在借鉴丰田的理念——比如"按需及时装配线"——来提高产品质量和生产效率。

然而,永不止步地追求卓越也意味着永不止步地追求全球销量。如今丰田汽车占有率在世界市场已超过10%——占汽车年产量比重超过10%——2008年,丰田紧跟全球汽车领导者通用汽车的步伐,当时的目标是成为唯一一家"全球市场占有率超过15%"的汽车公司,并以此来激励工人。20世纪前50年,丰田为提高市场份额所采取的策略与福特和通用有所不同,但结果基本一样:个人、社会经济和政治,对越来越多的汽车的结构上的依赖越来越强。

有一些人在与全球日益严重的汽车依赖症进行对抗。市民不断抗议——有些甚至取得了成功——阻挠道路建设。一些人选择更简单的生活方式,不再使用汽车;一些人"见缝插针地"向精英文化宣传驾车的危险;还有一些人,例如反醉驾母亲协会(MADD)这样的组织,则鼓励大家更加负责任地使用汽车。在新加坡和伦敦等地的社区,若驾驶员行驶进入市中心地区,则要交费,以此来减少拥堵。而加拿大的多伦多岛等地则完全禁止汽车通行。② 批评家们蜂拥而上,对越来越多的越野车群起而攻之。美国开展了一项运动,鼓励美国人少开车(尤其是越野车),他们问道:"耶稣会开什么车呢?"③ 另一项运动中,人们将越野车与石油进口联系在一起,并进而得出驾驶越野车是在赞助中东恐怖分子的结论。尽管如此,但人们所做的抵抗不过是零零散散、各自为政,对于减缓全世界越来越多的汽

---

① "The Car Company in Front—Toyota"("位居前列的汽车公司——丰田"),*Economist*(《经济学人》),29 January 2005。
② 若要了解更多关于抵制汽车的分析,可参看 McKay(麦凯)1996;Wall(沃尔)1999;Robinson(罗宾逊)2000;Paterson(帕特森)2007。要了解自愿简朴运动,可参看 Maniates(马尼阿特斯)2002b,199 - 236。关于"文化干扰"的讨论,可参看 Bordwell(波德维尔)2002,237 - 252。关于多伦多群岛的研究,可参看 Princen(普林森)2005,第 8 章。
③ 可登录 http://www.whatwouldjesusdrive.org/阅读"耶稣会开什么车呢?"Bradsher(布拉德舍)2002 则用了一本书对 SUV 进行批判。

车消费助益不大。

下一个实例会谈论汽车使用含铅汽油作为燃料的事情。将近一个世纪以前,杜邦实验室的一群科学家寻求提高汽油性能的方法,由此开启了含铅汽油的历史。

第二部分
含铅汽油

第 7 章

加铅的科学：加出利润和风险

1921 年末的一个周五，含铅汽油对生态投下了第一抹阴影。整整五年，小托马斯·米奇利（Thomas Midgley Jr.）和通用汽车研究公司燃料部门的团队一直在寻找一种有效的添加剂，能够增加汽油中辛烷的含量，从而减少发动机"爆震"或发出"砰砰"声。1921 年 12 月 9 日，一个星期五，杜邦工厂四乙铅的实验取得成功，杜邦公司和通用汽车立刻行动起来。新的添加剂既有效又不贵，获得专利也不是什么难事。

接下来到了 1924 年 10 月，当全美国的消费者都开始转用"改良"汽油时，悲剧袭击了多家铅加工工厂。不久之前，医学专家和政府监管人员提出质疑，将一种大家都知道是有毒的物质加入汽油中（也就进入了汽车废气中）是否会有安全问题。含铅汽油的历史原本随着这一貌似常识性的质疑就该结束了——但事实上却没有。相反，在短暂停用了一段时间用来"研究"后，没有人再严肃地质疑过含铅汽油的安全性。直到 20 世纪 60 年代，地球化学家克莱尔·帕特森（Clair Patterson）开始纳闷，为何他的检测显示北半球的铅含量会这么高。

为何 20 年代时，美国的监管人员会宣称含铅汽油是"安全的"？为何批评家们一度叫嚣着要求采取预防措施，并进行进一步的研究，却在接下来的几十年里闭口不言了？最后，为何美国这么多的科学家、活动家和政府机构突然——在半个世纪之后——又开始质疑含铅汽油的"真相"和"安全性"？

从这些问题的答案中我们可以吸取重要教训,那就是生态阴影是如何及为何形成、加剧和转移的。这些答案告诉我们,即使面对着极大的不确定性和巨大的风险,对利润和市场的追求也能够战胜对预防措施的需求,企业和政府的联盟能够使批评家们闭嘴,还能控制几代人的"研究",最后一点,知识和技术既能导致生态阴影,也能减轻生态阴影。

有利可图的突破

当气缸里的部分燃料过早点燃,就会发生爆震,发出"砰砰"声,使发动机粗暴地运转,最终造成损坏。这在 1920 年代以前的内燃机中非常普遍,随着压缩比和发动机功率增大,情况还要更糟。米奇利的团队进行了几千次的试验,最终发现四乙铅可以作为燃料添加剂。① 最初,团队愿意用几乎任何化合物来做实验——甚至还有融化的黄油。有些差不多就要成功了。1916 年 12 月,米奇利就发现碘酒能够消除爆震,但是却对发动机零部件有非常强的腐蚀性。此外,碘酒比较贵,会使得每加仑汽油的成本上涨 1 美元。两年后,米奇利和他的团队发现苯胺比碘酒更有效,但还是不太适合。

第一次世界大战后,全世界开始将目光转向了质量较低的石油储备,因此对有效抗爆剂的需求更加迫切。当时,一些地质学家估计,美国的石油储备在一两代人之后就会枯竭,因此美国汽车制造商越来越急于开发出更高效的燃料。② 除了找到一种低成本、低百分比的抗爆剂之外,米奇利和项目负责人查尔斯·凯特灵(Charles F. Kettering)确实也考虑过其他的选择。一种可能性是用玉米和甘蔗等农作物中提取的工业(乙基)酒精代替汽油;另一种则是将工业酒精与汽油混

---

① 据 1927 年乙基汽油公司的宣传册"说一说乙基汽油"中所说,该团队共检测了 33 000 种化合物。这一估算虽然有时会被反复提及[例如,在 Kauffman(考夫曼)1989 中],但其实有可能是偏高了。在年复一年的辛苦研究后发现的乙基汽油,作为历史性的突破被推销,这是出于企业的经济利益。米奇利曾说,他们进行了将近 15 000 次试验,但其实次数远比这要少得多[参见 Kovarik(科瓦里克)1999,n49]。
② 参见美国地质调查局局长 George Otis Smith(乔治·奥的斯·史密斯)(1920)的评论。

合在一起,制造出抗爆燃料。

最终,出于经济考虑,团队放弃了这两种选择。主要原因很明确:工业酒精是不可能申请专利的。当时,农民就可以在自家后院制造工业酒精。若是有了获得专利的汽油抗爆剂,企业未来的利润空间就会更大。还有一些其他的原因。石油公司反对不再使用汽油作为燃料,而转向使用工业酒精也存在实际的阻碍。"现在工业酒精的总产量还不到燃料需求量的4%,"凯特灵后来在1921年的一次讲话中解释说,"如果要用工业酒精取代汽油,那么美国半数以上的农场都要用来种植植物性物质(Vegetable Matter)以制造酒精。"①

20世纪20年代初,人们继续更加急切地寻找一种便宜又有效的汽油抗爆剂。1921年春,米奇利的团队发现另一种化学品——可溶氧氯化硒——可以防止爆震。不幸的是,"它有一些缺点,"米奇利后来苦笑着解释道,"其中之一是会将发动机变成化学溶剂,这还不是最糟糕的。"米奇利的团队继续坚持不懈地试验更多的化合物。他们很快发现用二乙碲来消除发动机爆震更加有效,但是它会发出一股可怕的恶臭,用米奇利典型的戏谑的话来说,有"一种像魔鬼一样的大蒜臭味","会阴魂不散地跟着你几个星期。"②

这些几近成功的试验帮助米奇利缩小了搜寻范围。他利用元素周期表,一路研究到了碳族元素,并最终研究到铅。他是在一种被称作"四乙铅"的化合物中进行试验的。四乙铅在1854年被一位德国化学家发现,但由于它有毒,所以从未在商业上被使用过。1921年12月,米奇利的团队发动了一个单缸德尔科发动机,发动机内装满了含有0.025%四乙铅的煤油。杜邦工厂里进行的这个简单实验是一个重大突破。发动机运转顺畅——甚至比加入1.3%苯胺这种标准做法的发动机运转还要好。很快,人们就发现,"一匙"四乙铅,只花费一便士,却"足以使一加仑汽油从咔嗒作响、不断爆震的讨厌鬼变成顺畅运

---

① 查尔斯·凯特灵所说的这句话在Kovarik(科瓦里克)2003中被引用。尝试以工业酒精作为汽车燃料历史悠久。例如,亨利·福特就曾使用农场酒精驱动他的第一辆车。
② 小托马斯·米奇利所说的这句话在Kauffman(考夫曼)1989,719中被引用。

转的发动机燃料。"①

团队很快就为汽油和四乙铅的混合物提出了专利申请,接着就开始改进、制造并推销这种新型燃料。他们在其中加入了二溴化乙烯,以减少发动机中铅的沉积(铅沉积会损坏火花塞和阀门)。1922年10月,通用公司与杜邦公司签订四乙铅供货合同,皮埃尔·杜邦(Pierre du Pont)签约成为通用公司董事长,他的弟弟伊雷内(Irénée)成为杜邦公司董事长。②

2个月后,美国卫生总监写信给杜邦公司董事会主席,询问他们是否确定四乙铅是安全的。"已经慎重考虑过这个问题。"米奇利代表主席作了回复。他承认说他们并没有"实际的实验数据"。但他仍然信心满满地写道:"一般街道上都不会有铅,不可能检测出来,也不会被吸收。"③

这种新型燃料混合物对健康的潜在影响未经研究就于1923年2月开始销售。福特T型车销售已进入全盛期,通用已远远地落在了福特的后面,因此急于推出一款能够消除发动机爆震的汽油。销售更加强劲的车型——旗舰车凯迪拉克——是其卷土重来的核心战略。通用公司在广告中宣传说"乙基汽油"是"更佳的汽车燃料"。④

乙基汽油发了疯

通用汽车化学公司于1923年春成立,负责销售乙基汽油,凯特灵任董事长,米奇利任副董事长。这种汽油有很多优点,轻易就在营销

---

① Kauffman(考夫曼)1989,719。一"便士"花费的估计出自 Kovarik(科瓦里克)2005,385。
② 一战期间,杜邦家族利用火药销售的收益购买通用汽车公司的股份,到1920年时,已拥有通用汽车约1/3的股份。Pierre du Pont(皮埃尔·杜邦)(1870—1954)成为通用汽车公司董事长,而他的弟弟Irénée(伊雷内)则成为杜邦公司董事长。在此期间,两家公司合作开发一种更好的燃料。参见 Bent(本特)1925,3;Kitman(吉特曼)2000,17。
③ 1922年12月30日,Thomas Midgley Jr(小托马斯·米奇利)对 H. S. Cumming(卡明)说了这番话,在 Rosner and Markowitz(罗斯纳和马科维茨)1985, 345中被引用。
④ Needleman(内德勒曼)1998, 79;Markowitz and Rosner(马科维茨和罗斯纳)2002, 17。通用汽车公司在1923年为"乙烷气"在报纸上做广告,Kauffman(考夫曼)1989,721引用了这则广告。

中大获全胜。1923年5月,在印第安纳波利斯500英里大赛中,排名前三位的选手都是驾驶着由乙基汽油驱动的赛车强劲地冲过终点线的。1924年8月,通用汽车与新泽西标准石油(该公司持有以更便宜的方式合成四乙铅的专利)合作成立了乙基汽油公司——1942年更名为乙基公司——标志着乙基汽油越来越重要。① 凯特灵仍然任董事长,米奇利任第二副董事长兼总经理。

然而,事情的发展并不总是一帆风顺的。事实证明,工人们要处理大量的四乙铅,保证他们的安全并不是一件容易的事。即使米奇利自己从一开始就意识到长时间接触这种添加剂是非常危险的,他也不能幸免。1923年初,米奇利花了1个月的时间在佛罗里达修整恢复。人们也越来越担心,从乙基汽油驱动的汽车中排放出的废气可能会造成铅中毒。在米奇利前往佛罗里达休息的几个月后,通用汽车与美国矿务局签署协议,调查四乙铅对健康的影响。

紧接下来,1924年10月,一周之内就有五名工人死亡。这五名工人都是在新泽西州伊丽莎白市标准石油公司炼油厂的贝威四乙铅实验室工作的。中毒的工人们因为肌肉痉挛而遍体鳞伤,痛苦地扭动着身子,逐渐出现偏执和妄想的症状,他们狂暴不已,甚至企图自杀。医生束手无策,只能用紧身衣把最暴躁的病人束缚住。贝威工厂里一片哗然,人们拒绝接受这个事实。负责员工管理的一位贝威经理在得知一名员工去世,还有四名员工病重时,考虑了一会儿,只匆匆说了句,"他们之所以发疯是因为他们工作太卖力了。"② 这句话与这场病一样透着古怪。美国各家报纸的头条充斥着这次死亡事件的报道,米奇利被派来安抚民众。

当年早些时候,米奇利目睹了乙基汽油商业化生产带来的危害,曾经考虑过放弃使用四乙铅作为抗爆剂。但是,在贝威死亡事件发生

---

① 通用汽车与标准石油(后称作"埃克森")合并各自专利,成立了乙基汽油公司。
② 贝威实验室经理所说的这句话在 *New York Times*(《纽约时报》), 27 October 1924, 11 上"Odd Gas Kills One, Makes Four Insane"("古怪的气体造成1人死亡,4人失常")一文中被引用。

时，他再一次激情满满，也许因为他已预先收到通知，知道矿务局很快就会得出结论，说乙基汽油排放出的废气是安全的。米奇利天生就是一个演员。1924年10月30日，他在标准石油公司办事处召开新闻发布会，他将一些四乙铅放在手中揉搓，以此证明小剂量的四乙铅是无害的。① 然而，这点小伎俩对于安抚焦虑的政府官员作用不大。同一天，纽约市卫生局明令禁止使用乙基汽油，新泽西州和费城及匹兹堡等市也随之发布了禁令。其他地区虽然仍在销售，但是许多权威人士已经不那么热衷了。

米奇利召开新闻发布会的第二天，矿务局发布了报告，对于乙基汽油终于有了一些正面报道。《纽约时报》11月1日头版头条对报告内容作了概括，"矿务局对汽车尾气作了长期实验后未发现乙基汽油会对公众造成危害。"此后，其他健康研究人员对于矿务局得出这一结论所采用的方法还会进行严格审查。每一天，矿务局科学家都要让包括猴子、狗、兔子和猪在内的100多种动物接触含铅汽油车尾气长达3至6个小时。在实验了8个月后，没有发现动物有铅中毒迹象（如瘫软无力、食欲减退或体重减轻等）。矿务局总结说："汽车排放的尾气造成道路上铅的积聚似乎还远未达到危险的程度。"②

不断有新闻报道其他两家生产四乙铅的工厂有工人死亡，乙基公司只能勉强维持经营。③ 在10月份那场死亡事件发生后，贝威工厂已

---

① "Bar Ethyl Gasoline as 5th Victim Dies"（"第五个受害者死亡，乙基汽油必须禁止"），*New York Times*（《纽约时报》），31 October 1924, 1。

② 这句话出自矿务局报告，摘录在 *New York Times*（《纽约时报》），1 November 1924，17 上"No Peril to Public Seen in Ethyl Gas"（"乙烷气对公众没有危害"）一文中。仅在贝威实验室死亡事件发生几天后，这份报告被分发给媒体，这并非巧合。按照其与矿务局的合同规定，通用汽车公司实际上控制着调查结果的发布权：矿务局必须将草稿提交给乙基公司进行"点评、批评和批准"[通用汽车公司合同，引用于 Rosner and Markowitz（罗斯纳和马科维茨）1985, 345]。

③ 在最初的一年半里，三家生产四乙铅的工厂里，可能有15至20名工人死亡。对于死亡人数的估计，一些学者有了"确切的"数字。但是，出于多种原因，还是用"可能"的死亡人数为好。政府官员并不总是准确记录下一些工人的死亡原因。诊断的复杂性，加上企业想要逃避指责，这就意味着死亡人数其实还要更多——有可能多得多。但也有可能会更少。例如，贝威有1名工人 Joseph G. Leslie（约瑟夫·莱斯利），他的朋友和同事都认为他死于1924年，但他的妻子知道真相：医生将他关在一家精神病院，直到40年后才去世[Kovarik（科瓦里克）2005, 384]。

经关门。媒体将乙基汽油称为"疯气"。位于新泽西州迪普沃特的杜邦工厂 1923 年 9 月开始生产四乙铅,如今那里的工人把工厂称为"蝴蝶之家",因为很多工人产生幻觉,好像看到了飞虫,这是铅中毒的早期症状。1925 年,《纽约时报》记者塞拉斯·本特(Silas Bent)描述道:"这些受害者在工作时,或者正进行一场理性的谈话时,会突然停下,聚精会神地凝视着前方,还会伸手去抓并不存在的东西。"管理者们则声称,之前就已经让迪普沃特的工人们戴手套、穿防护服、戴防毒面具了。然而,在工厂开工这一年半的时间里,还是有超过 3/4 的工人中毒,有些甚至是反复中毒。①

安抚消费者

公司采取了种种措施,使公众在面对了这些可怕的悲剧后仍能对乙基汽油充满信心。1924 年 12 月,乙基公司连同标准石油和杜邦公司一起说服了卫生总监,要求就四乙铅对健康的影响公开表态。因此 1925 年 5 月,在公共卫生署召开的发布会上,乙基公司宣布将暂停销售乙基汽油,进行进一步的研究。② 这次发布会为乙基公司、标准石油、通用汽车和杜邦提供了一个公共平台,让他们解释了在汽油中加入四乙铅的重要性。标准石油的一位高级主管弗兰克·霍华德(Frank Howard)将四乙铅称作"上帝的礼物",他说"(因为使用了乙基汽油)一加仑汽油可以多跑大约 50% 的路程。"③许多参会人员兴致勃勃地倾听了这些观点。但是,他们同时也听到了很多反对意见,于是决定成立一个由卫生总监领导的小型委员会,进一步调查四乙铅潜在的健康影响。

1926 年 1 月,委员会提交了报告。报告称,至今发生的人员死亡

---

① Bent(本特)1925,3。
② 1925 年 5 月前,乙基公司一直稳步进军美国汽油市场。最初的两年零两个月里,就向 28 个州的 12 000 个加油站运送了 3 亿多加仑的乙基汽油[Bent(本特)1925,3]。
③ 弗兰克·霍华德所说的话在 Rosner and Markowitz(罗斯纳和马科维茨)1985,348 中被引用。关于四乙铅对健康影响的这次会议的完整记录,可参看 U. S. Public Health Service(美国公共卫生署)1925。

是因为生产过程中不安全的做法导致的，若能采取适当的预防措施是可以避免的。报告未能提供接触含铅汽油会中毒的铁证，但仍然敦促美国政府继续调查，因为"广泛"使用含铅汽油可能会产生"完全不同"的状况。报告的结论——"目前没有理由禁止使用乙基汽油"——为乙基公司开了绿灯。①

1926年5月，乙基汽油恢复销售。此时，对于四乙铅的生产和销售有了更加严格的规定，加油站里贴着指示牌，还有这样的几行字："乙基汽油含有四乙铅，仅用作汽车燃料，不可用于清洁或任何其他用途。"②公司也同意遵从卫生总监制定的自愿性标准，每加仑汽油中最多添加3立方厘米四乙铅（约合每加仑3.17克）。乙基石油公司开始大肆宣传乙基是一种高效的汽油，由可靠的石油公司销售，能够提升汽车功率，减少震动（有时甚至无须提及铅这种添加剂）。凯特灵和米奇利已经不再是负责人了。一年前，凯特灵从董事长降职成了董事，米奇利也从乙基公司第二副董事长兼总经理变成了通用公司的普通员工。"我们觉得将资产管理权交到米奇利手中是一个重大的错误，"通用公司总裁阿尔弗莱德·斯隆（Alfred P. Sloan）后来说道，"他在管理方面完全没有经验。"③

2003年，小托马斯·米奇利因为发现了乙基汽油而进入俄亥俄州阿克伦城美国国家发明人名人堂。"飞机制造商能够开发出更强劲的发动机，使美国在第二次世界大战中占有决定性的优势。发动机马力更强大，飞机也就更安全、更可靠、飞行速度更快。"④这一切都要归功于米奇利。在燃料中添加铅无疑提升了汽车和飞机的性能和效率。化学家乔治·考夫曼（George Kauffman）估计，四乙铅"为公众节约了成本。假如（四乙铅）没有被发现，汽油成本就要多出1/3。"⑤然而，含

---

① 报告出自卫生总监的专家委员会，在Kauffman（考夫曼）1989，721中被引用。然而，局长要求做进一步的独立研究。可查看U. S. Surgeon General（美国卫生总监）1926获得完整报告。
② Kauffman（考夫曼）1989，721；也可参看Kovarik（科瓦里克）2003。
③ 阿尔弗莱德·斯隆的话引自Kovarik（科瓦里克）1999，n116。也可参见Kitman（吉特曼）2000，31。
④ 登录http://www.invent.org/查看美国发明家名人堂了解Thomas Midgley Jr.（小托马斯·米奇利）。
⑤ Kauffman（考夫曼）1989，722。

铅汽油造成的后果远比米奇利或者矿务局或者卫生总监所预见的要严峻得多。

让批评家们闭嘴

并不是所有的科学家都赞同矿务局和卫生总监于20世纪20年代发布的安抚报告。耶鲁大学应用生理学教授严德尔·亨德森（Yandell Henderson）就是其中最直言不讳的一员。例如，他在1925年4月的一次演讲中谴责矿务局的调查结果，他说"矿务局的调查员所采用的实验条件基本不适用于实际问题。"研究急性铅中毒造成的影响所采用的方法也许是合理的，但是，在他看来，对汽车尾气中铅排放造成的潜在的、长期的健康影响进行的研究简直就是在误导公众，非常卑劣。

亨德森说，他们之所以这么做原因很简单，通用汽车为矿务局的调研提供了资金。他说，调查结果真正保护的是通用公司、标准石油公司、杜邦公司和乙基汽油公司未来"几十亿美元"的利润，而不是公众的健康。这些是强大的经济利益。因此，他几乎看不出美国政府有任何会禁用含铅汽油的可能，除非它突然造成大量人口死亡。

他预言说："在公众和政府有所意识之前，这种状况很有可能会变得越来越糟，铅中毒的蔓延会在不知不觉中发生（这种病的特性如此），人们普遍使用含铅汽油，大量售出的汽车只能使用这一种燃料。"待到政府当局意识到危险时，再要去除汽油中的铅已是难上加难了。在亨德森看来，企业对四乙铅的发现如此热心，真正的原因是为了将来对市场的控制。他说："按照现在售价，利润很低，或者没有利润。将来他们控制了汽油业务、控制了汽车产业，利润就来了。握有四乙铅专利权的势力或者势力的联合体将是唯一能够生产出我们都想购买的汽车的一方。"[1]

---

[1] 严德尔·亨德森教授在对美国安全工程师协会及国际安全委员会发表演讲时这样说道，摘录于"Sees Deadly Gas a Peril in Streets"（"致命气体是街头的危害"），*New York Times*（《纽约时报》），22 April 1925, 25。

另一些杰出的教授和科学家们从健康的角度出发,也对使用乙基汽油对健康的影响忧心忡忡。大卫·艾德索(David Edsall)是哈佛大学公共卫生学院院长,也是1925年在卫生总监领导下成立的四乙铅调查委员会成员,他用了"半生不熟"这个词来形容最终的报告。来自哈佛大学的爱丽丝·汉密尔顿(Alice Hamilton)反复提及四乙铅的潜在危害。1925年5月那次会议的休息时间,爱丽丝对凯特灵的批评也许最能表达她的观点。她怒视着凯特灵,脱口而出:"你就是一个杀人犯。"在美国之外的其他国家也有很多批评者。举个例子来说,德国波茨坦理工学院的埃里克·克劳斯(Erik Krause)曾给米奇利写过一封信,信中说四乙铅这种"不知不觉中置人于死地的毒物"毒性太强,已经杀死了一名论文委员会的同伴。①

各方对这些批评的反击非常尖锐。《化学和冶金工程》编辑帕梅利(H. C. Parmelee)称他们是"没本事的"、"被误导的狂热分子",提出了一些"滑稽可笑的证据",却没有看到对四乙铅的研究"是本着追求产业进步的精神,希望能够节约汽油,提高内燃机的功率。"1928年,铅工业协会成立,将还击含铅汽油反对者的各方努力更好地整合在了一起。最终,亨德森教授这样的批评者们对阻碍含铅汽油的销售有心无力。含铅汽油的市场份额迅速回升,速度快到令人咋舌,到30年代时,美国市场90%的汽油都已是含铅汽油。②

产业科学的时代

美国政府并未听从1925年卫生总监委员会的建议,没有继续调查含铅汽油的普遍使用从长远来看会对健康和环境产生什么影响。

---

① David Edsall(大卫·艾德索)的话引用于 Kitman(吉特曼)2000,31。Alice Hamilton(爱丽丝·汉密尔顿)的话引用于 Kovarik(科瓦里克)2005,388-389。Erik Krause(埃里克·克劳斯)对 Thomas Midgley(托马斯·米奇利)所说的话引用在 Kitman(吉特曼)2000,20,及 Kovarik(科瓦里克)2005,385。
② H. C. Parmelee(帕梅利)的话引用于 "Demands Fair Play for Ethyl Gasoline"("乙基汽油需要公平竞争"),*New York Times*(《纽约时报》),7 May 1925,10。1930年代时的含铅汽油市场份额的数据贴在瑞福德大学威廉·科瓦里克教授的网站上,网址为 http://www.radford.edu/。

相反,接下来的40年里,对含铅汽油的研究转向如何为行业利益服务。① 最著名的"行业科学家"要数毒理学家罗伯特·基欧(Robert Kehoe),自1924年起到1958年退休,他一直担任乙基公司的首席医疗顾问,他也是辛辛那提大学凯特灵应用生理学实验室的创始主任。凯特灵应用生理学实验室于1930年在通用公司、杜邦公司和乙基公司捐助下成立。30多年里,全世界关于含铅汽油对健康的影响的主要数据都来自于这个实验室。

这个实验室的研究结果自始至终都是一致的:含铅汽油绝不会危害公众健康。这个结论主要立足于三个臆断。人体血液中天生就有铅;铅含量只要低于某个限度都是安全的;美国等国家的铅含量还远未达到这个限度,也就是说汽车尾气中排放的铅其实是无害的。美国政府对这项调查研究深信不疑,同意在1958年将每加仑汽油中四乙铅含量的自愿性标准从3立方厘米提高到4立方厘米(相当于每加仑4.23克)。② 卫生总监当时还说,"过去这11年来,四乙铅经历了前所未有的大发展,没有任何迹象表明,美国普通人的血液中铅浓度显著升高,每日尿液中的铅含量也没有升高。"③

整个行业对调查研究的掌控在1965年首次碰壁。克莱尔·帕特森对北半球人们体内感染的铅含量与天然存在的铅含量进行了具有开创性的分析,分析后来被刊登在9月份的《环境健康档案》上。帕特森是加州理工学院的地球化学家。他将地球年代更精准地确定为45.5亿年,在进行这项工作的过程中,他发现铅污染已经到了非常严重的程度,这让他很困惑。他在1965年发表的这篇文章中所做的预测令人恐慌。美国居民体内铅浓度约比天然铅含量高出100倍,而北半球大气中的铅含量约比天然含量高出1 000倍。他直截了当地给出

---

① Graebner(格雷布纳)1987:140-159;Needleman(内德勒曼)1998,80。也可见 Markowitz and Rosner(马科维茨和罗斯纳)2002。
② 每加仑汽油中含4.23克四乙铅的新标准又是炼油厂使用的极限。在20世纪五六十年代,大多数炼油厂采用的标准是平均每加仑2.4克四乙铅[参见 Lewis(路易斯)1985]。
③ 卫生总监的话引用于 Lewis(路易斯)1985。

建议说：消灭铅污染的主要来源，包括乙基汽油。①

帕特森说，乙基公司一获悉他的研究结果——在研究结果公布的几个月之前——就向他提供"研究支持"，让他"生成有利于他们事业的结果"，遭到拒绝后，又发起运动抹黑他的研究结果。在一份写给《环境健康档案》编辑的评论中，罗伯特·基欧说这篇"幼稚透顶"的文章，只不过是一个对石头了若指掌，却对毒理学一无所知的人"自以为是的"呓语。但他仍然对文章的发表表示"欢迎"，这样一来，人们就可以"正视"这些"口口相传"的研究结果，将其"推翻"。② 在基欧的引导下，正统机构很快就对帕特森的研究冷落讥讽，还尽力阻止他对铅作进一步的研究。公共卫生署和美国石油组织切断了他的研究经费，还给加州理工学院施压解雇帕特森。

1966年，参议院委员会召开了空气和水资源污染听证会，这次听证会对基欧和帕特森来说都是一个转折点。因为裁员和收入下滑，乙基公司便游说美国公共卫生署提高每加仑汽油中允许添加的铅含量。基欧是乙基公司的明星专家证人。他曾经不无自豪地对参议院委员会主席炫耀说，他是"当今世上在这个领域最有经验的人"。主席显然对基欧的自信中透露出的傲慢保持警惕，敦促他解释清楚，为何包括公共卫生署在内的其他人都开始质疑他的结论。

基欧还是坚持一贯的看法。他说，"没有丝毫证据"表明空气中的铅是有害的，含铅汽油对公众健康完全没有危害。但是一周后当帕特森在听证会上解释他的研究结果时，他看不出基欧还有什么理由洋洋得意。帕特森说，在一个连续体中，一头是急性中毒，另一头是慢性小

---

① Patterson（帕特森）1965，344，358。帕特森后来对北极、南极、海洋、淡水、陆地土壤和食物链所做的研究提供了大量的证据，表明人类造成了全球铅含量逐渐积聚。他一生（1922—1995）中获得诸多荣誉，还有一颗小行星，以及一座南极山峰以他命名。参看 Flegal（弗里戈）1998 了解帕特森对环境研究的影响。Davidson（戴维森）1999 是一部向帕特森的研究致敬的散文集。

② Clair Patterson（克莱尔·帕特森）和 Robert Kehoe（罗伯特·基欧）的话，引用于 Needleman（内德勒曼）2000，22–23，书中还摘录了基欧与《环境健康档案》编辑 Katharine R. Boucot（凯瑟琳·布科）的通信。

剂量中毒，铅对公众健康的威胁在这个连续体中可以看得更准确。①美国政府里的一些官员在座听取了帕特森的主张，其他的研究人员也开始调查小剂量接触铅造成的影响，尤其是对儿童和孕妇等脆弱人群的影响。40年来，针对含铅汽油对健康的影响所做的调查研究一直受到相关行业的控制，如今，政策与科学界开始站在了基欧和凯特灵实验室的对立面。

风向发生转变

1970年，美国卫生总监要求着手调研，对"过多"接触铅的儿童进行鉴定。联邦政府也首次提供资金，支持研究铅对儿童健康的影响。儿童精神科医生赫伯特·内德勒曼（Herbert Needleman）在提到这段时期时写道："对科学数据的行业垄断正在走向末路。"②

行业内对于汽油中加铅的重要性曾经达成共识，如今也开始分崩离析。1962年，通用汽车将乙基汽油公司卖给了奥贝马尔纸业公司，奥贝马尔纸业只能借款2亿美元，才把这家是自己18倍大的公司买下来。③ 通用出售乙基汽油公司的原因并不完全清楚，但乙基公司当时的扁平利润线一定是其中一个因素（乙基公司享有的四乙铅专利权1947年到期），通用公司还担心可能会进行反垄断调查。

被卖掉的乙基公司在企业游说美国国会时处在了弱势。更有甚者，1970年1月，通用汽车宣布1974年时将在所有汽车上安装触媒转换器，令乙基公司的管理人员震惊不已，感觉遭到了背叛。铅会损伤转换器中的铂催化剂，因此装了触媒转换器的汽车必须使用无铅汽油。后来，通用公司辩称说，1970年出台的《清洁空气法》行将设定强制性目标以减少汽车排放，包括减少90%的一氧化碳、氮氧化物和碳氢化合物，这让他们别无选择。乙基公司的官方传记作家却有不同的

---

① 基欧的部分证据转载在 Needleman（内德勒曼）2000，24 – 25 上。Needleman（内德勒曼）1998，79 – 85 和 Nriagu（恩莱安古）1998，71 – 78 比较了帕特森与基欧的不同观点。
② Needleman（内德勒曼）2000，26。
③ Gould（古尔德）1962，1。

看法。他说:"通用公司将一家本质上是生产铅添加剂的公司卖了一半,获得几百万美元,然后又倡导根除铅基抗爆业务,这在一些人看来是不恰当的——这个词听起来没那么刺耳。"①

不久,其他汽车制造商也宣布了类似的计划,打算安装触媒转换器。铅添加剂产业的前景突然黯淡下来。1970年1月,美孚石油公司董事长在一次演讲中向汽车制造商们阐述了他的想法,他直截了当地说:"铅的使用必须停止。"②

---

① 出自 Joseph C. Robert(约瑟夫·罗伯特)(1983),引用在 Needleman(内德勒曼)2000, 26 上。罗伯特对通用汽车公司的评价有失公允。我们现在知道通用汽车于 1958 年开始开发触媒转换器——比出售乙基公司早了 4 年[Kovarik(科瓦里克)2005, 394]。
② Rawleigh Warner Jr.(小罗利·华纳),引用于 Abele(埃伯利)1970, 51。

第 8 章

铅的使用必须停止

美国的含铅汽油产业并没有一败涂地,也没有承认"铅的使用必须停止"。相反,70 年代初,行业协会发起全面反击,抹黑批评家、阻碍立法、阻挠环保法规的执行——他们在报纸上刊登广告,游说政客和官僚,起诉环境保护署,奋力将所有的企业参与者都拉到了同一条船上。然而,随着国内装有触媒转换器的汽车(只能使用无铅汽油)销量不断走高,越来越多的人赞同逐步减少使用含铅汽油,即使美国汽车制造商和几大石油公司也都赞成这样做。

美国含铅汽油产业走投无路,只能挣扎着存活,他们采取各种策略保住市场和利润,但这一切都只是徒劳。他们付出巨大的努力,即使不能避免停用含铅汽油,至少也想要拖延一阵,但到了 80 年代中期,这个产业彻底歇业了,至少在美国是这样。这样一来,在美国铅造成的生态阴影小了很多——美国人生活的环境更加健康——到 80 年代末,平均血铅含量显著减少。

为什么会这样?答案让我们进一步了解到,消费的生态阴影是如何发生变化的,又是因何而变化。从中我们可以知道,自 60 年代起加强的环境保护主义对于改变规章制度和消费者的选择至关重要。我们也知道了,推出新的环保技术——这里说的是触媒转换器——能够改变贸易和市场,使得行业在面对环境批评时难以维持政治和企业联盟。乍看之下,似乎环境保护主义、技术创新和科技知识在克服企业的阻力时取得胜利令人匪夷所思。但其实,政府若决定效法美国,通常都能够更加迅速地实施停用。

然而，在美国和其他国家（大多是富裕国家）减少含铅汽油的使用，结果却会加剧含铅汽油对世界上许多最贫困地区和最不稳定的生态系统造成的生态阴影。本章首先分析了70年代前五年中，企业是如何努力阻碍美国减少含铅汽油使用量的，这对于理解此后十年里的最终结果和所作的让步是至关重要的。

阻碍美国减少含铅汽油使用量

到 1970 年时，美国在减少含铅汽油消费方面取得的进展微乎其微。98%的汽油仍然含铅，空气中的铅含量约 80% 来自于汽车尾气。①

1970 年的《清洁空气法》责成环境保护署制定标准，确定与污染物接触的安全水平。当时，环保署在对待铅的问题上没什么经验，但是首任署长威廉·鲁克尔斯豪斯（William Ruckelshaus）似乎志在必得，他在 1971 年时指出四乙铅是"对公众健康的一大威胁。"② 与铅产业相关的科学家都提出激烈的反对，这是可以预见的。现在他们又转变态度，辩称将动物身上所做的实验迁移到人类，这种实验的价值值得怀疑。乙基公司也声称，乙基汽油中的铅含量与含铅油漆中的含量相比简直不值一提。环保署的一些人开始动摇，不确定是否还要对含铅汽油进行管控，有些人甚至反对这么做。

环保署决定与美国国家科学院签订协议，由后者调查空气中的铅含量，并提供建议。国家科学院的顾问团队中包括罗伯特·基欧这样的科学家，但却没有克莱尔·帕特森这类人，因此 1972 年生成的报告说法含糊，措辞谨慎，也就不足为奇。团队未能找到任何结论性的数据，表明大气中的铅含量在低于每立方米 2 微克时会造成平均血铅含量的上升，也没有证据表明较低含量的铅是有毒的。国家科学院的

---

① Thomson（汤姆森）2000，186。20 世纪 70 年代时，许多产业科学家对于空气中的铅含量"约 80%"来自于汽车这样的估计有所质疑。我对这个数字深信不疑，是由于后来的一些研究，包括一份综述，这份综述发现汽车尾气是"大气铅污染的最大来源"[Lansdown and Yule（兰斯当和尤尔）1986，137]。

② William Ruckelshaus（威廉·鲁克尔斯豪斯）的话引用于 Markowitz and Rosner（马科维茨和罗斯纳）2002，117。

某个高级审查委员会完全未受触动。审查团主席遗憾地说,这些顾问"一败涂地",他们"没能形成任何准确的结论。"① 但这份报告的确为拖延减少使用含铅汽油提供了借口,给了他们更多的时间进行调查研究。这个结果让乙基公司管理人员和投资者们欣喜不已(报告发布后,公司股票一天内猛涨了20%)。

之后的一年里,环保署越来越担心,车辆尾气每年都要喷射出180 000公吨的铅,长期接触会对健康产生严重影响。1973年11月,环保署发布了题为《环保署在空气中的铅对健康的影响问题上的立场》的报告,报告得出了确切的结论:汽车尾气中的铅对公众健康的影响迫在眉睫。② 环保署清楚,通用等汽车制造商决定采用触媒转换器将很快减少对含铅汽油的需求,但也担心汽车制造商会找到办法对触媒转换器进行改动,使其能够使用含铅汽油。11月份的报告发布一个月后,环保署宣布,自1975年1月1日起,逐步停止使用含铅汽油,降低炼油厂汽油总产量中铅的平均量,从每加仑2.2克降至1975年的1.7克,到1979年时,再降至每加仑0.5克。

环保署制定的这些目标并未能实现。杜邦公司和乙基公司迅速提起诉讼。乙基公司将其法律团队称为"乙基空气保护小组",这还真有一丝奥威尔式的讽刺意味。1974年末,这几家公司获得了第一回合的胜利。美国哥伦比亚特区上诉法院陪审团驳回了环保署的标准,称其"武断而任性",陪审团赞同乙基公司的观点,认为环保署必须证明含铅汽油造成了"实际的伤害",而不仅仅是存在"重大的风险"。③

逐步减少使用含铅汽油之所以一拖再拖,法律纠纷并非唯一的原因。在环保署内部以及环保署与其他政府部门之间还出现了政治斗争。铅添加剂产业负责公共事务的部门也没闲着,他们尽力向公众描

---

① 国家科学院审查团主席,引用于 Needleman(内德勒曼)2000,28。
② U. S. EPA(美国环保署)1973。
③ 美国哥伦比亚特区上诉法院陪审团,引用于 Kitman(吉特曼)2000,37。也可参见 Kovarik(科瓦里克)2005,394。

绘,在这样一个石油短缺、物价上涨的关口,极力除去汽油中的铅是一种危险的浪费行为。例如,从 1973 年末到 1974 年初,报纸上还一直刊登一幅整页的广告,绘有一面美国国旗覆盖着一个大桶,石油正从大桶上的孔里倾泻而下。标题就设计得令人胆战心惊:除去汽油中的铅就会导致美国每天浪费掉 100 万桶石油。[①]

然而环保署仍旧开始落实政策,要逐步停止使用含铅汽油,这实在是意义重大。环保署规定,自 1975 年的车型开始,汽车都要强制使用触媒转换器和特殊的、较狭小的燃料入口。这就要求无铅汽油的大经销商们根据较狭小的燃油入口设计喷嘴(含铅汽油使用的标准型、较宽大的燃油喷嘴不适用)。炼油厂主们未能说服法庭推翻这些措施。自 1975 年起,整个美国都开始使用无铅汽油泵为安装了触媒转换器的汽车加油。

1976 年,美国哥伦比亚特区上诉法院推翻了 1974 年的决定,重新恢复之前制定的铅含量标准,并以 5∶4 的票数通过裁定,环保署可以基于重大风险采取行动,这是环保署的重大胜利。法庭建议说,该法令为"预警性质,在采取适当的监管前,无须提供证据证明已造成'实际的伤害'"。[②] 各家公司均提起上诉,继续抗争,但最高法院驳回了上诉请求。

美国加速减少含铅汽油的使用

法庭裁决效果显著。从 1976 年到 1980 年,汽油中消耗的铅的量减少了一半,空气中的铅浓度即刻下降。以费城为例,1977 年时,铅浓度为每立方米 1.3—1.6 微克,仅仅三年后,就降到了每立方米 0.3—0.4 微克——还不到之前的 1/4。这段时间,美国各大城市的铅浓度都在降低,人体血液中的铅含量平均下降了 37%。[③]

---

① 1973—1974 年的报纸广告在 Needleman(内德勒曼)2000,28 和 Thomson(汤姆森)2000,188 中有所描述。
② 美国哥伦比亚特区上诉法院,引用于 Thomson(汤姆森)2000,194。
③ 美国环保署数据,Needleman(内德勒曼)2000,30‑32 中进行了概述。

70年代末,自助加油站不断增多,使得美国道路摆脱含铅汽油的努力遭遇小小的挫折。一些安装了触媒转换器的汽车的驾驶人员——环保署确定总共约10%—15%——改回使用含铅汽油。有些人在加油时使用漏斗,还有一些把燃油进口变大以适用含铅汽油喷嘴。大多数"燃料调换者"似乎都是为了省钱,因为70年代末、80年代初时,每加仑无铅汽油比含铅汽油要贵6美分—14美分。加油站工作人员和商用车队老板给安装了触媒转换器的汽车注入含铅汽油是违法行为,但对普通驾驶员来说并非如此。若车主未能通过尾气排放检测,将面临处罚,但很多检测项目是无法检测出触媒转换器已遭到破坏的。

尽管如此,照做的人还是很多的。大多数驾驶人员只不过是按照标示上的指示而行,"只加无铅汽油"。还有一些人似乎由衷地担心长期使用含铅汽油会对公众,尤其是孩子的健康产生影响。从1970年到1990年间,有大约150篇文章中讨论过这个问题,很多发表在《新闻周刊》和《时代周刊》等流行杂志上。即使早在70年代初,民意调查者就已发现60%到70%的美国人"经常"或"有时"会为含铅汽油车排放的尾气忧心忡忡。[1]

美国铅产业的回击

铅工业协会根本不承认失败,他们在1980年请求环保署撤销大气中铅含量的新标准。他们的论据看起来很有力,至少表面上看如此。环保署通过爱达荷州卫生部的研究报告,证明新标准是合理的。报告显示,每立方米大气中铅含量增加1微克,每分升血液中铅含量就增加2微克(每100毫升血液中2%克)。当时曾为报告执笔者之一的安东尼·扬克尔(Anthony Yankel)此时却声称,他当时计算错误,过高地估计了大气中铅含量的影响。法官否决了铅工业协会的请求,认定最初的研究报告合法有效。此外,法官得知扬克尔离开爱达荷州

---

[1] Thomson(汤姆森)2000,190,200。

卫生部之后就职于铅相关产业,于是责令司法部对其行为进行调查。①

罗纳德·里根(Ronald Reagan)当选总统使得铅产业有了新的同盟军。1981年,里根政府大幅削减环保署预算,大量裁员,削弱其法规执行能力。起初,环保署似乎打算取消新的铅含量标准。但是,有越来越多的科学证据表明,即使是低水平的铅含量也会对儿童健康产生毒害性的影响。公众提出强烈反对,各个机构和利益相关者之间举行了多项政治活动,里根政府意识到如今政治舆论强烈支持废除含铅汽油,于是政府开始软化。

1982年,小型炼油厂减少使用含铅汽油的规定开始收紧。环保署还对铅含量的限度进行了重新计算。此时计算的只是含铅汽油中铅含量的平均值,而不是汽油总量中的铅含量。这一点至关重要,因为售出的汽油总量中,无铅汽油所占比重已越来越大。新法规要求炼油厂将每季度每加仑含铅汽油中铅的平均含量维持在1.1克或者更少(一些非常小的炼油厂可以例外)。这一规定与1980年要求每加仑汽油中含铅0.5克的标准并没有太大不同。但是,这为不久的将来更大规模地降低铅含量迈出了至关重要的第一步。②

接下来的几年里,企业管理人员开始对公众进行鼓吹,不断重复20年代的那一套说辞。80年代初,乙基公司的劳伦斯·布兰卡德(Lawrence Blanchard)发表的评论就很有代表性。他在一次环保署的听证会上说道:"谈论铅中毒的症状和可怕往好了说是在误导公众,往糟了说就是欺诈。就好像在听证会上谈论一战时士兵被氯气毒害的惨状,来决定我们是否要用氯消毒以净化饮用水。"③然而,到了这个时候,这样的说辞已经没有什么人支持了。事实上,到1984年时,铅产业的代表和科学家们已经意识到阻止美国减少含铅汽油使用量的斗争已经彻底输了。"不幸的是,现在的氛围使得客观的科学家们无法

---

① 国际铅锌研究组织也继续向研究活动提供支持。1978年在辛辛那提召开的第二届环境铅研究国际研讨会《论文集》提供了一些有启发性的例证,参见 Lynam, Piantanida, and Cole(里南、皮耶塔尼达和科尔)1981。
② Needleman(内德勒曼)2000, 31-32;Thomson(汤姆森)2000, 188;Lewis(路易斯)1985。
③ Lawrence Blanchard(劳伦斯·布兰卡德),Needleman(内德勒曼)2000, 31中引用。

挺身而出，"乙基公司空气保护主任在1984年《纽约时报》发表的一篇文章中遗憾地说，"不过若会受到新闻界、环保署和环保人士的责难，他们又为何要挺身而出呢？"此时，一些炼油厂主已开始支持更加严格的标准——例如阿什兰石油公司在1984年的参议院听证会上就表示了支持——部分原因在于这些公司中生产无铅汽油的设备已经落实到位了。①

铅产业一直在拼命推迟停用含铅汽油这一天的到来，他们不断侵扰包括精神病学家赫伯特·内德勒曼（Herbert Needleman）在内的主要研究人员，他们的研究表明儿童体内的铅含量较高会导致在校表现较差，这一研究结果曾引发了70年代的一场骚动。1982年，与铅产业有关联的一名科学家指控内德勒曼操控数据来证明铅是有毒的，环保署科学顾问委员会以没有事实依据为由予以驳回。②"学术不端"这样的指控，甚至完全是无稽之谈，却被铅产业当作重要手段，他们在通俗报刊上刊登文章，宣传铅有毒的说法是不可靠的，推迟报刊发布时间，骚扰资深科学家，甚至恐吓博士后研究人员和终身聘用的助理教授。

但到了80年代中期，这些公司还是明白了他们的目标已经不可能实现了。含铅汽油会产生不健康的影响的调查研究始于1965年帕特森的探索性文章，如今在有力数据的支持下，已成雪崩之势。

美国停用含铅汽油

1985年，美国售出的汽油中40%仍是含铅汽油。这一年，又一波的研究表明空气中的铅是有害的，环保署借此势头将炼油厂汕的标准降至每加仑含铅汽油中含0.5克铅。第二年，环保署又将标准降至0.1克。"逐步减少"迅速演变成"停用"。

---

① 乙基公司空气保护主任唐纳德·里南（Donald R. Lynam），Noble（诺布尔）1984，E8中进行了引用。Thomson（汤姆森）2000，189对阿什兰石油公司的立场进行了概述。
② 事实上，环保署科学顾问委员会转而称赞内德勒曼的方法和结果是一大"创举"。参看Markowitz and Rosner（马科维茨和罗斯纳）2002，了解更多围绕赫伯特·内德勒曼的争议。要了解他最具争议性的文章之一，可参见Needleman et al（内德勒曼等人）1979。

除了制定更加严格的标准,环保署还利用多种政策鼓励炼油厂配合协作,服从新标准。例如,1982 年至 1987 年间执行的规定允许炼油厂通过各炼油厂间的交易系统售卖铅执照。1985 年至 1987 年间的法规进而允许办理银行信贷业务。这给了整个炼油产业更大的灵活性。尤其是一些小型炼油厂,可以有资金按照新标准除去铅,并安装加工设备,提高汽油中曾经失去的辛烷值。1988 年,环保署要求各家炼油厂实施每加仑汽油含 0.1 克铅的标准,之前的贸易和银行项目也随之终结。①

美国从 70 年代中期至 80 年代晚期,逐步缩减乙基汽油的使用,成效令人瞩目。从 1976 年至 1990 年,汽油中的铅含量减少了 99.8%,因此血铅水平的平均值也大幅降低。美国卫生与公共服务部对全美国 60 座城市进行了调查,发现 1978 年至 1991 年间,人们血液中的铅含量降低了 78%。如今,美国医疗界设定的血铅含量的安全标准为每分升血液中低于 10 微克(每 100 毫升血液中 10% 克)。② 在 1976 年至 1980 年间,1 至 5 岁大的儿童中仍有将近 78% 的人,每分升血液中的铅含量高于 10 微克,而到了 1991—1994 年间,这个比例只有 4.4%。内德勒曼估计说,去除汽油中的铅的这些法规"挽救了多达 340 万儿童,使他们在成长过程中,有毒金属不会聚集在体内,危害他们的健康。"③

自 80 年代末起,美国只允许少量的含铅汽油使用。70 年代中期,汽油中含铅总量略高于 18 万公吨,到 1990 年时,总量约为 450 公吨——减少了 99.75%。1995 年,环保局全面禁止公路车辆使用含铅

---

① Newell and Rogers(纽厄尔和罗杰斯)2004,178 - 181。
② 1976 年至 1990 年,汽油中的铅含量减少了 99.8%,这一估算出自 Ostro(奥斯特罗)2000,5。Kitman(吉特曼)2000,38 有美国卫生与公共服务部的调查摘要。
　　20 世纪 60 年代前,大多数医生将铅的"安全"标准设定为每分升血液中含 60 微克。理由很简单:如惊厥等急性铅中毒的明显症状在低于这个标准时通常不会发生。当每分升血液中铅含量达到 80 至 100 微克时会出现脑损伤和肾损伤。若达到 125 微克就会死亡(Ostro《奥斯特罗》2000,2)。
③ Needleman(内德勒曼)2000,34。内德勒曼估计的数字以 1988 年的政府标准为基础,即每分升血液中铅含量超过 15 微克达到毒性极。关于 1976 年至 1994 年间,儿童体内铅含量水平下降的估计,可参见 Centers for Disease Control and Prevention(疾病控制与预防中心)2005,513。

汽油,此时含铅汽油仅占汽油总销量的 0.6%。现如今,只有农用车、船用引擎和赛车才可以使用含铅汽油。

包括日本在内的一些国家已先于美国逐步停用含铅汽油。① 但大多数国家并没有这么做。了解其他国家,尤其是那些发展中国家,何时、如何及为何开始使用——后又逐渐停止使用——含铅汽油,就可以搞清楚全球汽油消费背后的政治和经济力量。

铅阴影的输出

20 世纪 30 年代,含铅汽油首次开始在美国之外的其他国家蔓延开来。1930 年,乙基汽油公司在英国成立了乙基出口公司,向海外销售含铅汽油。1938 年,这家公司成为联合乙基公司,1961 年更名为联合奥泰。公司首次生产含铅汽油是在 1954 年,四年后,铅工业协会和之前的美国锌学会合作成立了国际铅锌研究组织,向全世界推广含铅汽油。

美国逐渐减少含铅汽油的使用后,乙基公司等企业则开始开拓海外市场。虽然美国国内销量下跌,但乙基公司在 1964 年至 1981 年间的海外业务却扩大了 10 倍,公司对其利润大吹大擂来安抚股东进行多元化投资。到 1979 年下半年,乙基公司首次宣布其"抗爆化合物"的海外销量超过美国国内销量。②

含铅汽油在海外的分布并不均衡,不同国家在不同时间的接触程度也不相同。70 年代初,墨西哥是接触程度最高的国家之一,汽油总量(含铅汽油和不含铅汽油)中平均铅含量约为每加仑 4.0 克。80 年代中期的埃及也成为接触程度最高的国家之一,每加仑汽油中铅含量约为 3.1 克,还有 90 年代初期的斯里兰卡,每加仑 3.2 克。③

各国政府在逐渐停止使用含铅汽油方面所取得的成果也参差不

---

① 日本是首批采取行动的国家之一,在 20 世纪 70 年代就已逐步停用含铅汽油。到 1981 年,日本国内只有 3% 的汽油含铅。五年后,已不再有人生产或使用含铅汽油[El-Fadel and Hashisho(埃尔-法德勒和哈希什)2001,38]。
② Kitman(吉特曼)2000,13,39 对乙基公司的数据作了概述。
③ Hilton(希尔顿)2001,248。

齐。一些国家只花了几个月的时间,另外一些则更久一些。也有一些国家还没有启动。从全球范围来看,1970年至1993年间,汽油中所添加的铅的量减少了75%,①主要是因为美国逐步停止使用含铅汽油。其他国家,如巴西、加拿大、德国、意大利、日本、马来西亚、波兰和韩国也都逐步减少了含铅汽油的用量。富裕国家往往比贫困国家领先一步。到90年代中期时,日本、加拿大和美国已停止使用含铅汽油。德国紧随其后,含铅汽油仅占汽油量的2%。而另外一方面,此时菲律宾90%的汽油和印度尼西亚99%的汽油仍然含铅。

除了国民收入以外,还有许多其他因素会对含铅汽油的停用产生影响,尤其是与汽车产业和炼油产业政治经济状况相关的因素。到90年代中期时,巴西和泰国等一些发展中国家已不再使用含铅汽油。②但同时,一些发达经济体却仍旧允许大量使用含铅汽油。以英国为例,当时售出的汽油中32%仍旧是含铅汽油。而在澳大利亚,这个比例是55%,比中国(40%)或墨西哥(44%)都要高。但是,到了90年代末,全球含铅汽油的消费模式则一清二楚了,仍在继续使用含铅汽油的国家中80%是贫困国家。③

"世界各地"逐渐减少含铅汽油的用量

窥欧洲之一斑,便可知全球逐渐停用含铅汽油的复杂性。尽管德国从1972年已开始逐渐停用含铅汽油,但大部分西欧国家直到80年代中期才开始这么做,而欧盟直到2000年才禁止使用含铅汽油。欧洲之所以比美国落后这么长的时间,一个原因在于欧洲的汽车制造商和许多欧洲国家强烈反对强制使用触媒转换器。这在一定程度上是对美国的抗议,因为美国已于1975年开始使用触媒转换器。许多欧

---

① El-Fadel and Hashisho(埃尔-法德勒和哈希什)2001,38。
② 参见 Sayeg(萨雅格)1998 等著作,了解1991年至1995年间,泰国逐步停用含铅汽油的相关分析。
③ 出自"Getting the Lead Out"("除铅"),*Time Canada*《时代杂志加拿大版》,27 July 1998,12。(文章汇总了来自世界银行和世界资源研究所的数据。)由于车辆数及汽油总量中铅含量并不相同,因此环境影响也就存在显著差异,但国家百分比掩盖了这些差异。例如,到20世纪90年代末,墨西哥城的汽车平均每天排放的铅是雅加达的20倍[Brooke(布鲁克)2000,27]。

洲人担心,在欧洲采取类似的政策将使那些将汽车出口到欧洲的美国企业享有竞争优势。但无论如何,70年代中期以后,欧洲街头装有触媒转换器的汽车越来越多,这样一来,一旦开始停用含铅汽油,许多欧洲国家贯彻执行的速度就比美国当年快了很多。①

和美国不同,许多西欧国家通过征收差异性税费,来降低无铅汽油的售价,因而,使用触媒转换器的汽车的驾驶人员就无需使用漏斗加注含铅汽油了。经济学家亨里克·哈马尔(Henrik Hammar)和阿萨·洛夫格伦(Åsa Löfgren)说,这种政策"并没有想当然地认为,人们会作出开明、'环保'的选择。"②

欧洲以外很多国家的政府也比美国更快地停用了含铅汽油,他们在逐步停用的过程中要求两年内就实现大幅削减——环境经济学家汉克·希尔顿(Hank Hilton)称之为"迈大步"。和在欧洲一样,许多国家研究了逐步停用的先例,学习如何加速这个进程。有研究表明,即使接触的铅含量较低,也会有损健康,因而许多国家深信,采取行动已迫在眉睫。而且,在美国等国家中,含铅汽油量下降与血铅水平降低这两者间的密切关联清楚说明,停用含铅汽油,效果立竿见影。许多政府逐渐意识到,停用含铅汽油所产生的经济效益远远超过其成本。80年代中期以后,全球市场对无铅汽油的需求量增加,停用含铅汽油的成本也在不断下降。经济条件发生改变,技术上有了更多的可能性,政府在分步禁铅的过程中也就有了更多的机会与石油公司和汽车制造商合作。③

---

① Hammar and Löfgren(哈马尔和洛夫格伦)2004,192 - 205。也可参见 Löfgren and Hammar(洛夫格伦和哈马尔)2000,419 - 431。
　　欧洲与美国情况类似,许多炼制业经营者及加油站老板反对停用含铅汽油,因为引进无铅汽油的成本高昂。尤其是一些小经营者,他们声称逐步禁铅有利于大型经营者——包括那些与美国有联系的。
② 参见 Hammar and Löfgren(哈马尔和洛夫格伦)2004,192 - 193,203。
③ Hilton(希尔顿)2001,246 - 247。希尔顿对1994年时已完成禁铅的19个国家进行了分析。1979年前启动的国家禁铅所花时间平均为15年。而那些启动稍晚的国家则为10年。但日本是个例外。虽然日本是首批启动禁铅的国家之一,但差不多只用了4年就完成了。这次分析并不包括那些到1994年还未能使用无铅汽油的国家,可能一些国家在1979年之后才启动,但花费的时间仍然比美国等国家要长。参见 Hilton(希尔顿)2001,249 - 53,了解他的案例和分析。

90年代中期,四乙铅的主要厂商联合奥泰从其出售四乙铅所得的利润中每年拿出高达2亿美元的资金作分散投资,①同时也在尽可能推迟世界各地逐渐停用含铅汽油的进程。它所采取的策略与几十年前乙基公司的策略相类似,都是对证明铅有毒的科学研究成果提出质疑。例如在新西兰,公司在投放的广告中声称铅是"自然生成的"——就像盐、酒精和糖一样。公司资助进行新的研究,这些研究"未能"发现含铅汽油量减少与血铅水平降低之间的关联性。他们还歪曲事实。奥泰公司争辩说,炼油厂主不要着急去铅,因为替代铅来提高无铅汽油辛烷值的苯是众所周知的致癌物质。奥泰公司管理委员会的一名成员语气真诚,不带一丝揶揄地说:"我们正努力使我们在这场辩论中的理由更充分。"②

但是,和美国80年代的状况相同,到90年代末,奥泰公司发起的运动显然已经走到了穷途末路。如今,全世界只有不到10%的汽油是含铅汽油——而在1991年时,这个比例是40%。余下还在使用含铅汽油的国家大多是发展中国家,但即使是他们,也在向无铅汽油转变。作为后发者,他们可以利用更好的机会,以更快的速度停止使用含铅汽油,第9章中论及的撒哈拉以南非洲地区的实例就清楚地证明了这一点。

---

① 到1990年代末,全球80%的四乙铅是由奥泰公司提供的,包括提供给乙基公司等企业[Brooke(布鲁克)2000, 27]。新市场公司如今是乙基公司的母公司。它的网站http://www.ethyl.com上的内容说明了公司与含铅汽油的持续关联:"乙基公司与英诺斯派签订了市场销售协定,从而在四乙铅业务中也持有重要股份。这一夕阳产业为公司不断产生大量的现金流。"
② Kelly and Dawley(凯利和道利)1995, 50 引用了这位奥泰公司管理委员会成员的话。

将铅逐出非洲

过去这十年来，不少发展中国家已设法停用含铅汽油，其中许多进行得比在美国等地更容易、更迅速。为什么会这样？对这个问题的回答有助于了解为何消费的生态阴影有些时候能够——并且确确实实——逐渐消失，即使在世界上一些最贫困的国家也是如此。为了回答这个问题，本章分析了撒哈拉以南非洲①地区在 2002 年至 2006 年间，逐步停用含铅汽油的过程，大体上揭示了全球环境保护主义——结合了国际援助、公司利益和当地的政治意愿——是如何加速该地区发生有利于环境的转变的。

这个成功的事例绝不是那些伪善的公司或政府逃罪开脱的借口，他们曾将含铅汽油大量销往这个地区，即使在所有人都清楚其危害时也没有停止。但这个事例也的的确确表明，曾经将生态成本转嫁给贫困人群和弱小国家的各种力量、各方人群，此后却也帮助改变了当地的消费，提高了生活条件，从而降低甚至消除了生态成本。（24 章在讨论改革全球政治经济所能采取的战略时将会回到这个问题上，进行乐观的分析。）

撒哈拉以南非洲地区在创纪录的时间内飞速完成了含铅汽油的停用。很多因素都有助于解释为何速度会如此之快。对含铅汽油的了解和相关经验激发了当地一些政府和消费者采取行动。联合国环

---

① 撒哈拉以南非洲：又称亚撒哈拉地区，泛指撒哈拉大沙漠中部以南的非洲。资源丰富但经济相对落后。——译者注

境规划署和全球环境基金等国际组织、世界银行等贷款机构、2002世界可持续发展峰会等国际会议，以及美国环保署等国家机构提供了急需的经济援助，他们之间达成的科学共识也促使其采取行动。但是，正如本章中所说，主要原因还在于最强大的公司和国家已放弃含铅汽油，转向使用无铅汽油（以及使用无铅汽油的车辆）。

撒哈拉以南非洲地区的合作禁铅

2001年，联合国环保署（UNEP）在塞内加尔召开区域会议，通过了《达喀尔宣言》，号召在撒哈拉以南非洲地区逐步停用含铅汽油。在非洲所做的各项研究表明，含铅汽油车尾气中的铅会损伤儿童的大脑功能，增加成年人的健康风险，这给与会代表敲响了警钟。他们同意力争"尽快"全面停用含铅汽油，最迟不晚于2005年。这个期限有些要求过高了。会议召开时，该地区49个国家中只有苏丹完全使用无铅汽油。而苏丹这么做的原因主要是出于经济考虑。2000年，苏丹政府开办了一家新的炼油厂，生产无铅汽油，既用于出口，也用于国内市场，从而转向了无铅汽油。①

2002年在约翰内斯堡召开的世界可持续发展峰会推动了区域性分步禁铅的进程。各方共同努力，在2005年底之前实现整个撒哈拉以南非洲地区停用含铅汽油，"清洁燃料和车辆伙伴合作计划"成为其中的核心力量，这项于此次峰会上达成的不具有法律约束力的公私合作计划旨在减少发展中国家由车辆带来的空气污染。合作各方——最终将超过70个，包括非洲各国政府、非政府组织、研究机构、石油公司、私人捐赠者、联合国环境规划署、世界卫生组织、美国环保署和世界银行——同意支持更清洁的燃料标准和更环保的车辆，联合国环境规划署还同意充当交流中心，负责信息收集和交换，并创建"情况数据包"，发送给各方。

---

① 可登录 http://www.unep.org/查阅 "Declaration of Dakar, Regional Conference on the Phasing-Out of Leaded Gasoline in Sub-Saharan Africa"（"达喀尔宣言，撒哈拉以南非洲地区停用含铅汽油区域会议"）；Lacey（莱西）2004b, 5.

伙伴合作计划的实施

约翰内斯堡会议之后,合作各方开始向非洲政府提供技术和政策方面的建议。各方筹集资金向这些国家的政府提供援助(已保证在2003年3月前提供50万美元),在世界银行和联合国环境规划署的支持下召开会议和研讨会,举办活动使撒哈拉以南非洲地区的人民意识到含铅汽油对健康的危害。研究结果令人坐立不安。据罗伯特·德容(Robert De Jong)(联合国环境规划署一名项目专员)所说,有研究表明接触含铅汽油车尾气中的铅正使得非洲各大城市儿童的智商降低4到5个点。[①]

约翰内斯堡会议后进展神速。到2004年时,该地区又有七个国家——佛得角、厄立特里亚、埃塞俄比亚、毛里塔尼亚、毛里求斯、尼日利亚和卢旺达——停止使用含铅汽油。有些国家仅仅禁止进口含铅汽油,事先基本没有经过公众讨论,也没有公众了解情况,迫使消费者为没有安装触媒转换器的旧式汽车(当时,整个非洲的大部分汽车都没有安装触媒转换器)也加注无铅汽油,埃塞俄比亚就于2004年1月开始发布了禁令。其他国家则先发起运动对公众进行教育,让他们了解分步禁铅的好处(包括在加油站贴上图表,帮助消费者为旧式汽车选择最好的汽油),然后再全面禁用含铅汽油,例如毛里求斯是从2002年开始这么做的。国际机构也努力说服消费者使用无铅汽油。[②]

在有些国家,消费者可以选择使用含铅汽油或无铅汽油,分步禁铅就更困难了。以肯尼亚为例,许多消费者仍继续使用含铅汽油,他们相信含铅汽油能够让旧式汽车跑得更好。这是空气污染的一大原因。2005年的检测显示,内罗毕一辆普通汽车的排放量是美国一辆普通新型汽车的16倍,尽管内罗毕70%的车辆已安装了触媒转换器。关键原因在于,含铅汽油破坏了大部分的触媒转换器。肯尼亚政府已

[①] "Lead-Free Africa, Lead-Free World"("无铅非洲,无铅世界"), *Appropriate Technology*(《适用技术》)30, no.1(3):26. 关于罗伯特·德容(Robert De Jong)相关评论的概述可见 Majtenyi(马吉腾)2005。
[②] Phiri(菲里)2006;Lacey(莱西)2004a, N3。

于2004年禁止进口含铅汽油,这个国家30%的汽油依赖进口,这是国内汽油的主要来源,而肯尼亚政府、加德士石油、壳牌肯尼亚公司和英国石油公司共同拥有的位于蒙巴萨的一家60年代的炼油厂却只能加工含铅汽油。①

到2004年5月,要想赶上《达喀尔宣言》定下的2005年底这个最后期限似乎不太乐观。撒哈拉以南非洲地区有40个国家还在使用含铅汽油,该地区将近一半的汽油仍然含铅。在肯尼亚,只有4%的汽车燃料是不含铅的。但在"清洁燃料合作计划"的帮助下,肯尼亚和塞内加尔等国家设法履行了承诺,于2005年底之前停用了含铅汽油。2005年12月1日前,位于肯尼亚蒙巴萨的炼油厂停止生产含铅汽油,到2006年初,该厂生产的无铅汽油已可满足国内市场的需求(政府对其进一步升级提供支持)。之前一直向中非共和国、乍得和赤道几内亚等国出口含铅汽油的喀麦隆,也信守承诺在2005年底之前停止出口。②

无铅的非洲

到2006年1月初,撒哈拉以南非洲地区已经没有国家进口或提炼含铅汽油。该地区包括南非在内的16个国家,一个月前就已经停止了含铅汽油的进口和提炼。仅仅就十年前,南非儿童体内铅含量还是有史以来的最高水平,政府首次向消费者提供了购买无铅汽油的选择。南非各炼油厂花费了16亿美元转用处理无铅汽油的设备。和该地区很多其他国家一样,南非也推出了代铅汽油(LRP),辛烷值相同的情况下,无铅汽油与代铅汽油价格一样,其中的添加剂可以保护使用含铅汽油的老式汽车的阀座。③ 若以美国的经验为参考,血铅水平

---

① Timberg(廷伯格)2006,A14;Lacey(莱西)2004a,N3。
② UNEP(联合国环境规划署)2004;"House Team Roots for Oil Refinery Upgrade"("议会支持炼油厂升级"),*East African Standard*(《东非标准报》),6 February 2006;"Kenya Phases Out Leaded Fuel"("肯尼亚停用加铅燃料"),*East African Standard*(《东非标准报》),27 January 2006;"Leaded Petrol May Be Phased Out This Month"("含铅汽油有望本月停用"),*Nation*(《国家》),7 January 2006。
③ 世界各地不同品牌的代铅汽油(LRP)依赖不同的添加剂。这样一来,南非等国家的LRP通常含有钾、磷或锰。

将会迅速下降,还会为社会带来很多长远的益处,尤其对南非至少 60 万儿童更是如此,2006 年初,他们体内每分升血液中含铅量已超过 10 微克。①

《达喀尔宣言》刚发布五年就取得了惊人的成绩。撒哈拉以南非洲地区虽是世界上最贫困地区,社会动乱最严重,但却是第一个既不生产也不进口含铅汽油的发展中地区。虽然最后几个国家——莫桑比克、南非、赞比亚和津巴布韦——花了好几个月才结束含铅汽油的流通,但完全可以说,自 2006 起,撒哈拉以南非洲地区已经成为实质上的无铅地区。②

其他地区的榜样?

2002 年世界可持续发展峰会上形成的"清洁燃料和车辆伙伴合作计划"将撒哈拉以南非洲地区的成功视为在全球范围禁用含铅汽油的第一步。2006 年启动了一项计划,于 2008 年前在全部发展中国家禁用含铅汽油,包括那些正在过渡期的经济体,首批重点是中东、北非和西亚地区的那些国家。合作计划还将面临最严峻的挑战之一:太平洋各个小岛国。③ 假如合作计划运动取得成功,整个世界将最终彻底消灭米奇利的四乙铅造成的生态阴影——在乙基汽油首次公开销售 85 年后。

---

① UNEP(联合国环境规划署)2005b;Timberg(廷伯格)2006,A14;Phiri(菲里)2006。"至少 60 万儿童" 这一估计出自南非医学研究理事会。
② Majtenyi(马吉腾)2005;Timberg(廷伯格)2006,A14;Phiri(菲里)2006。
③ 2006 年初,全世界还有 30 多个国家仍在使用含铅汽油,其中阿富汗、阿尔及利亚、不丹、缅甸、柬埔寨、古巴、伊拉克、老挝、蒙古、朝鲜、塔吉克斯坦、土库曼斯坦和乌兹别克斯坦等国根本没有逐步禁铅的计划。

风险的全球化

自从1924年托马斯·米奇利将四乙铅放在手中揉搓以证明它的安全性之后,我们对四乙铅造成的健康影响已经有了很深的了解。现在医疗界确信,反复接触微量的铅会对健康造成持久的伤害。它会降低生育能力,增加精子异常的几率,还会引发早产和低出生体重。它会损伤儿童大脑和神经系统,还会增加成人心脏病发作和中风的风险。它会削弱冲动控制能力和社交能力,甚至引发青少年违法和成人犯罪。[1]

早在20世纪20年代时,科学家就认为将一种已知有毒的物质加入汽油中是危险的,鉴于科学上的不确定性,来自耶鲁大学的严德尔·亨德森(Yandell Henderson)等人士提倡采取预防措施,而不是考虑企业利润。在亨德森看来,由产业资助进行的实验"证明"接触加铅尾气是"安全的",这从一开始就存在欺诈,根本没有揭示出铅对公众健康的长期影响。随着越来越多的汽车堵塞了城市各条道路,在汽油中加铅能够并且可能会"在不知不觉中"毒害公众,这是常识——要几十年后这种毒害的后果才会显现出来。到那时,几百万辆汽车都使用含铅汽油,美国政府再想除铅就会遭遇企业和消费者的抵制,而耽搁得更久。

汽车产业认为倡议采取预防措施,并进行进一步调查研究都是在误导公众,甚至是非常滑稽可笑的。1926年初,美国卫生总监为杜邦、通用汽车、标准石油和乙基汽油等公司放行,销量随之上升。到了30年代,美国约90%的驾驶人员都在使用这种"优良的"汽油。当时,罗

---

[1] Wakefield(韦克菲尔德)2002,A574-A580;Ostro(奥斯特罗)2000,1-30。

伯特·基欧等行业科学家控制了含铅汽油的调查，因此美国的政策制定者们很长一段时间里都将亨德森的警告抛在脑后。几十年过去了，地球化学家克莱尔·帕特森再一次对含铅汽油的安全性提出质疑。他于1965年发表文章，分析了铅对北半球人们的影响，这篇具有开创性的分析引发了科学界激烈的争论。很快，一项又一项研究证实了亨德森的预见，含铅汽油其实是一种慢性毒药。

亨德森还预料到，美国政府要花上几十年的时间才能根除含铅汽油，事实确实如此。这种有毒物质能够带来如此丰厚的利润，于是各个企业尽力抹黑批评家们，拖延法规的实施。当美国最终开始逐步减少使用含铅汽油时，发生了亨德森也没有预料到的后果。为了弥补国内销量下跌造成的收入损失，美国企业开始将更多的铅添加剂出口到海外，再利用所得利润在国内开展多元化业务。而且，汽车经济更加国际化——许多其他国家的公司也从含铅汽油的销售中得到益处——因此分步禁铅就比亨德森曾经预计的要困难得多。

结果，全球从70年代初开始逐步减少含铅汽油的使用，但步伐并不相同——甚至出现双重标准，有些国家逐步停用含铅汽油，但这些国家的跨国公司却忙于在其他地区增加含铅汽油的销售。日本和美国等富裕国家通常可以更快地采取行动，但也有些国家是例外，也就格外引人注意。例如巴西和泰国这样较贫困的国家在英国和澳大利亚等富裕国家之前就已禁用了含铅汽油。那些延迟采取行动的政府行动起来反而更加迅速，费用更低——一些发展中国家的政府受到了国际援助来实现这一目的。但是强大的经济体率先淘汰含铅汽油，这始终是基本趋势。如此一来，到21世纪初，80%仍在使用含铅汽油的国家都处于发展中世界。

从那时起，国际社会的记录有所提高。事实上，国际捐助者和合作企业都在帮助撒哈拉以南非洲地区实现2002年至2006年间迅速停用含铅汽油。一股禁铅的浪潮席卷了其他发展中国家，不久，托马斯·米奇利的铅产业已所剩无几。

该如何解释这个全球变化模式？为何有些政府反应迅速，而另一些却反应迟缓?

环境保护主义的全球化——尤其是世界各地对铅的健康影响的研究——可以对一些变化作出解释。80年代时,全世界对含铅汽油的危害性所达成的共识得以固化。越来越多的政府开始意识到人体血液中含铅是不正常的,而含铅汽油是血铅的主要来源。他们也意识到含铅汽油是以长期的健康为代价,这比短期经济利益重要得多。理智的做法就是转向无铅汽油。[1] 逐渐形成的全球共识,赋予了美国环保署等环保机构以执行权,此时,铅产业已不像过去一样有那么大的能力维持政治和企业联盟(他们在里根政府当权期间,未能延缓环保署逐步减少使用含铅汽油就反映了这一点)。

毫无疑问,减少汽油中铅含量的法规加速了许多国家的分步禁铅。然而,在有些国家,装有触媒转换器的汽车销路很好,这就很容易夸大全球环保主义和国家法规的影响作用。在美国,降低汽油总量中铅含量的标准相对较严,国内汽车产业转向使用触媒转换器的汽车导致含铅汽油销量大幅降低。对1979至1988年间环保署各项政策所做的经济分析显示,美国更加严格的每加仑汽油中铅含量标准,以及炼油厂在铅交易和银行业务方面的多项选择使得分步禁铅比纯粹依靠"产业转向所花的时间"快了"不少年"。[2]

产业转向在其他大多数国家也是禁铅的决定性力量。如今世界各地销售的新车中90%以上都有触媒控制尾气排放。迄今为止,汽车制造商已售出5亿多辆有尾气控制的车辆。仅车辆尾气排放控制装置这一项就带来了可观的利润。2005年,这些装置在全球市场的销售超过了480亿美元——排放控制制造商协会预计到2010年时将超过700亿美元。[3]

---

[1] 就美国而言,逐步减少含铅汽油的用量所带来的整体利益"有可能是成本费用的10倍"[Newell and Rogers(纽厄尔和罗杰斯)2004, 191]。

[2] Newell and Rogers(纽厄尔和罗杰斯)2004, 189。

[3] 排放控制制造商协会(MECA), "Clean Air Facts—Motor Vehicle Emission Control: Past, Present, and Future; and The Motor Vehicle Emission Control Industry"("清洁空气的事实——机动车排放控制:过去、现在与未来;及机动车排放控制行业"),网址为http://www.meca.org/。

与此同时，全球范围内汽车和无铅汽油销量不断增加，确保了含铅汽油在全世界的销量下跌并不会损害全球主要石油或汽车公司的利益。但这样的销量却对乙基公司造成沉重打击。1962年，通用汽车将乙基公司卖给了奥贝马尔纸业，乙基已不再是全世界的动力来源，虽然它在有些国家仍能延缓禁铅的步伐，但已无力阻止全世界向无铅汽油的转变。

消费阴影是如何，又是为何形成、加剧，然后消退的？含铅汽油的历史揭开了其中一层层繁复的面纱。从这段历史中可以看到，科学既能导致也能缓和这些阴影；可以看到，1965年的一个叫帕特森的人凭借自己的勇气，在历经了许多代人之后可以与1921年一个叫做米奇利的人的创造发明相抗衡；可以看到企业是如何控制科学研究的，对市场和利润的追求是如何在一切都没有定论的情况下压制住了要求采取预防措施的呼声；还可以看到，即使当出口国的不安全消费品逐渐减少时，全球贸易是如何在整个地球投下了生态阴影——这些阴影又是如何将环境成本转嫁给那些生活在不稳定的社会和生态系统中的贫困居民。然而，在另一方面，我们也可以看到，同样也是这些全球化力量推动了环境改革。触媒转换器和无铅汽油在全球的销量不断攀升，这正是消除含铅汽油的生态阴影之所以能取得如此大进步的原因。即使在世界上最贫困的地区，环保主义者们也可以与石油公司、汽车制造商和国家机关合作，宣传知识、提供资金、传播科技，加速实现禁铅。

米奇利的天赋

历史也显示了仅仅一个新发现是如何在全球政治经济中穿行，对几十亿人民造成了伤害。小托马斯·米奇利活着时被誉为天才。如果换一个时代，也许就是触媒转换器的发明者之一。对于这样一个富有创造力的大脑来说，康奈尔大学的一个机械工程学博士学位是远远不够的，他又自学了化学，进而成为一名兴趣广泛而多产的发明家，最终持有100多项专利权。在他的大脑中，新点子就像弹球游戏中的小球一样上蹿下跳。正如他的一位同事所说,十个点子有九个都是"荒诞的"——就像他曾想过开发一种高尔夫球,可以弹跳到发球台上方一英里多高的地方。但第十个点子通常都很精彩。通用汽车和杜邦等公司能够将他古怪的想法纳入正常的轨道,用通用汽车的查尔斯·凯特灵的话来说,就是通过"试验—成功"将米奇利的天赋变成消费品。1944 年,年仅 55 岁的米奇利离开人世——四年前,脊髓灰质炎使他的身体部分瘫痪后,他发明了一个带状装置让自己能够下床,四年后,他就是被这个装置勒住,窒息而死。①

经历了几代人,这个世界仍在与米奇利的天赋造成的后果进行抗争。1921 年,他有了第一个伟大发现——使用四乙铅作为汽油中的抗爆剂——即使在当时,他也知道这是有风险的。但他在 1928 年的第二个发现——一种用于冰箱的稳定、无嗅、无毒且不易燃的制冷剂——造就了一个更安全的世界(当时使用的有毒制冷剂容易爆炸),这一点所有人都不会有异议。直到 40 多年后,才有人质疑这种叫做"氯氟碳化物"(CFCs)的看似无害的化合物会危害环境——第 3 章中就来说一说氯氟碳化物。

---

① 米奇利同事卡罗尔·霍奇瓦尔特(Carroll Hochwalt)所说的话引自 Cagin and Dray(卡然和德雷)1993, 11。关于小托马斯·米奇利的讣告,也可见 *Time*(《时代周刊》), 13 November 1944, 86。可参看 Midgley(米奇利)2001,阅读米奇利的孙子托马斯·米奇利四世(Thomas Midgley IV)所写的恭维祖父的传记。

第三部分
冰箱

第 11 章

冷冻臭氧层

1928 年时,托马斯·米奇利只花了三天就发现一种稳定的化合物,能够用于冰箱制冷。后来杜邦公司和通用汽车以"氟利昂"为商标进行销售。所有检测都表明,这种新型化合物绝对安全——1930 年,米奇利向美国化学学会表示,这种化合物非常安全,人完全可以吸入"氟利昂"去吹灭一支蜡烛。不久,各地的生产厂商都在使用类似这种被称为"氯氟碳化物"的化合物,不仅用作冰箱和空调的制冷剂,也用作喷雾罐和灭火器的推进剂,以及泡沫绝缘材料的发泡剂。

当有人开始担忧使用氯氟碳化物会对环境造成影响时,氯氟碳化物已经在耗损着臭氧层了。这一令人震惊的后果是 30 年代的任何一个科学家无论如何都无法设想的。科学界长达近半个世纪的沉默并非由于产业对调查研究的控制,这一点和含铅汽油的情况并不一样。氟利昂也没有像乙基汽油一样引发暴风雨般的争议——甚至没有人呼吁大家小心谨慎。专家们确信,以氟利昂来替代易爆且有毒的物质,对消费者的安全来说是一大进步。

1974 年,马里奥·莫利纳(Mario J. Molina)与舍伍德·罗兰(F. Sherwood Rowland)受到启发,解释了氯氟碳化物如何、又是为何能够破坏平流层中的臭氧——他们凭此获得 1995 年诺贝尔化学奖绝对当之无愧。① 1974 年之前,人们对于氯氟碳化物所知甚少,科学研究仅

---

① 1995 年,德国美因茨马克斯普朗克化学研究所的保罗·克鲁岑(Paul Crutzen)与莫利纳和罗兰共同获得诺贝尔化学奖。早在 1970 年,克鲁岑就已提出,肥料和超音速飞机中产生的氧化氮有可能损害臭氧层。

着眼于断片式的局部，而忽略了复杂的整体，因此对它的认知发生了偏差。然而，在70和80年代，对臭氧破坏所作的科学研究却也表明，科学是能够弄清复杂的全球生态变化是如何发生的。从中也可以知道，人们对这个问题有所了解后是如何达成全球共识，要消除全球公共空间的生态阴影的（而不是像含铅汽油那样，只消除主权领土内的影响）。在这种情况下，尽管杜邦等公司对相关研究进行质疑和阻挠，在莫利纳与罗兰提出他们的理论的十年后，各国政府已积极商定一系列国际条约，逐步禁用破坏地球臭氧层的氯氟碳化物。

这些条约会对氯氟碳化物的消费产生什么样的影响，许多书籍中都做了论述。本书后面几章将采用不同的视角，仅着眼于对冰箱的影响。第11章和12章分析了为何这些条约能够逐步减少加氟冰箱的生产和消费；第13章探索了用"高级"无氟机型代替加氟冰箱会对环境产生什么影响——例如说，对全球能源消费、自然资源的使用、循环再利用和垃圾废物的影响。

这种方法更全面地分析了国际条约和新型技术是如何与企业和贸易相互作用，从而改变了全球消费模式的生态影响。再一次表明，国际法可以促使各国更加努力地用更安全的物质替代那些破坏全球环境的消费品。从中我们还可以了解到，国际经济援助是如何帮助中国和印度等发展中国家的政府、企业和消费者更好地兑现国际环保承诺。以及在国际条约的约束下，企业间为获得贸易优势和转移市场而展开的竞争如何提高消费品生产、使用和替换的环境效率，而其正向溢出已不仅是履行国际承诺这么简单。

单位消费的效率提升幅度可谓显著。然而，这样的变化往往有赖于——又反过来激起——更多的消费，这就解释了为何全球冰箱产业的生态影响仍旧很剧烈。从后面几章的论述中可以看到，冰箱产业根本没有逐步停用破坏臭氧的气体，随着其往发展中国家转移，反而耗用更多的自然资源、产生更多的废物、制造出更多的温室气体。分析首先回顾了20世纪上半叶北美洲的冰箱产业——要想理解政府、企业和消费者最初对于70年代号召逐步停用氯氟碳化物作何反应，这是必不可少的一步。

从冰柜到气体箱

自古以来，人类不断发明各种方式防止食物变坏，用盐腌、用风吹、用烟熏或者存放于地窖、溪流和冰块中。直到19世纪，冰柜才开始在北美洲普及开来。在炎热的天气里，冰柜可以延长食物存放的时间。这些木头柜子——上面或者底部放有冰块——通常都用软木塞、锯屑和海藻来隔热，柜子里衬有锡或锌。这样的设计并不完美，需要定期放入新的冰块，还容易渗漏、黏上烂泥或者被老鼠咬。

20世纪初，人们开始全力寻找一种更加有效也更可靠的食物冷却装置。1911年，通用电气开始销售一款机器，这种机器通过压缩化学气体来冷却空气。十年后，大约200种不同款型的冰箱在美国销售。通用汽车于1918年买下了嘉迪安（Guardian）冰箱公司，开始涉足这个新兴市场。尽管在有些人看来，这个决定对于一家汽车公司来说有点怪异，但其实这是符合其一贯的逻辑的，通用汽车对汽车有独到的眼光，这次同样也能看到尚未发掘出的庞大的消费需求。但无论如何，这还是一项冒险的投资。和其他公司的冰箱一样，嘉迪安公司生产的也是笨重的木头柜子，渗漏出的有毒物质或者臭气极易对其产生影响，因而并不靠谱。所以生产两年内仅售出了12台左右，部分原因在于其售价高达700多美元（按现在的价格算是11 000美元），已远远超出了大多数消费者能够承受的范围。此时，通用汽车显然离其定下的让每家每户都买得起冰箱这一目标还有很长一段路要走。①

富及第

通用汽车将嘉迪安更名为"富及第"（Frigidaire），由比利·杜兰特（Billy Durant）负责。虽然杜兰特在接下来的几年中设法提高了销量，但新款冰箱仍然既不可靠又价格高昂。1920年，就在已无斗志的杜兰

---

① Cagin and Dray（卡然和德雷）1993，58；也可参见 Kelly（凯利）2005，52。

特打算放弃时,通用汽车副总裁查尔斯·凯特灵说服他坚持下去。(我们在第7章中读到过,米奇利于1921年发现含铅汽油与凯特灵的帮助是分不开的。)有了凯特灵的支持,富及第开始把冰箱做得更轻更小。公司还率先开始销售更具吸引力的金属柜子(涂了一层瓷)。20年代中期,富及第在广告中宣传说,这些冰箱便宜又安全,清洁又便利——是任何一间"现代化"厨房的必备品。

富及第的业务开始蒸蒸日上,同样兴盛起来的还有西屋电气(Westinghouse)和家荣华(Kelvinator)这样的机械制冷机厂商。随着企业开始大规模生产,效率提高了,价格也开始下降——1920年时平均每台冰箱售价600美元,1930年时,降至275美元——销量也随之上升。1925年,美国售出了75 000台新冰箱,仅仅5年后,这个数字就涨到了850 000台。20世纪下半叶,美国大多数主要的冰箱企业的年销售额都增长了25%至75%。①

但杜兰特和凯特灵对他们的冰箱制冷系统仍旧不满意,因为制冷剂有毒且具有腐蚀性,促使一些市政当局要求公司在冰箱上贴上标识,向消费者提出警告。两个人都心知肚明,要在冰箱大规模销售上获得下一个突破性的进展,就需要更安全的制冷系统。1928年,凯特灵向米奇利求助,在阿尔伯特·亨纳(Albert Henne)和罗伯特·麦克纳里(Robert McNary)的帮助下,米奇利发现了CFC-12。②

氟利昂

1930年,杜邦公司(持股51%)和通用汽车公司(持股49%)创立

---

① Cagin and Dray(卡然和德雷)1993,58-59。
② 此后,氯氟化碳类的类似化合物被广泛使用。二战期间,氯氟碳化物最初用在杀虫剂喷雾罐中,推动杀虫剂,对抗疟疾。战后,这项应用扩展到许多其他的产品上,如发胶和除臭剂。20世纪50年代,氯氟碳化物与塑料树脂混合,制成聚氨酯,广泛用于绝缘材料、汽车保险杠、蛋品包装纸盒和野餐冰袋之中。50年代后,随着配有空调的汽车销量增加,装有空调的购物商场、办公大楼及体育场的建造,空调中氯氟碳化物的使用迅速发展。再晚一些,氯氟碳化物普遍用于溶液中,清洁电脑芯片和电子零件。

了动力化学品公司,生产 CFC-12,商标名为"氟利昂"。① 氟利昂是一种惰性物质,没有气味,被誉为制冷领域的重大进步。起初,富及第的竞争对手提醒消费者说氟利昂里含有毒的氟,试图以此造成消费者对氟利昂的抵制。但是收效甚微。科学家们一致认为,氟利昂是安全的。消费者们也能看到,氟利昂比早先的制冷剂优良得多。30 年代中期,所有主要的冰箱厂商都开始购买氟利昂(或许可其他公司制造氟利昂)。在此期间,冰箱售价继续下跌,1935 年的平均售价降至 195 美元,1940 年又降至 155 美元。而销量上升的速度还要快得多。1937 年时,每 200 多万美国人才拥有一台冰箱,而仅仅过了 20 年,8/10 的家庭都已经拥有冰箱了。②

同时,二战结束后,其他国家(主要是发达国家)个人收入提高,家庭用电有了保障,含氟冰箱的销量也就迅速增加。当科学家开始质疑这种安全到可以吹灭一支蜡烛的化学品是否会危害环境安全时,已经有数亿台含氟冰箱和含氟冷柜投入使用了。

刊登在《自然》上的理论

英国《自然》杂志 1974 年 6 月这一期的封面上是艺术家希拉里·伯恩(Hilary Burn)所画的一群优雅的加拉帕戈斯鸟类——有蓝脚的鲣鸟、加拉帕戈斯企鹅、不会飞的鸬鹚和动人的军舰鸟等等。看似常规的一期刊物中却刊登了一篇不合常规的文章:一篇长达两页的原创文,却与鸟儿或者加拉帕戈斯群岛都没有丝毫关系。标题着实不容易记住:"氯氟甲烷的平流层汇:氯原子催发的臭氧破坏"。作者马里奥·莫利纳和舍伍德·罗兰在化学领域之外鲜为人知。罗兰 47 岁,是加利福尼亚大学欧文分校一位备受好评的化学教授。莫利纳 31 岁,是一名博士后研究员,一年前刚刚加入罗兰的研究团队。

---

① 1949 年,杜邦买下了通用汽车公司的全部产权。不久之后,其他氯氟碳化物制造商也打入市场,1952 年的联合信号公司、1957 年的庞沃特公司、1963 年的凯泽科技,以及 1965 年的瑞康公司。可参看 Thévenot(泰弗洛)1979 全面了解制冷业发展史。
② Cagin and Dray(卡然和德雷)1993, 59, 66-67;也可参见 Kelly(凯利)2005, 52。

他们在文章中首次提出的理论将来某一天会改变全球的关系。①文章的核心思想很容易把握。过去 20 年来,氯氟碳化物的使用量以指数方式增加。② 如今,使用量达到几百万公吨,而生产者每年还在增加用量,于是越来越多的氯氟碳化物从冰箱、空调、泡沫隔热材料、喷雾器和灭火器中渗漏出来。看起来似乎没什么可担心的,因为在出现各种天气状况的地球低层大气,或者对流层中,氯氟碳化物是一种具有化学惰性的物质。但是,莫利纳和罗兰推论说,造成氯氟碳化物如此稳定的那些属性同样也意味着,每过 10 年就会有越来越多的氯氟碳化物上漂至平流层。他们又进而推论道,上层大气强烈的紫外线辐射能够打破 CFC 的化学键,至少从理论上来说是这样。氯原子一旦分裂开来获得自由,就会激起连锁反应,破坏臭氧(每个臭氧分子中所含三个氧原子中的一个会被去除)。这个过程如果真的发生,将会不断破坏地球上空 20—50 公里(12—30 英里)处的臭氧层。臭氧层保护低层大气和地球表面免受来自太阳的紫外线辐射,因此一旦遭到破坏,对于地球上的生命来说,将是毁灭性的灾难。

尽管莫利纳和罗兰没有证据支持自己的观点,但在美国化学学会 1974 年会议期间召开的新闻发布会上,他们一下就把理论发展成了国家政策。因为"所涉及的风险太大了",罗兰解释说,"我们必须停止再向大气中排放氯氟碳化物了。"他指出,如果他们的理论是正确的,那么有 1% 的臭氧层已经消失。采取行动,刻不容缓。如果生成的氯氟碳化物越来越多,那么再过一个世纪左右,7%—13% 的臭氧将会消失,会给地球上的庄稼、气候和人类健康带来不堪设想的后果。会有越来越多的人患上皮肤癌和白内障。即使只有 5% 的臭氧层消失,也会导致皮肤癌的患病率增加 10%。③

---

① Molina and Rowland(莫利纳和罗兰)1974。他们的文章掀起了研究的热潮,随着收集到的证据越来越多,他们最初的理论也得以不断改善。
② 两种最常见的氯氟碳化物分别是 CFC-11 和 CFC-12。
③ *Chemical and engineering News*(《化学化工新闻》),23 September 1974,28 上刊登的"美国化学学会"第 168 次全国大会文章"Chlorofluorocarbons Threaten Ozone Layer"("氯氟碳化物威胁臭氧层"),引用了舍伍德·罗兰(F. Sherwood Rowland)的话。也可参见 Rowland(罗兰)2000,137。

当记者们刷刷刷地记录时,来自全球最大的氯氟碳化物生产厂商杜邦公司的代表们始终礼貌地聆听,然后首次作出了回应。他们承认氯氟碳化物的确漂浮在低层大气中,并沉入大海里(杜邦公司资助的研究项目显示了这一点),但是并没有人在平流层中检测出丝毫的氯氟碳化物。氯氟碳化物如何能够上升到这样的高度?莫利纳和罗兰的理论完全是主观臆测——充其量不过是象牙塔里的学院派异想天开罢了。

杜邦公司问道,证据在哪里?①

证据的收集与争辩

1975年7月,杜邦公司宣布将拿出几百万美元的研究经费用于检验这个理论。"我们会努力找到真相,"杜邦公司董事会主席欧文·夏皮罗(Irving S. Shapiro)在《华盛顿邮报》上写道,"真相如何还不得而知,已有一些人叫嚣着说应该禁止使用气雾剂。杜邦公司想要做正确的事——为人民、为气雾剂产业、为我们自己——但我们由衷地相信,还是有时间收集信息来作出理性的决定的。"②

其他人很快也开始进行检测。1975年,美国国家海洋和大气治理管理局(NOAA)将一堆气球送上平流层,发现19公里(12英里)上空存在氯氟碳化物,与科学预测"近乎一致"。③ 用罗兰的话来说,杜邦等公司已经"全体动员"起来——动用各种手段制造不确定因素,阻挠相关政策。④ 到1975年秋天的时候,杜邦公司挂在嘴边的口号就是:"不

---

① Cagin and Dray(卡然和德雷)1993,6 - 9 对莫利纳和罗兰的新闻发布会作了概述。也可参见"Chlorofluorocarbons Threaten Ozone Layer"("氯氟碳化物威胁臭氧层"),168th American Chemical Society National Meeting(美国化学学会第168次全国大会),*Chemical and Engineering News*《化学化工新闻》,23 September 1974,27 - 30;"Environmentalists Seek Fluorocarbon Ban"("环保主义者寻求碳氟化合物禁令"),*Chemical and Engineering News*《化学化工新闻》,2 December 1974,14;"Fluorocarbon Ban Would Be Premature"("禁止碳氟化合物为时尚早"),*Chemical and Engineering News*《化学化工新闻》,23 December 1974,12。
② Shapiro(夏皮罗)1975,13。
③ 美国国家海洋和大气治理管理局(NOAA),在 Gibney(吉布尼)1975,13中被引用。
④ Rowland(罗兰)2000,137。

要用假设毁掉一个重要的产业,我们需要更多的事实。"①

1976年,美国国家科学院研究发现了支持莫利纳和罗兰理论的明确证据。1978年,美国真正禁止在气雾剂喷罐中使用氯氟碳化物,部分原因在于已经找到了价格实惠的替代品。其他一些发达国家也单方面采取行动,减少气雾剂喷罐中氯氟碳化物的用量,第12章中会说到这一点。但是对于其他产品,尤其是冰箱和冷柜中使用的越来越多的氯氟碳化物,却没有采取什么措施。

1976年,联合国环境规划署管理委员会首次将臭氧消耗的问题提升到了国际层面。第二年,环境规划署与世界气象组织(WMO)通力合作,开始评估臭氧消耗的程度。1981年,各国政府间开始协商制定国际条约,逐步停用消耗臭氧的物质。80年代上半期,进展比较缓慢,当时仅在美国一个国家,就有超过1亿台含氟冰箱正在工作。每年生产的氯氟碳化物总量也在增加,美国就占了30%。1985年,英国科学家在南极洲上方的臭氧层中发现一个巨大的"洞"——和北美洲一样大,且已存在3个月之久。这个洞的发现成为了一个转折点,大家一致认为,采取行动已刻不容缓。②

世界各国行动起来

1985年正式通过了《保护臭氧层维也纳公约》,这一框架公约并不具有法律约束力。两年后,通过了《关于消耗臭氧层物质的蒙特利尔议定书》,设定有约束力的目标,减少生产消损耗臭氧的氯氟碳化物和哈龙。③ 1988年,就在《蒙特利尔议定书》生效前一年,杜邦公司宣布

---

① 参见杜邦公司声明,收录于"You Want the Ozone Question Answered One Way or the Other; So Does Du Pont"("你希望臭氧问题得到解释,杜邦公司也希望如此"),*Washington Post*(《华盛顿邮报》),30 September 1975, A10。
② 严格说来,臭氧层中的"洞"是一处严重变薄的区域。1985年,美国生产的约45%的氯氟碳化物用于制冷剂,30%用于发泡剂,20%用于清洁剂。参阅 Ciantar and Hadfield(西昂塔尔和哈德菲尔德)2004,了解80年代初到80年代中期的发展背景。
③ 20世纪80年代中期,哈龙(其分子是由碳原子结合一个或多个溴原子构成的)常用于灭火器等物品中。虽然影响不如氯氟碳化物那么严重,但是也在损耗着臭氧层。

将向前发展,销售价格实惠的替代品。① 当时全球 20%—25% 的氯氟碳化物是由杜邦公司生产的。1990 年,参与签订《蒙特利尔议定书》的各发展中国家政府签订了《伦敦修正案》,定于 2010 年前逐步停止氯氟碳化物和哈龙的消费("消费"指的是生产加上进口,不包括出口)。《伦敦修正案》规定,发达国家必须在 2000 年之前停用 8 种氯氟碳化物——1992 年,哥本哈根会议上将截止日期提前到了 1995 年 12 月 31 日。1997 年的蒙特利尔会议和 1999 年的北京会议进一步修订并强化了《蒙特利尔议定书》,将其他一些消耗臭氧的物质增加进来,加速实现逐步禁用。

这些举措立见成效。90 年代中期,发达国家已不再生产氯氟碳化物。90 年代后半期,发展中国家也在不断减少氯氟碳化物的产量。从全球范围来看,氯氟碳化物产量从 1987 年和 1988 年巅峰时期的将近 110 万公吨减少到 1996 年仅 8 万公吨多一点。接下来的十年中,发展中国家减少使用氯氟碳化物也取得了成效。到 2003 年时,全世界氯氟碳化物的产量只有不到 2 万公吨。②

各种因素促使世界各国联合起来取得了"令人瞩目的成功"。③ 在莫利纳和罗兰的理论首次发表之后不到十年,科学界就已收集到强有力的证据。臭氧损耗的因(氯氟碳化物和哈龙)与果(皮肤癌和白内障)相当清楚明了,解决方法也毫不含糊(替换氯氟碳化物)——至少相对于气候变化或森林砍伐的解决方法来说是这样。《蒙特利尔议定书》签署时,只有少量企业还在生产氯氟碳化物——分布于 16 个国家的 21 家企业——这样的话,进行全球性谈判就更容易办得到。发达国家生产了 88% 的氯氟碳化物,唯少数几家化学品生产商的马首是

---

① 70 年代中期,杜邦公司开始研究可能的替代品,但是,据 1988 年杜邦公司氟利昂部门的经理所说,公司开发出的替代品对于大多数消费者来说价格都过于高昂,因此已于 1980 年停止了动态测试。Weisskopf(魏斯科普夫)1988,A1 对此作了概述。
② 根据代用碳氟化合物环境容许程度研究(AFEAS)网站 http://www.afeas.org/ 的数据计算得出。这些数据只涉及五种主要的氯氟碳化物:CFC-11,CFC-12(主要用于冰箱),CFC-113,CFC-114 和 CFC-115。关于订立应对臭氧损耗的国际协定的全球环境政治的分析,请参见 Litfin(利特芬)1994 和 Parson(帕森)2003。
③ Parson(帕森)2003, vii.

瞻，尤其是杜邦公司、英国的帝国化学工业公司（ICI）和法国的阿查姆公司（埃尔夫-阿奎坦公司的子公司）。

"成功"是什么？

从上面的分析可以看出，尽管企业和政府能够从氯氟碳化物中获利，但他们愿意接受臭氧损耗的理论和依据，这就解释了为何国际社会能够商定——进而实施——有约束力的目标，减少氯氟碳化物的生产。但他们为何愿意这么做呢？一个原因在于他们作了强有力的环保承诺，另一个原因在于国际融资帮助一些发展中国家政府和企业参与进来。但最主要的原因则是，在这样的世界秩序下，能够制造出不含氯氟碳化物的消费品，并大量生产。于是全球贸易不断扩展，外商竞相投资，企业利润不断增加，经济不断发展，消费者也有了更好的选择。第12章中将会论述到，全球禁用含氟冰箱会遭到含氟商品旧式政治经济的抵制，但是新兴的无氟商品的政治经济足以与之相抗衡。

第 12 章

逐步禁用含氟冰箱

全世界解决含氟冰箱问题的方法很简单:替换成更多的无氟冰箱。国际条约和国际援助推动了环保变革的进程,国家监管机构和企业行为准则也有助于确保大家持之以恒地遵从这些约定。但是,正如本章中所说,变革的主要推动力来自于全球无氟冰箱市场,不断增长的销量使企业有机会投资、交易,并从中获利——因逐步禁用含氟冰箱带来的损失也就得到了补偿。

1989 年《蒙特利尔议定书》生效后不久,第一世界就开始逐步停止使用含氟冰箱。90 年代上半叶,杜邦等化学品公司开始销售价廉物美的替代品,家电企业则开始着力占据无氟冰箱市场,停用氯氟碳化物的步伐进一步加快。虽然在此过程中,会将一些环境成本出口到发展中世界(例如商人将二手含氟冰箱运往非洲),但是与含铅汽油所涉及的大规模成本转移比起来,这根本不算什么。为何会有这样的差异?

消除氯氟碳化物的国际承诺可以解释一二。而后果波及范围太广也是一部分原因。含铅汽油的铅毒主要影响发展中国家的当地居民,而臭氧层消耗引起皮肤癌发病率上升,影响的却是全世界的人口。但是,正如本章中所述,主要还是经济方面的区别:就含铅汽油而言,在发展中国家扩大销售会带来经济利益,而加氟冰箱的情况却不是这样。相反,家电公司与这些国家做生意——在这些国家投资——抢占新兴的无氟冰箱市场,反倒更合逻辑。而发展中国家的当地生产商成立合资企业,建立出口市场,寻求国际环境融资,发展无氟冰箱产业才是更加合情合理的做法。自 90 年代初期起，中国的冰箱产业就是这样发展壮大的。

到了 2000 年，全世界范围内，95％的冰箱已被无氟冰箱所取代。几乎所有的变化都发生在 90 年代。七八十年代时，杜邦和惠而浦等公司手头尚没有价格实惠的替代品，因而强烈抵制变革。这在很大程度上解释了为何在没有国际条约约束时，即使科学界对于氯氟碳化物的危险性已达成共识，但最初的反应并未带来多大的进展——一些产品并没有价格低廉的氯氟碳化物替代品（冰箱、空调、泡沫和电子产品洗涤剂等），这些产品销量的增加几乎抵消了另一些已找到替代品的产品（发胶和除臭剂）带来的进步。

七八十年代的氯氟碳化物

20 世纪 70 年代中期，全世界都在使用的两种主要的氯氟碳化物——CFC-11 和 CFC-12——其中 60％用于气雾喷射剂。70 年代至 80 年代初期，不少国家政府单方面逐步停用。挪威、美国和瑞典等国禁止将氯氟碳化物用作喷射剂，除非用于必要用途。包括加拿大在内的其他一些国家禁止化妆品、药品和卫生产品使用气溶胶喷雾。还有一些国家，诸如欧共体内的一些国家，则呼吁主动将气雾剂中所使用的 CFC-11 和 CFC-12 的量减少 30％。

政府采取这些措施，使得氯氟碳化物产量的增长逐渐放缓——从而赢得时间收集数据，了解其对臭氧层的影响。这些努力还算没有白费。70 年代后半期至 80 年代初期，气雾剂中氯氟碳化物的含量不断减少。同时，氯氟碳化物的总产量和总销量也在下降，但是由于用作其他用途的氯氟碳化物的销量不断增加，所以下降幅度并不大。而到了 80 年代，气雾剂虽大势已去，但其他领域氯氟碳化物的使用量仍与日俱增，因此整体销量又开始回升。1987 年时，全球 CFC-11 和 CFC-12 的销量与 1974 年时相差无几。但是，重要性位列第三的氯氟碳化物（CFC-113）的产量却突飞猛进，年产量首次突破20万公吨。① 尽管如此，但若各方没有努力减少气雾剂中氯氟碳化物的用量，那么在《维也纳公约》和《蒙特利尔议定书》签署时，形势还要更糟糕。1986年时，气溶胶喷雾中使用的氯氟碳化物虽仍达到30万公吨，但也只比全球"管控用量"的1/4稍高了一点点。②

70年代中期至80年代中期，人们虽努力减少气雾剂中的氯氟碳化物，但在减少冰箱、冷柜或空调中的氯氟碳化物方面付出的努力却很少。到80年代中期，全球25%—30%的氯氟碳化物用于制冷和空气调节。③ 来自相关产业的反对是无法调控氯氟碳化物使用的主要原因。这样的对抗直至80年代中期才逐渐式微，此时，包括杜邦公司在内的许多美国企业改弦易辙，转而支持《蒙特利尔议定书》，并且由衷地寻求氯氟碳化物的替代品。

发达国家逐步停用含氟冰箱

《蒙特利尔议定书》是制冷行业的转折点。80年代末、90年代初，全球顶尖的三家冰箱和冷柜厂商——瑞典的伊莱克斯、美国的惠而浦和德国的博世-西门子家用电器集团（BSH）——均采取行动重建厂房以使用氯氟碳化物的替代品，回收或翻新旧式冰箱，培训工人在维修冰箱过程中避免氯氟碳化物的泄露。伊莱克斯在90年代初期至中期这段时间，替换掉了欧洲和北美洲使用的损耗臭氧、改变气候的物质；BSH于1988年将氯氟碳化物使用量减半，并于1993年终止了欧洲工厂氯氟碳化物和氢氟烃温室气体（HFC）的使用（代之以碳氢化合物异丁烷和环戊烷）。④ 制冷行业也不例外。1996年初，发达国家除因必要用途进行少量生产外，已不再生产主要的氯氟碳化物（11，12和

---

① 1980年，CFC-113的产量仅稍高于10万公吨；1989年，攀升至25万多公吨，达到一个产量的高峰。《蒙特利尔议定书》生效后，迅速实施停用，到1996年时，全球产量跌至只有6 000公吨。数据可参见代用碳氟化合物环境容许程度研究网站 http://www.afeas.org/。
② UNEP（联合国环境规划署）1989, iii, 7-8。该报告估计，1986年受控的氯氟碳化物总量约为110万公吨。
③ Ahmed（艾哈迈德）1995, 31。
④ Electrolux（伊莱克斯）2005, 32; BSH（博西家用电器）2004, 21。参阅 Langley（兰利）1994，了解制冷领域氯氟碳化物使用与循环再利用的背景。

113)物质。1996年,全球五种主要氯氟碳化物的产量已不到8万公吨。尽管仍有少量氯氟碳化物走私到这些国家(或者有时在境内非法交易),但最终,在美国和欧盟管辖境内,仍然严格遵从《蒙特利尔议定书》的规定,而且只会管控得"更严"。①

发达国家成功禁用含氟冰箱,则将部分危害转移至发展中国家。例如,90年代后半期,一些欧洲商人将二手含氟冰箱运往非洲。尽管这些进口商品比无氟冰箱便宜得多(例如,在赞比亚,仅为无氟冰箱售价的一半),但一些消费者拒绝购买。不过,还是有一些人,看到的只有便宜货,似乎并不关心这会对全球环境造成什么样的后果,这样的人到处都有。"不管这个氯氟碳化物是什么,"1999年时赞比亚的一个鱼贩子说道,"我知道的就是这台深冻冰箱是我的一个大型资产。""这只不过是一台小冰箱,"1999年一位赞比亚公务员在购买含氟冰箱时辩解说,"它当然不能和那些大量排放烟尘的大工厂相比。我看它不可能真有什么影响的。"②

90年代二手含氟冰箱的倾销无疑使得一些发展中国家更加难以兑现其国际承诺。而这些国家对冰箱粗劣的保养、维修和回收利用也就意味着,氯氟碳化物通常直接进入了大气层。但同时,发达国家在氯氟碳化物使用上做出的变革也在改变着全球市场,推动技术能力创新,转变跨国公司动机,有益于在发展中国家逐步停用含氟冰箱。此外,第一世界国家间正达成共识,向第三世界提供资金,助其停用含氟冰箱。

多边基金

1990年,参与签署《蒙特利尔议定书》的各发展中国家同意于2010年停止使用两种最常见的消耗臭氧的物质:氯氟碳化物和哈龙,

---

① Hammitt(汉密特)2004, 172。参阅Clapp(克拉普)1997,了解氯氟碳化物非法交易的细节。要想了解更多关于管控氯氟碳化物的历史,可阅读Benedick(班尼迪克)1998;Andersen and Sarma(安德森和萨尔马)2002。
② 赞比亚鱼贩子与公务员的话在Zulu(祖鲁)1999, 6中被引用。

自此，停用含氟冰箱更是成为一个全球性的问题。第二年，"实施《蒙特利尔议定书》多边基金"设立，帮助缔约的发展中国家实现其承诺。基金由发达国家和经济转型国家提供资助，1991年至1993年的初步预算为2.4亿美元。此后，又追加了五次投资，金额在4亿至4.75亿美元，2006至2008年间预算为4.7亿美元。

只有那些年平均消耗和产生的消耗臭氧物质低于人均0.3千克（每10万人30公吨）的国家才有资格接受帮助。至2007年11月，共有145个国家（与其余46个国家共同签署了《蒙特利尔议定书》）符合标准。此时，多边基金已通过联合国环境规划署（UNEP）、联合国开发计划署（UNDP）、联合国工业发展组织（UNIDO）和世界银行等四家执行机构拨款20多亿美元。据估计，有了这笔重要的金融支持，到2006年初，有望实现损耗臭氧物质的使用量减少19万公吨，产量减少11.6万公吨。

这样一来，这笔基金对中国和印度等国家的制冷行业减少使用氯氟碳化物助益良多。1992年，印度政府认可了《蒙特利尔议定书》，采取措施逐步淘汰使用了CFC-12气体的冰箱，力争在2010年兑现议定书中的承诺。印度环境部称，2005年时，仍在使用的含CFC-12的冰箱已不足3万台。依靠多边基金提供的资助，印度政府购买了装备将这些冰箱转变成使用液化石油气（LPG）的冷却系统，不会释放任何消耗臭氧的氯气——或溴。①

中国的情况

中国于1991年认可了《蒙特利尔议定书》，比印度早一年。当时，气雾剂、泡沫、空调、溶剂、灭火器、冷柜和冰箱中使用的CFC-11、CFC-12和哈龙-1211已占中国生产和消费的破坏臭氧物质总量的90%以上。到了90年代中期，整个发达世界的产量和使用量均在减

---

① "CFC Refrigerators to be Phased Out in India"（"印度将停用含氟冰箱"），*New Nation*（《新国家报》），14 January 2005。东欧许多国家也转换含氟冰箱的制冷系统，使用碳氢化合物。中国也采用了这种技术。

少,中国则成了全世界最大的生产者和消费者,全球约 1/3 的破坏臭氧物质是由中国生产和消费的。

当时,中国国内企业每年生产约 1 200 万台冰箱和冷柜,约占参与签署《蒙特利尔议定书》的所有发展中国家产量的一半。其中约 300 万台冰箱使用了较少的损耗臭氧物质(有些甚至不含氯氟碳化物)。另 500 万台冰箱的生产线正在调整,以减少对消耗臭氧物质的依赖。过去这 15 年里,中国和印度一样接受了多边基金的资助,致力转向无氟冷却系统,到 1998 年中时,已向家用冰箱领域的 49 个项目投入 7 500 多万美元。1998 年初,凭借这笔基金,已逐步停用约 2 500 公吨损耗臭氧的物质。①

然而,和其他发展中国家一样,在中国,来自多边基金提供的国际融资不过是推动减少使用氯氟碳化物的众多因素之一。另一个因素在于中国决定认可《蒙特利尔议定书》,并遵守议定书的约定,在国际上赢得了合法性。同时,中国主要执行机构采用各种策略扩大影响。②但是市场需求,包括进入海外市场、获取海外技术,才是格外重要的因素——环境研究学者赵继敏(音)和伦纳德·奥托兰诺(Leonard Ortolano)等人认为这是推动中国家用冰箱和冷柜厂商进行变革的"最至关重要"的因素。"如果我们能够获得(无氟冰箱)理想的市场份额,"一名经理说道,"那么即使没有(来自多边基金的)金融支持,我们也可以减少 ODS(损耗臭氧物质)。但如果无法获得理想的市场份额,那么就算获得金融支持,也不会减少 ODS。"③

随着旧市场逐渐关闭,新市场逐渐打开,中国当地一些冰箱企业,在中国于 1991 年接受《蒙特利尔议定书》议定书之前,就已自愿采用更昂贵的无氟冷却系统。1988 年至 1991 年间,中国出口冰箱总量下跌了 58%,部分原因在于,很多欧洲政府于 1987 年签署了议定书,于

---

① Zhao(赵) 2005, 59;Zhao and Ortolano(赵和奥托兰诺) 2003, 710;Zhao and Ortolano(赵和奥托兰诺) 1999, 500 - 503。
② 参见 Zhao and Ortolano(赵和奥托兰诺) 2003, 708 - 725;Zhao(赵) 2005, 58 - 81。
③ 中国一位冰箱厂经理的话引用于 Zhao and Ortolano(赵和奥托兰诺) 1999, 503。

是欧洲越来越多的消费者转而使用无氟冰箱了。1991年,中国仅勉强出口了23万台冰箱——只占总产量的4%。由于议定书仅允许缔约国之间进行贸易,若中国认可了议定书,则可以为无氟冰箱打开新的海外市场(这就解释了为何许多中国企业敦促政府认可议定书)。

1991年之后,中国40家冰箱厂商加快了步伐,替换损耗臭氧的物质。90年代,一些企业开始采用氯氟碳化物需求量较小的技术(大约只需原来的一半),另一些则使用过渡期替代品——如含氢氟氯烃(HCFC)——对臭氧造成的损耗比CFC要小(但也会使全球温度显著上升)。还有一些则采用了无氟系统。1998年初,通过产业全资助项目停用的损耗臭氧物质仅仅比通过《蒙特利尔议定书》项目而减少的损耗臭氧物质少了200公吨。

起初,一些中国冰箱企业希望借此重归欧洲市场,于是敦促政府采用环保标识,使消费者相信,冰箱不含氟或者含氟量只有50%。这些标识首次出现在1993年。然而不久之后,国内的冰箱企业均利用环保标识赢得市场优势,战胜竞争者。1996年,许多主要的冰箱企业均大肆宣传"世界一流"无氟冰箱的价值。有些甚至误导消费者,暗指家中的含氟冰箱会直接损害人们的健康。这些营销活动一开始就卓有成效,大量消费者愿意多付10%—15%的钱(25美元—45美元)购买无氟冰箱。仅仅两年后,中国40家冰箱厂商中有27家使用了这样的环保标识。[①]

跨国家电公司也为中国氯氟碳化物的减少出了一份力。1995年后,来自瑞典、美国、德国、日本和意大利的家电公司也开始为中国生产的无氟冰箱增加投资。一些国内厂商引进了海外公司的技术以生产无氟冰箱,另一些则与海外公司共同成立了合资企业。事实上,到90年代末,将近1/3的中国冰箱厂商成立了合资企业,生产无氟冰箱。

近年来,许多跨国公司对这些合资企业广为宣传,以此证明公司

[①] Zhao and Ortolano(赵和奥托兰诺)1999,503-505。关于中国制冷领域环保标识的细节,可参见 Zhao and Xia(赵和夏)1999,477-497。

是有社会责任感的。因此,德国家电商 BSH 在 2004 年度报告中回顾其关于保持可持续发展各种做法时,大量提及自 1999 年起,公司主动带头,在合资的滁州工厂(成立于 1996 年)只生产不含 CFC、不含 HFC 的冰箱。① 合资企业帮助传播了信息和技术,使中国冰箱制造商们减少使用氯氟碳化物。他们也给市场施压,推动市场向无氟技术转变。一些中国企业——尤其是国有企业和集体所有制企业——无论在技术上,还是在经济实力上,都无法与这些更加现代化的冰箱厂相抗衡,几年内就歇业倒闭了。

整个 90 年代,中国在减少冰箱和冷柜中消耗臭氧的物质方面取得了重大进步。1997 年,虽然冰箱产量翻了一番(从 550 万台增至 1 300万台),但消耗的破坏臭氧物质的总量却只有少量增加(约 1 100 公吨)。② 来自多边基金的融资加速了环保方面的变化,但正如这一节中说到的,市场需求,其次还有跨国公司的投资,起到了更加重要的作用。但是,泡沫和溶剂领域不同于冰箱领域,并没有少量优势企业可以引进新技术,满足多边基金的标准获得融资,因此很难发生这样的变革。③

无论如何,在过去 15 年里,多边基金在中国各个领域的数据反馈显示,这些领域都取得了进展。到 2003 年中期,多边基金共向中国 403 个项目提供了 4.7 亿美元支持,各个领域损耗臭氧物质的产量减少了 53 900 公吨,使用量减少了 87 600 公吨,这相当于过去 12 年中破坏臭氧物质总减少量的一半。如今,多边基金已拨款 7 亿多美元资助中国。中国已"走上正轨",正朝着 2010 年前全面停用氯氟碳化物和哈龙这一目标前进。④

---

① 例如,2004 年,博西家用电器率先在巴西圣保罗附近其子公司所属的奥托兰迪亚工厂生产不含氯氟烃、不含氢氟烃的冰箱。
② Zhao and Ortolano(赵和奥托兰诺)1999,504,表 1。
③ 多边基金的申请程序繁复,有时还令人沮丧,从而使得 90 年代中国各个领域全面清除氯氟碳化物和哈龙的计划推进缓慢。尤其对于小公司来说,要想达到基金的标准更加困难。从 1997 年开始,针对所有部门,而不是个别公司的基金融资方案帮助解决了一些程序上的障碍[Zhao(赵)2005,67-68]。
④ Zhao(赵)2005,63-64,70。

全球停用

保持中国和印度等主要的第三世界生产者和消费者顺着正确的道路走下去，实现 2010 年的目标——尽管对保护臭氧层至关重要——并不能完全解决问题。发展中世界里一些较小的国家也必须逐步淘汰损耗臭氧的物质，为此，多边基金正向这些国家广泛提供金融支持。到目前为止，已向 144 个国家的约 5 500 个项目批准拨款 20 多亿美元，涉及产业转型、能力建设、技术援助和人员培训等多个方面。2006 年 4 月的会议上提出，"较小国家冷冻机维修领域逐步淘汰 CFC"需要特别支持，为此，基金执行委员会向 47 个发展中国家拨款 6 300万美元，并敦促执行机构加快这些领域的进展。[1]

那么整体来看，过去这 20 年来，新的政策、有针对性的融资和企业的正确定位等各方面的因素联合作用——先是在发达国家，然后在发展中国家——大大减少了冰箱和冷柜中流出的氯氟碳化物。90 年代所取得的进展先是出现在发达国家，接着蔓延至世界各个角落，各家企业和各国政府替换了全世界 95％的制冷系统中的氯氟碳化物，这些进展格外令人瞩目。[2] 但是这一过程本身也有缺陷。用氢氯氟碳化物和氢氟烃取代氯氟碳化物，用绿色和平组织的话来说，就是"从极糟糕的变成非常差劲的"，因为这两种替代品都会造成气候的明显变化。[3] 但是，如今全世界都在进步，在使用更环保的制冷剂（如纯碳氢化合物）。[4] 新型冰箱和冷柜，尤其是依靠太阳能的，因为使用了良性的化学物质，对环境当然就会更有利。然而，尽管从一方面来说，这些

---

[1] 参见多边基金文章 "News, Multilateral Fund Looks to 2007 and 2010 Targets"（"新闻，多边基金展望 2007 和 2010 目标"），11 April 2006，网址为 http://www.multilateralfund.org/。
[2] Skaer（斯卡尔）2001，106。
[3] 参见绿色和平组织文章"Greenfreeze and Solar Chill"（"绿色冷冻剂与太阳能冷却"），刊登在绿色和平组织网站上，网址为 http://www.greenpeace.org/。
[4] 2003 年，全球氢氯氟碳化物（HCFC - 22, - 124, - 141b 和 - 142b）的产量约为 284 000 公吨，相比于 1998 年约 445 000 公吨的峰值有所下滑。但是，在其他领域，氢氟烃（HFC - 134a, - 125 和 - 143a）受到了追捧，1998 年全球产量约 113 000 公吨，2003 年增长到超过 202 000 公吨。参阅代用碳氟化合物环境容许程度研究网站 http://www.afeas.org/，获取 1970 年至 2003 年间氢氯氟碳化物与氢氟烃的产量数据。

家电和加了氟的前代产品一样保存了食品和疫苗等必需品,从而有助于挽救生命、护卫健康,但同时这些家电的总量在不断增加,因此它们在整个地球造成的生态阴影也会不断扩大。

销售更多的冰箱

按照《蒙特利尔议定书》的规定,逐步淘汰氯氟碳化物有利于冰箱的销售。广告宣传中强调,提档升级至新型无氟冰箱有很高的环保价值,厂商销售时又加入了其他许多有吸引力的特性(13章中会说到,包括更高的能源效率)。一些政府甚至对消费者冰箱以旧换新给予补偿。[①] 由于发生了这样的变革,推行了这样的计划,过去十年来,全球家用电器的销量节节上升,年销售量从1998年的10.1亿台增加至2003年的12.6亿台。其中,大型厨房电器——如冰箱、冷柜、炉灶、洗碗机、烘干机和微波炉——1998年时是2.52亿台,2003年增加到3.19亿台。预计未来的销量还会更高。事实上,到2008年时,电器的销量计划将达到约16亿台——其中4亿多台是大型厨房电器。

还有许多其他因素也刺激了电器销量的增加。《北美自由贸易协定》(NAFTA)和南方共同市场(Mercosur)等贸易协定为厨房电器打开了市场。只有一些转型经济体和发展中国家还存在贸易壁垒,但即使在这些国家和经济体中,也往往会向大型国外电器征收较低的税金和关税,设置较少的限制。例如,印度的一个自由化项目如今就允许外国企业投资、销售和进口大型厨房电器。2000年,印度政府取消了进口的数量限制,又于2001年降低了关税(从40%降至35%)。这样的例子还有很多,2001年,俄罗斯决定将大型厨房电器的关税从20—30%降至15—20%。

个人收入增加、人口增多、电力基础设施发展等原因推动了冰箱和冷柜的全球销量不断增加:2002年售出了8 200万台——比1998

[①] 例如,1993年,萨克拉曼多市政事业部向消费者提供补贴,每台新(无氟)冰箱置换旧(含氟)冰箱,补贴100美元 [Kim, Keoleian, and Horie(金姆、凯欧利恩和霍里)2006, 2311]。

年增加了900万台。2002年,超过2/3的销量产生于亚太地区(28.8%)、西欧(23.7%)和北美(18.4%),其余不到1/3则在拉丁美洲(10.9%)、非洲、中东(10.2%)和东欧(7.1%)。[1] 电网电力不足,不可信赖,限制了中国、印度、东南亚和拉丁美洲等新兴市场的消费,多多少少造成了全球发展变慢。

竞相扩大消费

如今的冰箱市场,用金融分析师的话来说,已相对"成熟"。竞争残酷激烈、并购司空见惯,越来越多的大型综合性跨国企业愈发依赖大品牌和低价格抢占国际市场份额,迫使许多小厂商和零售商歇业倒闭。

来自发展中国家的一些企业,例如中国的冰箱制造商海尔,正不断扩大海外业务,挤入日本和美国等成熟市场。那里的竞争非常激烈,尤其是来自伊莱克斯、惠而浦和日立等畅销品牌的竞争。但海尔还是凭借在沃尔玛连锁店销售其小型低价的冰箱这条畅销渠道,设法打入了美国市场。[2]

2005年政府强制生产无氟冰箱的余波未停,中国其他的冰箱企业已和海尔一起寻求打入全球市场。2004年中国生产的3 000万台家用冰箱中,约1 200万台用于出口,价值7.77亿美元,主要销往欧盟、美国、亚洲和中东各地。相较于2003年的出口量增长了40%,而2003年又比2002年增长了约36%。飞速的发展带来巨大的压力,中国的冰箱制造商要不合并,要不破产。地方冰箱和冷柜企业已从100家降至不到40家,预计该领域将合并至六家左右的企业,做大做强。

80年代和90年代初期,中国制冷领域的主要重组不是由跨国企业接管,就是与当地企业成立合资公司,但自那以后,冰箱企业做大做少则是通过本土企业购买或投资其他本土企业实现的。到2004年,

---

[1] 关于冰箱和冷柜的数据出自 Euromonitor International(欧睿国际)2003,5.1.4"区域销量"。
[2] Euromonitor International(欧睿国际)2003,8.1"公司动态"。

中国家用冰箱产量已占全球总产量的30％，随着中国冰箱企业不断尽力扩大国内外的销量，产量预计还会有大幅增加。①

伊莱克斯、BSH和惠而浦这样的大玩家也没闲着。这些跨国企业的重中之重就是开拓发展中国家市场。因此，2002年，惠而浦买下了中国的合资方——上海惠而浦水仙有限公司——扩大廉价生产基地，以生产出口至亚太地区的产品。同一年，惠而浦墨西哥公司成立，直接打入墨西哥市场，进而有机会将产品出口至加勒比地区和中南美洲。公司又从爱科白朗（ElcoBrandt）手中买下了波兰主要家电品牌Polar S. A.，确保在中欧地区建立起廉价生产基地，扩大中欧地区的销售。②

在发展中国家建立新市场只不过是企业扩大消费的诸多战略之一。企业还鼓励消费者更新换代（通常换成更大的或有更多特性的型号），或者鼓励他们购买第二台甚至第三台家电，便于增加额外的储存空间，也可以有更多的选择。③ 有许多因素影响着消费者的购买决定。在有些国家，消费者不再每天购物，而是每周进行一次大批量采购，因此就越来越需要更大的冰箱和冷柜。习惯的改变是由许多原因造成的。更多的商店提供批量交易。"买一赠一"只是不计其数的营销策划中的一种。随着工作时间越来越长，在外就业的女性越来越多，人们需要更加高效的方式采购食物。在美国这样的国家，屋子很大，微波炉和冷冻食品都很普及，人们格外中意大宗采购。④ 而在法国、意大利、西班牙这样的国家，文化传统更倾向于在家中用新鲜食材制作饭食；在日本等国家或台湾等地区，屋子比较小，储藏空间有限，因此在这些国家，人们并不常批量采购。

1998—2002年间，美国拥有最大的冰箱和冷柜单一国内市场。销

---

① China Sourcing Reports（中国采购资讯报告）2005。
② Euromonitor International（欧睿国际）2003，8.1"公司动态"。
③ 消费者平均11—13年更换制冷电器（这是全球粗略数据，某些特定国家会稍有不同）。Euromonitor International（欧睿国际）2003，3.4.2"制冷电器"。
④ 在美国，人们越来越乐意为了兴趣而烹饪，也就推动了对新型（无氟）家电的需求（部分原因在于一些知名大厨鼓励人们这样更新换代）。

量从 1998 年的 1 160 万台增长至 2002 年的 1 410 万台——成交量"健康增长"了将近 22%。由于利率较低,贷款合同约定期限较长,个人可支配收入增加(从 1998 年的 6.3 万亿美元增长至 2002 年的 7.8 万亿美元,增幅接近 24%),因此"昂贵的"消费品的销量也在增长。全球第二大冰箱和冷柜国内市场在中国,2002 年售出 810 万台——1999 年时销量最高,达到 960 万台(农村地区电力不足,妨碍了销量增长)。[1]

冰箱销量蒸蒸日上,各国政府自然拍手称快,视之为经济繁荣的标志和整体经济增长的来源。但也有很多国家政府意识到,消费迅速增加,企业越来越多,都会给生态系统带来巨大的压力。全世界采取了各种措施减少冰箱的生产、使用和废弃处理给环境造成的影响,替换掉含氟冰箱只是其中一种。第 13 章会分析一些其他措施——重点分析企业是如何努力销售"高级"冰箱的。

---

[1] Euromonitor International(欧睿国际)2003,5.1.5 领先国内市场。

第 13 章

销售"高级"冰箱

　　过去20年里,冰箱和冷柜公司间的竞争已不仅仅局限于销售无氟产品。伊莱克斯、惠而浦、BSH等企业还竞相开发更加节能的产品,向消费者宣传购买这种产品是一种双赢的选择——既保护环境,也节省水电费。许多企业升级厂房,改变包装,推出节约能源的行为准则,降低污染排放,减少垃圾,促进资源循环利用。一些企业与政府和非政府组织合作,推动环境立法,使生产者对资源回收利用承担更多的责任,激励他们开发出更易于循环利用、回收成本更低廉的产品(也证明制冷领域较高的零售价格是合理的)。诸如伊莱克斯这样的一些公司甚至对中国和巴西等发展中国家的供应商进行仔细核查,监测其是否遵从企业行为准则和环保法规。

　　如今,得益于环保方面的变革,一台新型冰箱即使与十年前的款型相比,消耗的能源也要更少,产生的废物也更少。每家企业的宣传册中在提及社会责任和环保责任时,都会对这些可贵的改变大加称道,称其无论对消费者还是全球环境都是一大"进步"。但是真的是进步吗?答案是不。本章会论证这个"不"是有理有据的。虽然这些改变为消费者节约了水电费,但是并不一定减少个人消费:"成熟"市场的消费者往往购买更多的冰箱和冷柜,获取更大的储藏空间,这样一来就会消耗更多的电能,产生更多的废物。对全球环境的影响也并未减小:世界各地冰箱和冷柜的消费量越来越大,抵消了新型冰箱和冷柜的生产、使用和处理所获得的单位收益。然而,在考虑这些更重要的问题之前,我们先仔细了解一下企业是如何努力销售新型"高级"冰箱的。

销售节能冰箱

许多国家都在推行家电节能。各国政府采用多种战略和政策推动更高效地利用能源。美国施行家电最低能效标准（例如，制定条例要求厂商在一个基准年中的效率较上一个基准年有所提高）。比利时对于购买最节能等级冰箱的消费者给予现金奖励，奖金由能源公司资助。法国依靠国有能源公司向消费者宣传购买节能家电的重要性。一些发展中国家——例如中国——则通过财政激励，刺激国内生产者开发出对环境影响较小的新型产品。①

在许多家庭中，冰箱的使用是电费单上最大的一笔支出。以美国为例，冰箱和冷柜约占美国家庭电费开销的14%：一台标准冰箱在使用期内要花费1 000多美元（随着冰箱年龄增大，使用成本也在上升）。② 在美国、中国和欧盟等管辖区域内，对制冷电器允许使用的最大能源量做了限制。许多国家还要求企业告知消费者产品的能源等级。例如欧盟、中国和澳大利亚都强制要求在冰箱、冷柜和空调上贴上能源标识。

1995年，欧盟采用了制冷电器强制评级系统。等级从A到G，A为最节能型，G为最不节能型。2004年，欧盟又为冰箱和冷柜另外增加了两个等级，A+和A++，这两个等级的电器相对于A等级来说，分别节约了25%和45%的能源。新的等级标准很难达到。2004年，BSH生产的冰箱和冷柜中只有18%定级为A+或A++，第二年，只有21%。③

国际项目也鼓励厂商开发符合更高环保标准的电器。全球最大的几家电器公司都在某种程度上参与到这些项目当中来。2002年成

---

① Kim, Keoleian, and Horie（金姆，凯欧利恩和霍里）2006，2310；Euromonitor International（欧睿国际）2003，3.7.1能源利用率；Electrolux（伊莱克斯）2005，9。
② Kim, Keoleian, and Horie（金姆，凯欧利恩和霍里）2006，2310；Higgins（希金斯）2001，50。
③ BSH（博西家用电器）2004，23；BSH（博西家用电器）2006a，4。

交量居世界首位的制冷电器厂商,瑞典伊莱克斯公司——旗下销售"伊莱克斯"、"富及第"、"扎努西"和"家荣华"等品牌商品——广泛宣扬企业的社会责任政策。2002 年位列世界第二大和第三大的冰箱和冷柜制造商:美国惠而浦和德国 BSH 也做了这样的宣传。①

伊莱克斯的环境责任

伊莱克斯是瑞典最大的公司之一,276 家子公司遍布 60 个国家,在 150 多个国家销售了 4 000 多万件产品。伊莱克斯的环境政策是集团环保行为准则的核心,使旗下各公司致力于提高供应商、制造商、用户和资源回收商的环境绩效,由"全球助力的本土管理体系"来执行。这一体系符合国际标准化组织(ISO)14001 标准,这是 ISO14000 系列中唯一可确认的标准。② 按照该标准的具体方针,公司必须做到如下几点:(1)宣布在其区域内遵从所有环境法规;(2)落实符合其环境政策的管理系统;(3)承诺防止污染,且不断改善环境管理;(4)同意鼓励所有承包商和供应商执行满足 ISO14001 标准的环境管理体系。

伊莱克斯集团下员工超过 50 人的所有生产单位都必须接受 ISO14001 认证。1998 年,通过 ISO14001 认证的单位数量不足 20%,到 2003 年时,已达总数的 80%。2006 年初,伊莱克斯 68 家生产单位接受了认证——占需要认证的总数量的 91%,占伊莱克斯集团总生产力的 98%。③ 伊莱克斯利用这一标准设立了基线,监察集团诸多单位是否依从执行。与通过该认证的其他约 90 000 家公司相同,伊莱克斯也借用 ISO14001 标准认证使消费者相信公司的环保承诺(从而售出更多产品)。

作为环保承诺的一部分,伊莱克斯执行各项政策应对气候变化。

---

① 2002 年,全球最大的制冷电器制造商是瑞典的伊莱克斯公司(单位容积所占全球份额为 12%);美国公司惠而浦以 10.8%紧随其后;按单位容积算,占比比较大的制造商还有博西家用电器(5.6%),海尔集团(5.6%),通用电气(4.6%)和美泰格(3%)。可参见 Euromonitor International(欧睿国际)2003,5.1.8"全球制造商和品牌份额"。随后几年,博西家用电器发展壮大,到 2006 年时,在全球家电市场占据了 7%的份额[BSH(博西家用电器)2006a,13]。

② Electrolux(伊莱克斯)2005,5。

③ 国际标准化组织按照 ISO14001 标准,也对七家伊莱克斯非制造型单位给予了认证。

由于欧洲二氧化碳排放量中约 4% 来自于家用电器消耗的电能，因此一个主要的策略就是"刺激"消费者购买更节能的电器。2005 年，伊莱克斯家居与荷兰能源公司艾奈可（Eneco）合作，在荷兰开展活动，宣传购买节能产品的重要性。伊莱克斯公司也致力于提高其产品的能效，近几年来，所有产品的能效每年平均提高 4%。"太多的家庭中使用的电器，所采用的都是十几年前的技术，"环境事务副总裁亨里克·桑德斯卓姆（Henrik Sundström）说道，"尽管我们不断减少产品能级，但在我看来，最好的办法还是鼓励消费者用新型、更节能的产品替换掉那些十年以上的产品。"①

伊莱克斯看出，扩大节能家电在中国市场的销售对于战略的成功至关重要——2012 年，中国市场的家电需求量占全球总量的 35%。同时，中国强制要求在冰箱、冷柜和空调上粘贴能效标识，也对伊莱克斯的战略有所帮助。公司还努力减少包装垃圾。2004 年，世界包装组织——一个国际性包装机构联合会——授予伊莱克斯位于匈牙利的冷柜工厂"世界之星"奖，奖励工厂开发出可循环利用的压缩纸板包装，每年大约可以节约 900 公吨木材。为确保制造商遵从伊莱克斯的行为守则（包括环境政策），公司会定期对经理和员工进行守则培训（还包括更大范围的商业道德培训）。公司还会进行审查：2004 年审查 12 次，2 次增补，2005 年新增一次审查。到 2006 年时，亚洲所有的伊莱克斯工厂和拉丁美洲除一家之外的其余所有工厂均接受了公司对其社会和环境实践的审查。

由于越来越多的产品和零部件在发展中国家生产，因此供应商对于伊莱克斯的全球影响力起着越来越重要的作用。监管供应商执行行为守则会遇到棘手的文化和政治问题。例如在中国，就很难让供应商遵从外国标准。但即便如此，2005 年，伊莱克斯仍然在中国完成了供应商监测合规计划的第一阶段。该计划对大型和小型企业进行了

---

① Electrolux（伊莱克斯）2005，8–9，24，33。亨里克·桑德斯卓姆（Henrik Sundström）的话引用在第 8 页。

45次审查,获取经验,以最终确定约400家中国供应商的评估程序。伊莱克斯希望供应商更加了解了公司的期望值后,能够做得更好,但是最初的几次审查还是发现了许多"不合规"的情况。未来的几年里,伊莱克斯打算帮助供应商遵守企业的行为守则。"结束与一家供应商的合约并不能改善工人的处境,也无法改善环境,"伊莱克斯亚太区采购主管让-米歇尔·波朗(Jean-Michel Paulange)说,"对于伊莱克斯来说,代价太大,并不是理想的解决办法。我们会尽可能与供应商一起努力,使他们满足我们的要求。"①

伊莱克斯还与政府合作,推动环境立法,公司称之为"责任重大的游说"。2005年,欧盟《报废电子电气设备指令》(WEEE)在许多欧洲国家开始生效,就是一个很好的例子。② 指令应对处理欧洲越来越多的废弃物的问题——包括每年新增的约5 000万废弃的大型家电。指令要求,以重量计,80%的大型家电必须采集回收,至少75%必须循环利用(5%可以转变成能源)。

伊莱克斯称自己与欧洲环境局和世界自然基金会等这样的非政府组织携手,"力争"多年,促成了《报废电子电气设备指令》,使生产者承担起废弃物处理的责任。伊莱克斯公司认为,必须让生产者承担责任,他们才能有足够的动力开发出易于循环利用且回收成本低廉的产品。例如现在用于冰箱和冷柜的碳氢化合物(HCs)不仅易于回收利用,成本低廉,且相对于很多其他选择来说,对气候变化的影响更小。由生产者承担责任,伊莱克斯这样的公司便可以调整零售价格,收回产品处理和回收利用额外产生的成本。③

伊莱克斯公司也参与到诸多其他的环保活动中去。它和博朗/吉列、惠普和索尼同为欧洲回收再利用平台的创始成员,这是首次由行

---

① Electrolux(伊莱克斯)2005,5,9,17,25-27。让-米歇尔·波朗(Jean-Michel Paulange)的话引用在第27页。也可登录 http://www.packaging-technology.com/wpo/,了解世界包装组织。
② 《报废电子电气设备指令》是一个"底限"指令,也就是说,各成员国国家法律制定时会产生巨大差异。
③ Electrolux(伊莱克斯)2005,10-11。2001年,日本要求制造商对大型家电的拆除和回收利用负有法律责任。日本消费者丢弃家电必须支付固定的费用。北美洲并无意制定类似的回收利用法律,主要因为电器的含钢率高,因而回收利用率也相应很高(2001年,美国的回收利用率达到85%)。参见Euromonitor International(欧睿国际)2003,3.7.4"回收利用/废弃处置"。

业推动全欧洲联合起来。成员按照《报废电子电气设备指令》管理产品的循环利用,内容涵盖了欧洲 3/4 的废弃物。伊莱克斯还积极制定法规,遵从欧盟《关于限制使用某些有害物质的指令》。该指令对 2006 年 7 月 1 日之后售出的电子电气设备中发现的六种有害物质进行了限制,这就要求伊莱克斯整改几乎所有的电器产品。[①] 伊莱克斯履行承诺,做法之一就是发给各个供应商一张禁用及限制物质清单,要求供应商协助公司一起遵从执行,并为未来的淘汰做好准备。(伊莱克斯的供应商,例如在巴西的那些供应商,按照本国较低的标准生产,但是在向伊莱克斯供应用于在欧洲销售的产品时,仍然必须遵从这张清单。)

伊莱克斯还参与各项活动,帮助消费者了解节能家电的好处。2004 年至 2005 年间,伊莱克斯在意大利发放了 80 000 份被称作"生态指南(Ecoguida)"的信息包(和世界自然基金会合作制作),告知消费者如何更高效地使用家电,以及在购买新家电时如何选择一款高效节能的产品。伊莱克斯也是联合国全球契约的成员,全球契约所有成员企业均承诺履行契约关于人权、劳动标准、环境和腐败的十项指导原则——BSH 也是契约成员。

BSH 的环境责任

BSH 成立于 1967 年,以"博世和西门子"品牌最为出名,集团在约 40 个国家拥有生产基地,员工超过 35 000 人。和伊莱克斯一样,BSH 也会每年发布可持续发展报告。有一份报告的开头是这么说的:"担负起对环境和社会的责任是我们的道德义务,同时也是企业可持续性成功的关键前提。"[②]

BSH 打算设置家电的环境"基准"。作为欧盟家用电器制造商委

[①] 欧盟限制的六种有害物质分别是:镉、六价铬、铅、汞、多溴化联苯(PBB)和多溴二苯醚(PBDE)。参阅 Selin and VanDeveer(塞林和范迪维尔)2006,了解欧盟近期对有害物质的管理情况。
[②] BSH(博西家用电器)2004,5。也可参见 BSH(博西家用电器)2006b 及博西家用电器网站 http://www.bsh-group.com/。*Environmental and Corporate Responsibility* 2006《2006 环境与社会责任》)记录了 BSH 连续第 15 个年头发布的环境责任报告。

员会(CECED)成员,公司带头制定委员会2005年自发性行为准则,承担企业的社会责任。① 集团自身环境政策的重点在于预防臭氧损耗和气候变化——通过更高效地利用投入,生产出更多"低能耗"的家电。这一政策成果显著:从2002年到2004年,获得欧盟A级认证的BSH冰箱和冷柜的比例分别从70%和48%上升至85%和64%。冰箱平均能耗从1990年到2004年间显著减少了78%,这主要归功于压缩机技术方面取得的进展。家用电器对环境的影响80%—90%发生于使用阶段,这么看来,BSH的成就愈发显得意义重大。②

BSH也致力于在生产、包装和运输过程中使用更少的能源和水资源,产生较少的废物和二氧化碳。通过与批发商、零售商、消费者和垃圾处理公司的沟通,BSH尽力在产品整个生命周期中实现环境效率最大化。与伊莱克斯相类似,BSH的环境方针也要求所有"存在环境问题"的生产基地接受国际标准化组织ISO14001标准认证。到2004年末,已有96%的生产基地接受了认证。③

对于伊莱克斯和BSH来说,这些环境策略只不过是为了保有和抢占市场所采取的更广泛战略的一部分。美国家电公司惠而浦同样如此,正如惠而浦2005—2006年收购美泰格所展现的那样,公司正在雄心勃勃地拓展业务。

超高效的惠而浦

惠而浦是全球最大的"主要家用电器"制造商,产品在170多个国

---

① 欧盟家用电器制造商委员会(CECED)将欧洲280家主要的家用电器制造商聚合在一起,欧洲每年约有5 000万台大型电器装置是由这些制造商生产的。CECED行为准则(参见CECED网站http://www.ceced.org)中写道,"公司要遵守与其运作相适应的环境规制和标准,在其运作的任何地方都要奉行有环保意识的做法。"(第3页)
② BSH是利用较高的估算值(90%)来计算其环境影响的[BSH(博西家用电器)2006a,4]。较低的估算值(80%)出现于伊莱克斯的可持续性报告中[Electrolux(伊莱克斯)2005,8]。
　　例如,家电的运输相比于使用来说,几乎不产生什么环境影响。将一台冰箱用卡车从瑞典运往3 000公里(1 900英里)外的西班牙,产生14千克二氧化碳,相当于一台顶级能效的冰箱或冷柜使用30天所产生的二氧化碳[Electrolux(伊莱克斯)2005,33]。
③ BSH(博西家用电器)2004,9,20,23-26,30。

家销售,员工超过 68 000 人,在全世界拥有将近 50 个生产和技术单位。① 与伊莱克斯和 BSH 一样,惠而浦也制定了企业政策,承担社会和环境责任。"保护员工的健康和安全是我们最重要的责任,"公司强调,"我们同样也将环境管理视为最重要的责任。"②

但是与伊莱克斯和 BSH 不同的是,尽管企业强调其始终致力于提高环境绩效,保护生态系统,但是直到 2008 年 3 月为止,惠而浦还不是全球契约的成员。1993 年,惠而浦的超高效冰箱计划在一项竞赛中一举击败 500 多个企业和发明者,独得 3 000 万美元奖金——25 个公共和私人电力企业联合设立这个奖项,对设计并大批量生产出比美国最低标准节能至少 25%的无氟冰箱的个人或公司给予奖励。最近,惠而浦自豪地宣布公司成为首家设定减少温室气体排放目标(比 1998 年低 3 个百分点)的主要家电公司。要实现这一目标,主要在于开发和生产更节能的电器。为了销售这些电器,惠而浦自 1998 年起参加了美国政府"能源之星"计划。

"能源之星"

"能源之星"设立于 1992 年,是产业与政府间自愿建立的伙伴关系。"能源之星"帮助美国家庭和建筑者节约能源,就如何投入较少能源进行生产向企业提供建议,并且帮助消费者比较各种产品的能效(包括新房)。这一切主要通过"能源之星"标识来实现。消费者和企业有了这一"可靠而客观的信息来源,便可对能源问题了解透彻后作出决定"。只有符合环境保护署和能源部能效标准的产品才可以贴上这个标识。自 1992 年起,消费者已购买 20 多亿件贴有"能源之星"标识的产品。如今,已有 1 500 多家制造商在超过 35 000 个型号的产品上使用这一标识。③

---

① 登录 http://www.whirlpoolcorp.com/,参阅"企业情况简报"。惠而浦希望世界各地的单位需求都以 2%至 3%的比例不断增长,从而使得公司能持续扩大经营[Whirlpool Corporation(惠而浦公司)2006,4]。
② 登录惠而浦公司网站 http://www.whirlpoolcorp.com/,参阅"社会责任:我们对企业责任的承诺"。
③ ENERGY STAR("能源之星")2006,1-2。

"能源之星"计划并非用于减少冰箱等家用电器的使用,而是为了帮助制造商和消费者在生产和使用家电的过程中节约能源(在此过程中方方面面还能省钱)。该计划称,若一个普通家庭能够听从计划的建议,即可省下约 1/3 的能源花费,"却无须牺牲家电的功能特点和风格,也不影响生活的舒适度"。[1] 这样的话,消费者的利益得到满足,还可以减少温室气体的排放。美国政府视之为有利可图的双赢之法:近年来,随着能源价格上涨,这一方法也越来越受到重视。

"能源之星"计划的重要价值有可靠的证据可以证明。在这一计划的帮助下,美国 2006 年的水电费支出节省了 140 亿美元,避免的温室气体排放量相当于 2 500 万辆汽车跑一年所排放的量(也相当于环境署气候变化项目减少的总排放量的 1/3)。美国的需电量也因此下降了 4%。久而久之,这个计划似乎越来越有效。2000 年之后的 5 年内所节约的能源量增加了 1 倍以上,预期未来十年还会再翻一番。[2]

"能源之星"计划也对跨国家电公司的生产和营销策略产生影响。例如,惠而浦已售出 7 大类 300 多款符合"能源之星"计划的产品。如今,惠而浦比其他任何制造商都要拥有更多的具有"能源之星"等级评定的家电。其中之一就是康卡斯(Conquest)冰箱,每年消耗的能源相当于连续点亮一只 75 瓦的灯泡,只比美国最低联邦能效标准高出 15%。[3]

1999 年至 2002 年,及 2004 年至 2007 年间,惠而浦连续获得"能源之星"奖(根据环境保护署和能源部提供的信息)。2007 年,惠而浦获得"永续卓越"奖。这一奖项评定时考虑到企业在采用节能技术方面所付出的努力,从而向消费者和企业说明节约能源的重要性,并鼓励其他企业参与到"能源之星"计划中来。2007 年的其他获奖者还包

---

[1] 参见"About ENERGY STAR"("关于'能源之星'"),网址为 http://www.energystar.gov/。也可参见 ENERGY STAR("能源之星") 2006。
[2] ENERGY STAR("能源之星") 2006,1-2;可登录 http://www.energystar.gov/。"News Room"(新闻工作室),参阅"EPA Recognizes Energy Star Winners for Outstanding Energy Efficiency"("环保署认可'能源之星'优胜者在能效方面的杰出表现"),21 March 2007。
[3] 参见 Built Green Colorado(科罗拉多建造绿色组织) 2006。

括一些世界知名企业，如丰田、福特、百事可乐、麦当劳、家得宝和万豪。①

企业和消费者还可以通过许多小事进一步提高能效。一个简单的做法就是拔掉产品插头，避免一天24小时耗电（或者设计出避免24小时耗电的产品）。家电耗用的电能有多达1/5是发生于"待机"模式，仅美国一个国家每年就因此消耗掉价值35亿美元的电能。②在开发更优质家电方面也取得了显著进展。新款家电不再排放氯氟碳化物，耗电量少，更易于回收利用。以美国为例，冰箱的平均能效大幅提高——仅从1980年到2002年就提高了150％。用新款、更加节能的冰箱替代老款冰箱后，消费者可以节约大量的能源，大大减少单位温室气体排放量。（磨损的零部件会使老化冰箱的能效降低40％至60％，仅靠维修通常无法恢复最初的效能。）③但效能的显著提升只不过是转变过程中的一部分，转变扩大了市场，刺激了消费，使自然资源和废物吸收体承受更大的压力。只要看一下全球电力消费的趋势就可见一斑了。

全球插电

自1970年起，全世界范围内能源消耗量平均每年增加2.2％。在能源储备的消耗品当中，家用电器是增长最快的一部分，仅次于汽车。以中国为例，20世纪90年代，中国家庭用电量增至3倍多，主要原因就在于售出的家用电器越来越多。这一时期亚太地区其他发展中国家的家庭用电量也在上升。韩国、印度尼西亚、泰国和菲律宾的年增长率分别为11％、13％、25％和28％。④

---

① 可登录http://www.energystar.gov/, "News Room"（"新闻工作室"），参阅"EPA Recognizes Energy Star Winners for Outstanding Energy Efficiency"（"环保署认可'能源之星'优胜者在能效方面的杰出表现"），21 March 2007.
② Myers and Kent（迈尔斯和肯特）2004, 54-55.
③ Kim, Keoleian, and Horie（金姆、凯欧利恩和霍里）2006, 2310（基于美国家电制造商协会提供的数据）。
④ Energy Information Administration（能源信息署）2005, 1; Myers and Kent（迈尔斯和肯特）2004, 54。1970年以来，能源消耗量年增长2.2％的估算指的是"交易的"能源。

这样的发展趋势表明,将来的用电量还会高得多。美国能源情报署预计,未来20年将会每年增长将近2%(从2002年到2025年总共增长57%)。① 消费增长的主要推动力在巴西、中国、印度、印度尼西亚、墨西哥和俄罗斯等新兴经济体——这些国家人均能耗仍然远远低于发达国家。每年,美国人均使用了相当于约8 600千克(63.6桶)油。而中国人均使用量才刚刚超过1 000千克(7.4桶),在印度还不足350千克(2.6桶)。美国还不是人均能源使用量最高的国家:在加拿大这样一些寒冷的地区和新加坡这样炎热的地区,每年人均使用的能源相当于10 000多千克(74桶)油。②

预计未来20年里,约90%的电力消费增长是来自于矿物燃料。国际能源署预测,到2030年时,全球石油需求量将从每天8 500万桶增长至1.16亿桶,导致全球二氧化碳排放量进一步上升(从而使得温度更高)。③ 电力需求发生变化,发达经济体和新兴经济体对气候变化的相对影响也发生变化,这种变化现在已经开始显现。1990年至2001年间,美国二氧化碳排放量增加了15%。到2001年末,仅占世界总人口不到5%的美国,排放量却占全球总量的24%。在此期间,中国排放的二氧化碳也增长了35%。到2001年末,占世界人口约20%的中国成为世界第二大排放国(占全球总排放量的12.7%)。

2001年时,中国的二氧化碳排放量还比美国少不少。但到了2006年,仅仅过了5年,中国就超越美国成为全世界最大的二氧化碳排放国。很大一部分原因在于中国经济自由化带来了投资者和商人利润的迅速增加,因此燃煤发电厂越建越多,水泥、汽车和其他制成品

---

① Energy Information Administration(能源信息署)2005,1。
② Economist Intelligence Unit(经济学人智库)2005,7,21。要了解更多有关人均能耗的情况,请参阅International Energy Agency(国际能源署)2006。美国的人均二氧化碳排放量比加拿大和澳大利亚等国家稍高,比德国、英国和法国等国家高得多,远远高于大多数发展中国家。下面是一份2004年人均公吨数样本:美国(20.2)、澳大利亚(19.4)、加拿大(18.1)、德国(10.5)、日本(9.8)、英国(9.6)、法国(6.7)、墨西哥(3.7)、中国(3.6)、印度(1.0)和卢旺达(0.1)。有趣的是,新加坡(29.7)是世界人均排放量最高的国家之一。这些数据来自美国能源信息署,网址为http://www.eia.doe.gov/。
③ 自18世纪末以来,大气中二氧化碳的含量增加了35%,主要是燃烧矿物燃料所导致的[World Meteorological Organization(世界气象组织)2006,2]。

的产量越来越大。① 全球化意味着现在中国的一台新款冰箱比 80 年代的旧款含氟冰箱高级得多,但也意味着为消费的增长投下了更长更深的生态阴影。

---

① 美国能源信息署提供的 1990—2001 年的排放数据收录于 Myers and Kent(迈尔斯和肯特)2004,53。荷兰环境评估机构研究时,将中国列为 2006 年世界首位二氧化碳排放国(参见 http://www.mnp.nl/en)。

第 14 章

插电全球化

托马斯·米奇利并不是一个科学疯子。1921 年时,他想要消除发动机爆震,1928 年他又打算制造出安全的冰箱,这都是理性合理的。其中并无恶意,也没有狡猾的阴谋,无意引起悲剧性的生态影响。他只不过是那个时代里的一名科学家,当他 1944 年去世时,他更在意的肯定是怎么会被自己发明的装置勒死,而不是氟利昂的安全性。

在他去世之后 30 年,科学界始终坚定地相信:氯氟碳化物是完全安全、稳定、无害的奇妙化学物质,能够使冰箱制冷、推动气雾剂,还能制造泡沫。达成这样的共识并非由于行业对调查研究进行了控制,而是其本身就站得住脚。显然,科学出错了,这个错误在很大程度上是因为至少到 70 年代初期,还没有人想过去测量距离地球那么高的臭氧层发生的变化——更不要说去收集证据了。

1974 年,马里奥·莫利纳与舍伍德·罗兰提出了氯氟碳化物如何能够损耗臭氧的理论,说明科学也是可以纠正错误的。米奇利发现了氯氟碳化物制冷的特性,而莫利纳与罗兰及时提出的这个理论,有助于解决这一发现引起的意外后果。但这只是第一步,还需要很多其他力量发挥作用,包括新的政治制度、企业策略、贸易模式、金融刺激和技术进步。还需要几十年的时间过渡。要花上 10 年的时间战胜杜邦等公司对该理论的质疑,要花上 30 年来商谈和实施在全世界逐步淘汰氯氟碳化物。还需要 50 年左右的时间让臭氧层慢慢恢复(大多数科学家预测,臭氧层将在 2030 年至 2070 年间的某个时候恢复到 1980

年的水平)。①

但是,1989年《蒙特利尔议定书》生效之时起,含氟冰箱的淘汰速度就相当快了。政府落实了行之有效的标识计划,制定了减少用量并逐步淘汰的时间表,强制执行。企业发现了可以节省成本的替代品,重新装备了制造厂。消费者也升级使用新款冰箱(有时是由于政府或企业的激励)。仅仅五年已见成效。最值得关注的是,到1996年初,发达国家企业已不再生产含氟冰箱了。

但在发展中国家仍有少量制造商在生产含氟冰箱。1990年,在《蒙特利尔议定书》修正案的约束下,这些国家承诺到2010年时停用氯氟碳化物。许多冰箱制造商收到来自"实施《蒙特利尔议定书》多边基金"的资助,在接下来的15年中尽量减少氯氟碳化物的使用。有些企业即使在没有国际援助的情况下依然转向使用氯氟碳替代品,在政府目标期限之前完成任务,中国的一些企业就是如此。之所以这么做原因显而易见:价廉物美的替代品唾手可得(有时须与海外企业或外国投资者成立合资公司)。生产无氟冰箱使这些企业打入海外市场,同时在国内市场占据优势。因此,21世纪初,全世界大部分的制冷系统已使用氯氟碳化物替代品,大多数发展中国家预计可以轻松完成2010年目标。②

国际社会为何能够消除氯氟碳化物的阴影效应?更具体地说,为何80年代末之后,企业和国家支持逐步淘汰含氟冰箱?其中一个原因在于70年代开始出现的牢固的科学共识:氯氟碳化物正在损耗臭氧层——臭氧越少意味着患皮肤癌的可能性就越大。另一个原因在

---

① 2006年9月,南极洲上方的臭氧洞无论从深度、平均面积还是持续时间(9天,从9月21日至30日)上都打破了以往的记录。但整体迹象还是喜人的。尽管一些科学家担心,臭氧层的衰败不可能停止,但是从90年代中后期至今,臭氧层还是相当稳定的。导致臭氧层变化的原因很复杂,包括太阳黑子、气象条件和火山。有些波动是自然的。近期臭氧层的稳定也许有一半原因在于氯氟碳化物排放量的减少。参见 Barry and Phillips(巴里和菲利普斯)2006。也可登录联合国环境规划署网站http://www.unep.org/,和美国航空航天局网站http://www.nasa.gov/,获取最新数据。
然而,一些科学家的确表担心,气候变化可能会阻碍臭氧层的全面恢复[Weatherhead and Andersen(韦瑟黑德和安德森)2006, 39-45]。
② 从90年代中期至2004年,发展中国家总共减少了60%的CFC消费量[UNEP(联合国环境规划署)2005a]。

于环境保护主义的全球化。各国更加乐意参与全球环境协商,各国环保机构的影响力也越来越大。国际援助——尤其是"实施《蒙特利尔议定书》多边基金"——有助于发展中国家参与进来。越来越多的跨国企业制定行为守则,推动企业承担环境责任和社会责任。但是,正如第 11—13 章所述,各国之所以大力支持,主要原因在于无氟冰箱的全球化。这一强大的过程最初遭遇到那些仍在生产含氟冰箱的企业对全球淘汰含氟冰箱的抵抗,最后终于消除了它们带来的阻力。这些企业不愿——或者无力——参与无氟市场的竞争,最终破产。

无氟市场的全球化缓和了冰箱对臭氧层造成的阴影效应。同时,全世界最大的家电企业——诸如伊莱克斯、BSH 和惠而浦——通过实施行为守则,执行可持续政策提高循环利用率,减少废物、污染和低效行为(通过升级工厂,修改包装等途径),从而抢占市场。有些企业还会加强与政府和非政府组织间的合作,这是其企业责任政策的一部分。例如,它们支持欧盟制定法律促使制造商担负起回收再利用冰箱的责任。像伊莱克斯这样的一些企业甚至对中国和巴西等地的供应商进行审核,推动其遵从企业的行为守则。因此,这些公司中很多都已满足,有些甚至超过了,为提高环境绩效制定的国际和国内标准(例如 ISO14001 和 1990 年美国《清洁空气法》修正案。)许多企业还参加了"能源之星"这样的政府计划。

与几十年前相比,如今的一款新冰箱不仅不含氟,而且在其使用周期中耗费的能源和资源也较少。例如,BSH 冰箱的平均能耗从 1990 年到 2004 年下降了近 80%。整个美国的冰箱平均能效从 1980 年到 2002 年提高了 150%多。这样算来,1985 年的一台普通对开门冰箱(22 立方英尺)每年使用 1 314 千万时电力,费用为 112 美元;2001 年一台同样容量的、满足该年"能源之星"标准的冰箱每年仅使用 576 千瓦时电力,花费 49 美元。①

尽管如此,但在这一时期,每台新冰箱的生产、使用和废弃处理时

---

① Higgins(希金斯)2001,54。

赢得的进展却抵不过消费的增长,冰箱领域对于全球环境的影响越来越剧烈,范围越来越大。在美国和欧洲等成熟市场,企业鼓励消费者加速升级换代,购买第二台、第三台冰箱,购买更大的款型,人均消费不断增长。随着伊莱克斯、BSH 和惠而浦等家电公司进军发展中国家,消费量整体来看增长得更快。这就造成了整个发展中国家家庭用电量的增加——中国仅 90 年代的用电量就增长到原先的 3 倍多。冰箱的消费量不断增长,耗用了更多的自然资源,生成更多的废物,制造出更多的温室气体。即使造成的生态阴影已逐渐远离臭氧层,但却对发达国家造成更深的影响,对发展中国家造成更长久的影响。

  过去一个世纪以来,全球消费量不断增长——就像汽车和冰箱这两个实例所表现的那样——大多数制成品都是如此,水、木材和土地等自然资源也是如此,原因在于牛肉等食品消费量的增长。下一个实例将会论述这个问题。

第四部分
牛肉

第 15 章

高效食用牛：高速、高脂、低价

在《人口论》(1798)这部作品中,学者托马斯·马尔萨斯(Thomas Malthus)提出了一个貌似不可避免的原理：人口如果不受控制,任其发展,则会以指数方式增长,而食物产量只是以算数方法增长。那么按照数学法则,总有一天会有大量人口忍饥挨饿,最终导致人类灭绝。

但是,马尔萨斯错了,至少在第二个前提条件上错了。过去这两个世纪以来,食物产量是能够赶上——时常还会超过——人口指数增长的速度的。如今,世界上的食物用来养活 67 亿人口绰绰有余。有人忍饥挨饿,并非由于缺乏基本的食物,而是由于分配不当、政府无能或者过度消费。

马尔萨斯的根本错误在于没有充分认识到,技术能够提高效率、扩大生产性土地,还能够将成本转嫁给偏远的生态系统,甚至转嫁给未来。他未能预见到灌溉、抗虫害的种子、化肥和杀虫剂能够提高农作物产量。他未能预见到,企业能够制造出更高效的食用牛,以获取牛肉等食物。会给牛注射激素,让它们长得更快；喂给牛成桶的玉米和大豆,让它们长得更肥；将牛圈在饲育场内,保证肉质肥瘦均匀,身体沉重；还要给它们喂抗生素,使它们扛得住这些非自然的条件存活下来。他未能预见到,人类能够在工业屠宰场里的快速传送带上将食用牛肢解,付给工人少得可怜的工资让他们剔除残渣,再把牛肉——碎肉、干肉、冻肉和罐头——从遥远的农场运往城市。他也未能预见到,跨国公司能够何等高效而廉价地通过连锁超市和快餐店将这些肉制品卖给饥饿的(以及并不怎么饿的)民众。毕竟,他怎么能想象出这样的未来？

本章节中在说到商品牛肉的历史时指出，工业化养殖使许多人不会被饿死。事实上，在许多国家，牛肉以及其他食物的过度消费，已经使得肥胖超过饥饿，成为人类健康更大的威胁。但是，快速发展的牛肉生产和消费还造成很多意想不到的后果，远不止越来越多的人肥胖这一点。本章节指出，保持牛肉产量与不断增长的人口数量以及急剧增加的人均消费并驾齐驱，已经对人类和生态系统（包括农场动物）造成了巨大的阴影效应。

屠宰场内

约吉斯·路卡斯（Jurgis Rudkus）是厄普顿·辛克莱（Upton Sinclair）塑造的一个立陶宛移民，他过着无休无止的悲惨生活。20 世纪初，他在芝加哥帕金镇的一家屠宰场里辛苦劳作，身处幽暗的环境中，不停地用刀砍着牛的躯体。地板和墙壁冰冷、湿滑、血迹斑斑，内脏发出的恶臭令人痛苦不堪。老板残忍暴虐，时常鞭打工人让他们加快肢解速度。工人们没有接受过培训，没有任何福利，事实上可以说连工资都没有。流氓政客们运作着整个城市，充斥着贪污受贿，贪婪的加工业寡头也与其狼狈为奸。

每一块肉——甚至是臭肉和病牛的肉——都和老鼠肉及老鼠粪便一起制成碎肉和香肠，腌制罐装成美味佳肴。不久，约吉斯受骗后债台高筑，后来又受了伤，被赶了出去，他丢了工作也没有薪水。新婚不久的年轻妻子不得不更努力地在地狱似的屠宰场里拼命工作养家糊口，被老板强奸后发了疯。

约吉斯把强奸妻子的老板打了半死，被判入狱，生活似乎已经糟得不能再糟了，却又因为凑不到足够的钱救妻子，导致妻子死于难产。约吉斯悲痛欲绝，但为了养活尚在蹒跚学步的幼子，只能在芝加哥靠一份卑微的工作苦苦支撑。然而，他的儿子又在离他那摇摇欲坠的破屋子几步之遥的沟里淹死了，生活对于他来说已经失去了所有的意义。他漫无目地地四处游荡，成了一个流浪汉，一个破坏罢工的恶棍，一个给政客们拍马屁的马屁精，一个堕落的醉鬼。

辛克莱的这部醒世小说毫不隐讳地起名为《屠场》，文末，约吉斯发现了社会主义，绝望之余，他又从美国工人的选举起义中看到了希望。辛克莱叙述了牧场工业化经营初期芝加哥一家屠宰场的情况，力图表现出人们对于效率和存款的追求是如何将家庭农场变成工厂的，老板们压榨工人，让他们更快地生产出更多便宜的"食品"。辛克莱一生出版了 90 多本书，而《屠场》是其中最具影响力的一部作品。但是，美国大众的反应让他很失望。"我的目标是触动大家的内心，"他后来在自传中写道，"却意料之外地击中了大家的胃。"①

美国消费者对这些故事的反应和其他地方的人们一样，觉得厌恶而愤怒，继而要求政府采取措施，确保卫生条件和肉品质量。读者"目睹了"屠宰场内令人震惊的状况，一度导致了肉类销量的下跌，但这也只是暂时的，正如本章中所述，自从 20 世纪初以来，每个国家的人均肉类消费量都在上升。

生产纯净食品

《屠场》在美国是畅销书，但它并没有引发辛克莱曾经希望的大规模起义。令他沮丧的是，他的小说虽然激起了人们的愤怒，但人们并不是因为约吉斯和同伴们的苦难而愤怒，而是因为肉类加工厂内不卫生的屠宰环境而愤怒。难道消费者的健康就没有危险吗？辛克莱曾经在芝加哥肉类加工的棚屋里待了好几个星期，为他的小说做调研，他的描述生动又具体，就像是新闻报道所做的披露。随着他的小说销量攀升，牛肉销量开始下跌。来自公众的压力越来越大，人们要求政府采取行动。不久，美国国会就在 1906 年通过了《纯净食品与药品法》以及《肉类检查法》。②

---

① 1905 年，辛克莱的《屠场》首次以连载形式出现在社会主义周刊《呼吁理性》上。1906 年，编辑后的版本（结尾有所改动）首次作为小说由达波德·佩奇出版。引自辛克莱自传的这段话收录于 Sinclair（辛克莱）(1962) 中，Eby（伊比）2003，351 中进行了转载。
② 在辛克莱的小说出版的几年前，国会就已经开始着力调控食品生产。然而，小说中的"丑闻""震惊世界"，激起公众的支持 [Eby（伊比）2003，ix]。

这些法案促成了美国食品药品监督管理局的成立，政府得以对普通消费者购买的肉品质量更好地管控。在公众健康倡导者和工会的压力下，20世纪上半叶，美国肉类加工的条件也有所改善。然而，《屠场》里令人反胃的场景并没有催生出世界素食革命，也丝毫没有改变吃肉越来越多的趋势，只不过是美国牛肉销量一开始有所下滑而已。相反，正如本章中所述，上个世纪，辛克莱所处世界的资本家们——他们比亨利·福特更早采用流水线作业——已设法进一步提高了牛肉生产的"效率"。① 牧场越来越大，牛群吃着混合了廉价谷物、成长激素和抗生素的食物，越来越快地长肥长大。高科技的解牛厂加工着牛肉。牛群在浇了化肥的牧场和被砍伐的雨林啃食牧草。

这样一来，上个世纪的工业农场主们可以生产出足够多的牛肉，轻而易举地满足不断增长的人口的需求。牛肉量非常大，许多人的食用量已经远远超过了健康饮食的标准。第16章中会说到，牛肉的消费量越来越大，会给整个环境资源，从当地水道到热带雨林到全球气候，都造成越来越大的压力。第17章则会从相对乐观的角度记述消费者的转变，一些消费者已转而食用更加"可持续的"牛肉，例如天然牛肉、有机牛肉或者草饲牛肉。然而，这一章也会指出，这种有利于环境的改变迎合了消费者对于工业化肉类加工业提供的廉价牛排和牛肉糜的需求。要了解人们为何会有这样的需求，我们就要后退一步来看看养殖肉消费的历史。

工业化养殖肉类

大约8 000到10 000年前，游牧的采集狩猎者逐渐在固定地方安顿下来，农业社会开始出现。这就要持续不断供应越来越多的食物，于是催生出了更大的集镇，并最终形成城市。传统农业社会的养殖方式并没有考虑迅速增加家养动物的体重。大多数农场主饲

---

① 虽然人们公认亨利·福特是采用装配流水线进行大规模生产（所有工厂均围绕这一理念建造）的第一人，但是James Barrett（詹姆斯·巴雷特）(1987)证明芝加哥肉类加工业才是率先采用装配流水线的。

养牛、马和骆驼是为了运输、耕地、施肥、产奶,而不是为了食肉。事实上,考古证据和书面记载表明,在大多数传统的农业社会中,人均肉类消费量一般始终保持在较低的水平——一年很少超过5—10公斤(大约10—20磅)。①

据不完全记录,欧洲许多基质社会的农民吃肉很少会超过一周一次,大多数人只在节庆时才吃肉。尽管贵族、富有的土地主、行军部队和城市居民往往比农民食用更多的肉,但他们的人数相对较少。在欧洲,膳食中的蛋白质通常只有不到15%是动物蛋白,即使到了18世纪和19世纪也是如此。一项研究表明,19世纪初的法国,年平均的食物热量中,来自肉类的只占不到3%。另一项研究计算了18世纪末威尔士和英国贫困劳动者的人均食肉量,每年只有8公斤(18磅)多一点。还有一项研究则显示,1820年德国人年平均食肉量不到20公斤(44磅)。而在中国、印度和日本等其他大多数国家,人均食肉量还要低得多。阿根廷、澳大利亚和新西兰等国的殖民定居者所消费的肉量(尤其是牛肉和羊肉),甚至在工业化以前就已经比欧洲消费的肉量要多得多。②

19世纪中叶以后,农业产量提升,城市扩张,工业化加剧,西欧和北美等地的饮食习惯发生了重大变化。日常饮食开始包含更多的肉、鱼、奶制品、水果和糖——主食谷物和豆类的量有所减少。从殖民地进口的食物越来越多,也提供了更多的选择。牛肉产业发展的速度尤其惊人。美国等国家的牛肉生产者开始将小型牧场纳入工业化肉类加工厂。1850年,美国只有185家肉类加工厂,生产价值1 200万美元的红肉。到1919年,肉类加工厂超过1 300家,生产的红肉价值42亿美元。

---

① Smil(斯米尔)2002, 606。浏览与牛肉饲养与食用的历史有关的文献,可参见 Rixson(里克森)2000;Carlson(卡尔森)2001;Smil(斯米尔)2000, 2002;Rogers(罗杰斯)2003。
② 曼尼托巴大学的权威瓦茨拉夫·斯米尔总结了研究成果,收录于Smil(斯米尔)2002, 606-610。关于中世纪人均肉品消费量的最好估计并未形成一致的意见。欧洲历史上有些学者对于比本章中数据(例如,1397年柏林的500千克,1520年纽伦堡72—100千克)高出许多的数字依然能够接受,但是斯米尔教授认为这些数字"过于夸大",拒绝接受。

接下来的 100 年里,世界各地的饮食和肉类加工都开始出现类似的转变。二战后,出现了新的农作物品种,新型化学喷雾和化肥,机械化耕作的农场比以前大得多,加工效率提高,因此,转变速度不断加快。所有这些变化都逐渐影响到人口稠密的发展中国家,尤其是东亚的发展中国家。①

不断增加的肉类消费量

自从 20 世纪 50 年代以来,农场动物的数量迅速增加。现在已有 10 多亿头猪、13 亿头牛、18 亿只绵羊和山羊,以及 170 亿只鸡。自 50 年代至今,全球年均肉产量已经增至 5 倍多——达到 2.6 亿公吨。1950 年至 2005 年间,年人均食肉量增加了 1 倍多,从 17 公斤增加到 40 公斤(38 磅增加到 88 磅),其中大约 25% 是牛肉,仅次于猪肉的 38% 和家禽肉的 30%。②

中国国民肉品消费量居世界首位,现在年均消费量达 6 800 多万公吨,这个数量还在不断上升,很大一部分原因在于中国的人均食肉量稳步增加,2002 年,人均一年食用 52 公斤(115 磅)肉。中国比印度和印度尼西亚等人口稠密的国家消费的肉类食品要多得多。2002 年,印度食用了 550 万公吨肉,印度尼西亚食用了 180 万公吨,若按人均年消费量来算,印度是 5 公斤(11 磅),印度尼西亚是 8 公斤(18 磅)。中国越来越依赖谷物和豆类来养活家畜(促进家畜重量迅速增加)。到 2000 年,谷物的 1/4 都用来喂养家畜——比 1980 年多了 1 倍。

虽然美国是全球第二大国民肉品消费国,现在的年均食用量超过 3 900 万公吨,但其人均消费量——2002 年时为人均一年 125 公斤(275 磅)——却比中国高得多。③ 其中仍然以牛肉为主。1870 年后,

---

① Skaggs(斯卡格斯)1986,90;Smil(斯米尔)2002,609。有关细节也可参看 Popkin(波普金)1993;Caballero and Popkin(卡巴莱罗和波普金)2002。

② Gold(戈尔德)2004,8;Brown(布朗)2006,chap. 9;Nierenberg(尼伦贝格)2005,9-10。余下的全球肉产量的 7% 来自绵羊、山羊,及水牛、牦牛和鸭子等不常见的动物。

③ 中国、印度、印度尼西亚和美国的数据来自联合国粮农组织世界资源研究所和"地球趋势",网址为 http://earthtrends.wri.org/。

欧洲殖民者船运来的牛在美国西部广阔的平原上茁壮成长，火车冷藏车厢可以将更多的牛肉运送给东海岸新兴城市的消费者，牛肉市场不断扩大，美国牛肉消费量迅猛增长。

1910年至1915年间，美国人平均每人每年食用23公斤（约50磅）牛肉。整个20世纪，这个值时有涨跌——从1930年至1935年间，低至不足19公斤（约40磅）增加到1970年至1975年间接近39公斤（约85磅）——就整个20世纪来看，每人每年平均食用27公斤（约60磅）肉。21世纪初，年人均食用的牛肉量增加到大约29公斤（64磅），与1909年（美国政府首次开始保有肉类消费量记录）相比，并没有大幅增加。尽管定期的广告宣传鼓励大家消费更多的牛肉，但是这个数值始终保持稳定。① 原因很简单：美国人开始食用更多的禽类——1909年时，年人均食用量不足5公斤（约10磅），到2004年时已接近27公斤（约60磅）。这在很大程度上导致了过去100年来，牛肉在肉类消费总量中的份额，从1909年大约45%降至2004年的不到35%。②

在有些文化中，例如印度的文化，长期以来一直有着素食的传统。另外一些悠久的烹调历史中，例如在亚洲许多国家，一些受欢迎的菜品通常少肉或无肉。对美国和英国等国家消费者所做的各种调查也表明，他们越来越中意素食。但在富裕的西方国家，素食主义者所占比例仍然较低——在各项调查中，通常会有4%到10%的受访者表明自己是"素食主义者"（各种意义上的"素食主义者"，投入程度也各有不同）。

虽然在很多文化下，越来越多的人似乎正在选择素餐，但对于全球肉类消费量没有多少统计学的影响，因为人口数量不断增加，更多

---

① 美国农业部（USDA）统计数据，出自"食品安全检验情况简报"，可登录http://www.fsis.usda.gov/查看。
　　1985年，联邦政府开始在销售每头牛时强制收取1美元，其中一部分用来投资大类广告，推动牛肉消费。所谓的"牛肉扣款计划"旨在"强化牛肉在市场上的地位，维持并扩大牛肉及牛肉制品的国内外市场及用途。"多年来，这一计划被认定违宪，相当于"强迫言论"，在多个法律前沿备受攻击。2005年，美国最高法院最终裁定这一计划符合宪法。如今，这笔费用每年达到4500万美元。有关细节，可登录http://www.ams.usda.gov/，参见"Beef Checkoff Program, Beef Promotion and Research Order"（"牛肉扣款计划，牛肉推广与研究顺序"）一文。
② 登录美国农业部经济研究局（ERS）网站http://www.ers.usda.gov/查看。

的人食用了更多的肉。例如,发展中国家人均食肉量在 1964 年至 1966 年间是 10 公斤(22 磅),在 1997 年至 1999 年间为 26 公斤(57 磅)。据联合国粮农组织(FAO)预测,到 2030 年时,人均食肉量将增加到 37 公斤(82 磅)——尽管人口还保持着持续快速增长。[①] 过去这一个世纪以来,肉制品工业化生产全球化,这就解释了为何全世界能够提供这么多肉满足这么多人的需求。牛肉产业极具代表性——美国肉类加工商、农业公司以及快餐企业发挥了主导作用。

牛肉产业

在很多消费者的想象中,牛肉仍然来自于广袤起伏的大牧场——来自西德克萨斯荒野或是澳洲腹地。在世界上许多地方,情况的确如此。但是,这上亿头牛每年至少有一部分时间是被关在拥挤的饲育场的。据估计,全球 40% 以上的牛肉生产都是采用这种工厂化饲养方式。[②] 许多工业化农场里的动物照不到自然光,呼吸不到新鲜空气。例如,为了"生产"小牛肉,一些农场里的小牛犊出生没几天就和妈妈分开了,它们被关在狭小的牛棚里,无法舒舒服服地躺着,也无法梳毛清洗,人们用桶喂给它们一种液体食物,保持"肉质"白白嫩嫩,以满足消费者的喜好。这些小牛通常 16 周后就被宰杀。

几乎没有什么消费者目睹过这些令人反胃的做法,更没有什么人公开抗议过牛受到的待遇(但是有很多人抗议捕捞鲸鱼或者竖琴海豹)。在这样的条件下,过去 100 年来,牛的总量一直稳步增加。20 世纪初,地球上约有 5 亿头牛,现在的数量将近当时的 3 倍。[③] 但即使这接近 3 倍的数量也未能准确反映出牛肉消费量增长的更快的速度。20 世纪初,"牛肉托拉斯"这个由芝加哥富有的肉类加工商们组成的垄断集团控制了美国的牛肉产业,与当时相比,现在肉品生产者以快得

---

① 登录联合国粮农组织网站 http://www. fao. org/,查看 "World Agriculture 2030: Main Findings" ("2030 世界农业:主要发现")一文。
② Nierenberg(尼伦伯格)2005,12。
③ Smil(斯米尔)2002,618;也可登录 http://www. cattle-today. com/,查看 "Breeds of Cattle" ("牛类品种")。

多的速度将更重的牛推向市场。

美国牛肉产业

1917年,美国"牛肉托拉斯"的权力达到巅峰,五家最大的肉类加工企业占据了半数以上的市场。后来,在联邦政府内"反托拉斯者"的压力之下,加上联邦贸易委员会对公司间勾结串通分化市场、固定价格的行为进行调查,1920年,几家最大的肉类加工企业同意签署和解协议,被迫抛售牲畜饲养场、零售店、铁路和畜牧期刊。

第二年,国会设立了包装及牲畜栏管理局对抗牛肉行业的价格垄断和勾结。接下来的半个世纪中,小牧场主通过拍卖会上公开竞价,以较合理的价格出售牛群。工会争取到了更高的工资、更好的福利,政府监管机构迫使行业提高安全和卫生标准,因此许多肉类加工厂的工作环境都在改善。但是,好景不长。到了60年代,艾奥瓦牛肉加工厂(IBP)开始招收墨西哥移民工人,到乡下的工厂里做工(远离工会管控区域)。其他许多肉类加工厂纷纷效仿,随后20多年中,整个行业的薪酬大幅跳水。

罗纳德·里根政府(1981—1989)对牛肉行业的管控发生了大逆转。到1980年时,几家最大的牛肉生产商对市场的管控比"牛肉托拉斯"时期要宽松得多。然而,里根政府开始允许肉类加工企业互相兼并,赢得对当地牲畜市场的控制权。[①] 如今,80%以上的肉类加工业务掌控在四家企业手中:泰森食品公司(Tyson Foods)(2001年收购了IBP)、伊克赛尔(Excel)(嘉吉的子公司)、斯威夫特公司(Swift)(前身是康尼格拉牛肉)以及全国牛肉包装公司(National Beef Packing Company)。正如畅销书作家埃里克·施洛瑟(Eric Schlosser)所写,这样的市场操控"达到了20世纪初有记录以来的最高水平"。[②]

[①] Schlosser(施洛瑟)2001,136-138;Goldenberg(戈登堡)2004,13。
[②] Schlosser(施洛瑟)2001,138。对美国四家最大的肉类加工企业的控制程度的估计出自Hendrickson and Heffernan(亨德里克森和赫弗南)2005。

现如今，对于很多工人来说，肉类加工又和约吉斯·路卡斯时期一样，是一项报酬很低，但风险很高的工作。尽管美国人每年花在牛肉上的钱高达 700 亿美元。据施洛瑟说，一家普通工厂"差不多每年都会雇佣一批新劳力。"①许多工人都是非法移民。

由于地理条件、耕作传统、管控体系不尽相同，国与国之间，以及国家内部不同区域的农场主和肉类加工厂对待牛的方式存在着巨大的差异。例如，有些美国农场主主要用草喂牛。然而，大多数的牛只有前 6 个月左右是在牧场吃草的，之后秋冬季的几个月就待在饲育场里，用工业化养殖的话来说，在那里"完工"。饲育场通常容纳了多达 10 万头牛，人们喂这些牛吃谷物，里面通常混合了抗生素和蛋白质补剂，让它们能尽快长得肥大起来。②

在美国，玉米是牛饲料中最常见的成分，政府提供补贴，确保供应量充足，价格低廉。如今美国玉米收成的 50%—60% 都用来喂养家畜。平均说来，吃草的牛每天体重增加不超过 0.5 公斤（1 磅），而饲育场里的牛体重增加往往会多 1 倍，超过 1 公斤（2 磅）。人们还会给很多牛使用生长激素，这样就可以增重达 20%。在美国，90% 以上用工业化方法养殖的牛都通过注射或植入的方式接受过生长激素（1988 年欧共体禁止了这种做法）。③

美国这种种做法加在一起极其高效地增加了牛的重量。20 世纪初，一头食用牛至少要 4—5 年才能宰杀，而到了 50 年代，农场主只需等 2—3 年，食用牛就已经重到可以宰杀了。如今，给小牛喂食抗生素和激素，只需 14 个月体重就能增加 500 多公斤（这个重量宰杀已可以

---

① Schlosser（施洛瑟）2002，26。
② 例如，美国允许牧场主使用抗生素"治疗"或"预防"牛群疾病，但是对于屠宰前所需最低等待时间做了要求，使得抗生素能够排出动物体外。美国农业部食品安全检验局对屠宰时的抗生素残留做随机检测。美国政府也允许牧场主使用激素埋植剂（植入每只动物的一只耳内），"促进高效生长"。
③ Nierenberg（尼伦伯格）2005，23；Smil（斯米尔）2002，616。关于接受生长激素的牛群所占比重的估计可见尼曼牧场网站 http://www.nimanranch.com/，"常见问答"。
  用作动物饲料的"谷物"——尤其是玉米——通常比用作人类消费的"谷物"质量要差。这大概是对"谷物"的"有效"利用（肉类工业有时以这个实例回应那些将肉视作人类蛋白质低效来源的批评家们）。

让农场主大赚一笔了)。①

农场主通常用卡车将牛运往屠宰场,这里每小时可以处理几百头畜体。② 和约吉斯·路卡斯的时代一样,如今高效的屠宰依旧有赖于解体流水线旁的工人们用锋利的刀切割。但肉类加工企业也找到了其他高效节约的方法。例如,现在的机器能够从畜体上切下更多"合法的肉"。里根政府时期企业的兼并极大降低了运作成本。破坏工会活动、依靠非法劳工也降低了运营费用。解体线速度更快了,有些能够每小时处理将近 400 头牛,差不多是 25 年前标准速度的 2 倍。自 80 年代初开始,泰森、伊克赛尔、斯威夫特和全国牛肉等企业的大型屠宰场已将成本降低了 40%。农业部称,这已使得牛肉批发价格逐年降低。③

从另一方面来看,这些进展虽然使得牛肉价格更加实惠,但也不是毫无代价的。1990 年代的"高级肉类回收系统"依靠液压,将已经处理过的畜体骨头上剩余的肉剥离。这些肉是制作汉堡、热狗和披萨装饰配料的重要成分。但是,过大的压力——或者不恰当地去除脊髓——会使得骨头和神经组织夹杂在肉里。例如,1997 年,美国农业部就在一些肉中发现了脊髓组织。全国消费者联盟等消费者团体呼吁禁用这样的肉类回收系统,他们指出,这样获得的肉并不是真正的牛肉,而是牛骨碎,会让消费者面临更大的感染疯牛病的风险。

此时,牛肉行业认为根本无须恐慌。只要操作得当,回收系统不会污染牛肉。此外,美国的牛不同于英国的牛,并没患有疯牛病。但是,迫于消费者团体的压力,又忌惮公众的反应,一些主要买家——尤其是通用磨坊和麦当劳——决定不再使用高级回收系统获取的牛肉。几家肉类加工企业——由于政府规定更加严格,监管高级回收机器的

---

① 牧场主里奇·布莱尔(Rich Blair)在接受记者 Michael Pollan(迈克尔·波伦)(2002), 47 采访时,对增加的体重作了估计。
② 参阅施洛瑟的畅销书 *Fast Food Nation*(《快餐之国》)(2001),了解施洛瑟对美国这些现代化屠宰设备的生动描述。要浏览更多关于牛肉生产政治经济学的学术研究(从不同学科、不同国家的角度),可参见 Gouveia and Juska(戈维亚和尤斯卡)2002;Brown, Longworth, and Waldron(布朗,朗沃思和沃尔德伦)2002;Filho(菲力欧)2004。
③ Schlosser(施洛瑟)2002;Moss, Oppel, and Romero(莫斯,奥佩尔和罗梅罗)2004,A1。

费用越来越高,以及麦当劳等企业改变了采购政策——决定封存这些机器。到 2004 年,仍在使用高级肉类回收机器的加工厂已从 35 家减少到不足 30 家。

对于农场主来说,能够更快地将牛养肥、更快地加工处理,并不一定意味着更丰厚的利润。牛肉行业向来不易。《买牛人周刊》的出版商曾说过,相对较高的劳动力成本和多变的牛价意味着肉类加工企业的利润空间很少会超出 2 个百分点。① 新一代的农场主春夏季节养牛,再出售给饲育场,他们依赖着这些加工企业,处境格外艰难。"简直就是地狱,"2002 年,一名南达科塔州农场主在接受采访时说,"我父亲当时 250 头牛挣的比我们 850 头牛挣的都多。"② 然而,利润微薄并不意味着肉类加工企业就不兴旺。恰恰相反:过去这 50 年来,工业化牛肉生产的全球化对快餐业的利润持续增长发挥了至关重要的作用,而快餐业的不断发展又对廉价牛肉形成更大的需求。

以更快的速度过度消费更多的肉品

过去这 50 年中快餐业的发展改变了许多文化下肉品消费的模式。全世界最大的快餐连锁麦当劳在 120 多个国家和地区开设门店,2007 年的收益破纪录地达到将近 230 亿美元,每天为 5 000 多万顾客提供服务,如今,在美国等国家中,麦当劳是最大的牛肉买主。加上汉堡王(Burger King)、温迪(Wendy's)、艾德熊(A&W)和哈迪斯(Hardees)等其他许多主打汉堡的快餐连锁店,顾客群还要再多上几百万人。还有一些快餐店的品种繁多——比如:新鲜的潜艇三明治、厚底披萨、炸鸡和香辣玉米饼。事实上,全球最大的潜艇三明治连锁赛百味如今在 80 多个国家拥有超过 26 000 家店——它自夸道,在美国、加拿大和澳大利亚的销售点比麦当劳还要多。全球最大的披萨连锁店必胜客业务遍及 100 多个国家和地区。全球最大的炸鸡连锁肯

---

① 参见 Moss, Oppel, and Romero(莫斯,奥佩尔和罗梅罗)2004,A1。
② Pollan(波伦)2002,47 中引用了南达科塔州牧场主埃德·布莱尔(Ed Blair)的话。

德基每天为 80 多个国家和地区，11 000 多家店里的 800 万顾客提供服务。必胜客和肯德基都隶属于全世界最大的餐饮"系统"百胜集团——这家母公司还拥有塔可钟（Taco Bell）、艾德熊和 LJS（Long John Silver's），旗下餐饮店多达 35 000 多家。①

超大份食物是这些快餐连锁店用来招揽顾客的常用策略。以汉堡王的牛堡为例，一个汉堡包含四片厚牛肉、四条培根和四片芝士，热量总共有 1 000 卡路里。销售宣传简直是毫不隐讳：在汉堡王 2006 年的一条广告片中，一位经理朝着正在制作汉堡的工人们大喊："多放点肉！"汉堡王的牛堡还不算最大。哈迪斯的巨无霸热量超过 1 400 卡路里——相当于一个普通人日常卡路里建议摄入量的 70%。一些餐饮连锁企业在快餐宣传时称其食物食用的"越多"，体重就"越轻"，赛百味就自豪地声称其潜艇三明治非常健康，不含脂肪，每天食用可以轻易节食——企业最新的广告语中就用到这样的说辞"肉要双份，奶酪双份！"

其他快餐连锁目睹了赛百味等企业的发展，也纷纷开始提供"更健康"的选择，例如沙拉、水果碗、蔬菜汉堡和瓶装水。然而，巨额利润仍然来自于麦当劳的巨无霸、汉堡王的皇堡、牛堡和哈迪斯的巨无霸汉堡。有些连锁店的健康产品甚至是赔钱的。例如温迪的新鲜水果碗，尽管 2005 年发起了价值 2 000 万美元的广告轰炸，销量仍旧不理想。"我们听取了有些顾客的话，他们说想要新鲜的水果，"温迪快餐连锁的一位发言人说，"但很显然，他们说了谎。"②

趋势如此，那么当下全球日益严峻的肥胖危机也就不足为奇了。美国的肥胖率全世界最高：2/3 的成年人超重（身体质量指数大于等于 25）或肥胖（身体质量指数大于等于 30）。儿童也超重。目前 6—19 岁的儿童中每 6 人就有 1 人超重。美国卫生总监估计，每年用于肥胖及

---

① 参见 Schlosser（施洛瑟）2001；麦当劳 2005 财务报表，网址 http://www.mcdonalds.com/；赛百味"关于我们"，网址 http://www.subway.com/；"关于必胜客"，网址 http://www.pizzahut.com/，以及肯德基"关于我们"网址 http://www.kfc.com/。
② Warner（沃纳）2006，C5 引用了温迪快餐的发言人丹尼·林奇（Denny Lynch）的话。

其相关疾病的医疗费用总计超过 1 000 亿美元。相比 20 年前大幅上升,20 年前只有不到一半的成年人体重过重。

在世界其他地区,甚至是发展中国家,肥胖比例也在上升。在发展中国家,生活方式正在发生着变化,饮食中糖和脂肪的含量越来越高。结果,即使营养不良的人也越来越重。如今,超重人群达到 15 亿人以上,至少 4 亿是肥胖者。甚至连不到 5 岁的儿童——全世界约 2 000 万——也已是超重人群。①

在这个汉堡王牛堡和肉食者披萨当道的时代,全世界肉品消费量预计在未来几十年里还会大幅增加。发达国家年人均食肉量已达大约 175 磅(约 80 公斤)。而美国的年人均食肉量表明,富人吃的还要更多(约多 100 磅)。但是发展中国家还是最具增长潜力。尽管平均说来,那里的食用量要少得多,但自从 1970 年代以来,人均食肉量一直在稳步攀升,虽然还远低于第一世界国家的水平,但各方面的趋势都表明,未来的十几年里,第三世界国家将不断缩小这个差距(到 2020 年时,达到人均 80 磅)。② 牛肉行业将基本满足未来世界各地对肉的需求——我们在第 16 章中会看到,这一趋势将进一步加剧并扩大食用牛肉的生态影响。

---

① Lemonick and Bjerklie(莱蒙尼克和布杰克里)2004,58 - 69;World Health Organization(世界卫生组织),"Facts, Obesity and Overweight",("事实、肥胖与超重")网址 http://www. who. int/。
② 联合国粮农组织数据、世界资源研究所和"地球趋势",网址 http://earthtrends. wri. org/;Nierenberg(尼伦伯格)2005,10 - 11。也可参见国际粮食政策研究所(国际农业研究磋商组织的一个研究中心)网站 http://www. ifpri. org/。

第 16 章

大块牛肉的生态学

生产这么多牛肉需要巨大的生态成本。农民耕地时使用杀虫剂和化肥，种出足够多的谷物迅速把牛养肥。饲育场产生的废物污染着当地水道和空气。成长激素污染了食物链，抗生素流入了生态系统。牛肉的营养价值时高时低，有些地方甚至还在下降。为了开发牧场，种植大豆等饲料作物，亚马孙等具有生态多样性的地区都被砍伐殆尽。给几十亿头牛喂草，把它们养肥了，每过几年就宰杀掉也在消耗着水资源，释放出甲烷、一氧化二氮和二氧化碳等大量的温室气体。

随着牛肉市场全球化，牧场有更多的机会进一步扩大商业化经营，上述影响持续加剧。种植玉米、大豆等动物饲料的大农场也随之扩大。这就导致了廉价植物油过剩，企业受到利益驱使，便怂恿消费者更多地食用植物油。这些植物油用在了沙拉和烹饪中，用在了人造黄油和加工过的食品中，也用在了油酥面团中。人们还在进行试验，以了解这会给健康带来什么样的后果。

上述工业化牧场经营和农业方面的许多发展都出现在发展中国家，那里生产出的牛肉和饲料谷物主要出口到发达国家和经济转型国家。这些运作得到了政府补贴和外商资助。不少跨国公司也给予了支持，公司收获了巨额利润，发展中国家的外债却在增加。售价并没有合理地反映出社会和环境成本——尤其是对水源、土地和气候的影响——因此，在越来越多的文化下，便宜的牛肉越来越普遍，这也在刺激着人们过度消费。本章中指出，牛肉工业化生产的全球化加剧着食用牛肉的阴影效应,成本不断被转嫁给发展中国家和全球公共空间,对人们未来的健康造成潜在危险。

生产谷饲牛肉

20世纪,全球谷物产能不断提升,这对于养活越来越多的人口至关重要,也开始改变动物的饲养方式。1900年,全世界约1/10的谷物用来喂养农场动物——大多是在田里劳作的动物。到了1950年时,这个比例上升至1/5。等到化肥提高了谷物产量之后,第一世界国家便开始用谷物喂养肉牛。到1960年代,绿色革命带来的新型种子、化肥和杀虫剂使得庄稼可以在更加恶劣的条件下更快地生长,发展中国家的谷物产量也开始出现剩余。于是,外国给予援助,粮农组织等团体提出技术建议,世界银行等机构提供低利息贷款——罗森·普瑞纳(Ralston Purina)和嘉吉(Cargill)等公司还投入资金——鼓励许多发展中国家集中精力种植谷物用作动物饲料,甚至鼓励其转而种植更适合家畜的粗粮。

结果,20世纪下半叶,发展中国家种植的饲料用谷物所占比例增至3倍(到20世纪末已超过21%)。在此期间,许多发展中国家也开始将谷物出口至发达国家的动物饲料市场。例如,埃塞俄比亚等国开始生产谷类食物喂养欧洲的牲畜,而不是为本国人民种植食物(这样做有时会造成严重的后果,比如1984年埃塞俄比亚的饥荒)。

但是,许多工业化生产的谷物并不是适合农场动物的天然食品。举个例子来说,把玉米喂给牛吃会引发腹胀、消化不良,有时甚至会导致死亡。与食草牛相比,用玉米喂养的牛产出的牛肉往往脂肪量较高,欧米伽-3脂肪酸(人们发现欧米伽-3脂肪酸可以预防心脏病,增强免疫系统)含量却较少。尽管如此,但这50年来,许多国家的农民仍旧逐渐转向种植谷物——尤其是玉米——这样可以迅速把动物养肥,花钱少,效率高。

从全世界来看,1/3多的谷物用于喂养牲畜,美国等国家投入了

60%以上的谷物,而在印度等国,这个比例不到5%。[①] 喂食大量谷物是一种高效的养肥肉牛的方法,但是却并不是高效利用环境资源的方法。在工业化牧场,通常需要11—17卡路里食物才能生成1卡路里的牛肉。这就意味着产出1卡路里的牛肉比1卡路里的土豆要多耗费1/3的矿物燃料能源,还需要多得多的水。生产1公斤(2.2磅)牛肉所需要的水可能多达125 000升(33 000加仑)。即使是10 000升(2 650加仑)这样的一般需水量,也比种出1公斤大米或小麦所需的水要多得多。[②]

而且,谷物并非用来喂食家畜的唯一农作物。这半个世纪以来,农民们逐渐开始在谷物中混入了越来越多的大豆蛋白,主要因为这样做能够使谷物转化成动物蛋白的速度提高将近1倍。稍微了解一下过去50年中全球大豆产业的情况就能知道,农业方式发生变化,正在不断影响着全球粮食的营养特性。

在肉中塞入大豆

1950年,全球大豆产量1 600万公吨。此后,新的市场不断建立,到2005年,产量增至2.2亿公吨——差不多是1950年的14倍。[③] 这50年来,美国过剩的大豆产量部分解释了市场不断扩大的原因。例如,二战后,美国遵照马歇尔计划(Marshall Plan)[④],将富余大豆出口至欧洲。美国政府对大豆种植给予补贴,也部分导致了产量过剩。即便现在,这笔补贴仍旧很可观,1998年至2004年间,大豆行业共收到

[①] Smil(斯米尔)2002,609;联合国粮农组织网站 http://www.fao.org/,"World Agriculture 2030: Main Findings"("2030年世界农业状况:主要发现")。也可参见"地球趋势"网站 http://earthtrends.wri.org/上,世界资源研究所的数据表。Goodland(古德兰)1998里含有反对使用谷物生产肉品的综合生态论证。
养牛牧场对谷物的依赖性差别很大。以生产一千克牛肉为例,发达国家的牧场往往比发展中国家的牧场使用的谷物量多得多(平均算来,差不多是后者的9倍)。这一估算来自农业科学技术理事会,牛肉行业在其网站上作了引用,可见 http://www.beef.org/。
[②] Nierenberg(尼伦伯格)2005,24;Millstone and Lang(米尔斯通和朗)2003,35。
[③] 参见 Brown(布朗)2006,第9章,了解1950年后农业生产力不断增长的背景。
[④] 马歇尔计划:即欧洲复兴计划(European Recovery Program),是第二次世界大战结束后美国对被战争破坏的西欧各国进行经济援助、协助重建的计划。——译者注

了130亿美元补贴。①

1940年代,科学家找到方法使大豆中的酶抑制剂失去活力,这样就勉强可以给动物喂食大豆了,此后,大豆产业便开始迅猛发展。大豆油被提取后,碾碎的豆子中80%是大豆粉。如今,这是全世界喂养鸡、牛、猪、鱼的最大的蛋白饲料来源——约占全球供应量的65%。大约98%的大豆粉用于喂养美国等国家的牲畜。

事实上,美国生产与出口的大豆比其他任何国家都要多——近几年来,每年都占全球供应量的35%,价值约190亿美元。美国种植的作物中最多的是玉米,其次就是大豆(农民通常轮换种植大豆和玉米)。三家美国公司——阿彻丹尼尔斯米德兰(ADM)、邦吉(Bunge)和嘉吉——垄断了美国的大豆市场。这些公司设法将美国家畜家禽饲料中大豆粉的比重从1964年的不到10%增加到如今接近20%。②

这些公司的影响已扩大到美国以外的其他国家。它们控制着欧洲将近80%的大豆压榨产业,以及约80%的动物饲料生产。大豆压榨产业生产出大豆粉,用于动物饲料,同时生产出油用于工业过程及人类消费。1965至2005年间,大豆油和大豆粉的产量均迅速增加,尤其是在油的气味和口感均有所改善之后——产量增加到近7倍,从500万公吨增加到3 400万公吨。③

现在,全球植物油的最大来源就是大豆。④ 大豆以各种形式存在于许多食物中,包括早餐麦片、面包、面条、汤、奶酪、蛋黄酱和香肠肠衣。在英国等国家,60%以上的加工食品中含有大豆。快餐业也使用氢化大豆油炸食物。美国油籽产量中90%来源于大豆——芥花籽、棉籽、油菜籽、花生和葵花籽则远远落在后面。事实上,大豆油如今在美国植物油和动物油脂消费的总量中占比约为2/3,主要用作食用油和

---

① 关于1998—2004年间,美国大豆农场主总共收到的补贴数额出自美国农业部,Lawrence(劳伦斯)2006,8作了概述。
② Ash, Livezey, and Dohlman(阿什、利夫齐和道尔门)2006,3,11;Brown(布朗)2006,第9章。
③ Lawrence(劳伦斯)2006,8。
④ 出自美国农业部经济研究局"Soybeans and Oil Crops"("大豆与油料作物")一文,可登录http://www.ers. usda. gov/,"新闻发布厅"查看。棕榈油如今是全球第二大植物油来源,随着近年来,印度尼西亚等发展中国家油棕榈种植园面积迅速扩大,棕榈油与大豆油之间的差距开始逐步缩小。

色拉油或用于人造黄油及油酥面团。几乎没有消费者会为这样的趋势担忧。许多人将大豆视为一种健康的选择。大豆制成豆腐和豆浆，素汉堡中也有大豆，它是许多素食的基础。在美国等国家中，婴儿配方食品中将近 1/5 是由大豆构成的。①

但是大豆真的健康吗？美国大豆产业希望消费者这么认为。美国大豆产业每年要花差不多 8 000 万美元来研究如何增加大豆的消费量——产业通过向生产者强制征税，对研究给予资助。来看看日本，大豆在日本烹饪中起到至关重要的作用——日本人的预期寿命 80 多岁，是全世界最高的几个国家之一——这似乎表明大豆的确是一种健康的蛋白质来源。

但是，由于大豆中含有毒素和植物性雌激素，因此一些研究人员正试图搞清楚，大豆是否和许多食物一样，过量食用可能并不安全。已有一些实验表明，食用过多的大豆会损害甲状腺，使月经周期紊乱。2002 年，一个英国专家组报告指出，某一些年龄段的人大量食用大豆会有危险。然而，这并不影响大豆产业不断发展。在 ADM、邦吉和嘉吉等美国公司的推动下，新的大豆种植园已深入巴西雨林地区，巴西大豆出口量的 60% 来自于这几家公司。②

大豆产量增加，加工食品、快餐甚至健康食品中含有大豆，而大豆又帮助农民们以更少的投入更快地生产出更多的牛肉——从而改变牛肉的性质，这一切都在直接或间接地改变着全球营养模式。此外，用谷物和大豆粉把牛养肥需要定期给牛注射抗生素，使得这些被关起来的腹胀的牛看起来"健健康康"，快速成长。

喂食抗生素

牛肉产业使用的饲料使生态系统充斥着抗生素等抗菌药。以美国为例，抗菌药中 50%—70% 用在了牛、鸡和猪身上。自从 1950 年代

---

① 美国农业部经济研究局"Soybeans and Oil Crops：Background"（"大豆与油料作物：背景"），登录网站 http://www.ers.usda.gov/，"新闻发布厅"；Oliveira and Davis（奥利维拉和戴维斯）2006，6。
② Lawrence（劳伦斯）2006，8。

起，农民们就一直在牲畜饲料和水中加入抗菌药，使牲畜吃得少长得快，还能防止疾病蔓延。有些农场某种牲畜特别多，都挤在狭小不通风的地方，就更会这么做了。用堪萨斯州一名兽医的话来说，有了抗生素，农场主们就能够给牛"强行塞入"玉米、大豆粉和其他蛋白质补剂，而不用担心牲畜"死亡带来的"严重"损失"。牲畜脆弱的消化系统原本是用来将草转变成蛋白质的。①

在全世界，半数的抗生素（就重量而言）用来喂食家畜和鱼，以预防疾病。盘尼西林、四环素和红霉素等抗生素的用量逐年上升。以美国肉牛为例，农民现在喂给肉牛食用的抗菌药物比1980年代至少多了28%。其中很大一部分似乎未经消化便进入了动物粪便——据一项研究表明，这个比例约在25%至75%——还包括对抗生素有抵抗力的细菌，这些细菌会对人类健康构成威胁。来自农业与贸易政策研究所的大卫·华林格（David Wallinga）等一些研究人员认为，使用抗生素越来越危险，他说："今天在毫无病痛的动物身上滥用抗生素，未来就没法再用抗生素治疗患病的人类了。"②

大剂量的抗菌药对牛——或人来说并不一定就安全。例如，如果感染了牛海绵状脑病（疯牛病）的动物尸骨及其他废弃组织混入到牛饲料中，那么疯牛病就会传播开来。大群的同类物种挤挤挨挨地生活在一起，疯牛病及其他不受抗菌药影响的疾病就会迅速传播——牛肉进出口大大增加了这些疾病在全世界迅速蔓延的几率。给牛注射生长激素，刺激生长也对消费者的健康构成威胁，人类食用了牛肉会直接受到影响，而农场废物渗入周边水域和泥土中进而进入食物链，造成污染，则会使人类间接受到影响。

工业化经营农场还会对全球环境造成其他影响。人工饲料使牛腹胀，若没有抗菌药，还时常生病。全世界范围内因人类相关活动排放的甲烷中，1/4至1/3是因为打嗝及肠胃胀气的牲畜导致的。同时，

---

① Pollan（波伦）2002, 51 引用了堪萨斯助理兽医官梅尔·梅森（Mel Metzen）的话。
② Nierenberg（尼伦伯格）2005, 48（也可见 pp. 32, 46-49）引用了大卫·华林格（David Wallinga）的话；World Health Professions Alliance（世界卫生组织职业联盟）2001。

粪便分解还会排放出一氧化二氮,它和甲烷一样,也是导致气候变化的一种主要的温室气体。① 养牛(种植谷物饲料)、处理牛尸体(运营屠宰场)、销售牛肉(运输和冷藏)过程中所需的大部分能量均由矿物燃料燃烧产生,这又进一步增加了全球二氧化碳的排放。全球温室气体排放量中约 5% 至 10% 来自于牲畜及牲畜产生的废弃物。尤其是在饲育场里把牛养肥的过程,往往会制造大量的二氧化碳——据分析,这要比让牛在开阔的草原或牧场上吃草所产生的二氧化碳多 1 倍多。在亚马孙等地区烧毁森林建造牧场也逐渐成为二氧化碳排放的重大来源——对生态多样性构成越来越严峻的威胁。②

在亚马孙建造牧场

巴西亚马孙雨林跨越 9 个国家,占地面积达 5 亿公顷(1 930 000 平方英里,占巴西陆地总面积的一半以上),拥有全世界密度最高的生物多样性。③ 仅在 20 世纪 90 年代,亚马孙地区就丧失了 1 700 多万公顷(65 500 平方英里)的森林——差不多是乌拉圭一个国家大小。到 2000 年时,亚马孙地区被砍伐的森林面积将近 5 900 万公顷(227 500 平方英里)。

由于牛肉出口市场不断扩大,越来越多的土地被清理后用来建造牧场,种草养牛,年平均森林砍伐率不断上升。1990 年以前,亚马孙地区牧场出产的牛肉基本都在该地区销售。但从 1972 年至 1997 年间,城市收入增加,巴西的牛肉消费量整体翻了两番(人均翻了一番),因此,到了 90 年代,牛肉市场开始扩大到全国。此后,到 90 年代末,土地价格下跌,巴西货币贬值,口蹄疫得到更好的控制,销售牛肉变得更加有利可图,人们开始大量生产牛肉用于出口。1997 年至 2003 年间,牛肉出口量增至 5 倍——1999 年至 2002 年间,巴西将近 40% 的新鲜

---

① 与二氧化碳相比,甲烷滞留热量的能力是其 20 倍——一氧化二氮则差不多是其 300 倍。
② *Livestock and the Environment*(《牲畜与环境》)1999,2,9;Subak(苏巴克)1999,79-91;Nierenberg(尼伦伯格)2005,24。温室气体 18% 的估算量出自 2006 联合国粮农组织报告,在 Read(里德)2007,C7 中被引用。也可参见 Worldwatch Institute(世界观察研究所)2004a。
③ 这一部分所提到的"亚马孙"指的是巴西政府的行政区域,即"法定亚马孙"。

牛肉和冻牛肉销往了欧盟各国,智利和埃及也是主要的进口国。①

2003年,巴西生产了价值15亿美元的牛肉用于出口——是1995年的3倍多。按畜体重量来算(不包括头、皮和肠),其牛肉出口量的增长速度还要更快——1997年时是232 000公吨,2003年时差不多120万公吨——巴西得以超越澳大利亚,成为全世界牛肉出口成交量最大的国家。其中4/5的增长量来自于亚马孙地区。90年代,巴西牛群数量差不多翻了一番。1990年至2002年间,亚马孙地区畜群数量在全国总量中所占比例从18%增长到约1/3——差不多5 700万头。如今,亚马孙雨林以每年250万公顷(9 500平方英里)的速度在递减——约为90年代雨林减少速度的1.5倍,当时是170万公顷(6 500平方英里)。国际林业研究中心总干事大卫·凯莫维茨(David Kaimowitz)在看了统计图后总结道:"巴西雨林砍伐的速度飙升,用于出口的牛肉生产应对此负责。"②

牧牛直接导致了亚马孙地区半数以上的森林被砍伐。然而,伐木作业、开拓土地耕种大豆等庄稼,以及从事小规模的自给农业,也仍旧是砍伐森林的主要原因。热带地区的伐木作业通常是"有选择性的",伐木工人只采集最珍贵的木料(老龄树)。尽管这样并不会滥砍滥伐,但也破坏了林相完整和生态多样性,拉开了森林砍伐的序幕。冠层打开后,森林变得干燥,加上地上随意丢弃的"引火物",使得砍伐后的森林里更容易发生自然或人为火灾(燃烧可以轻易地将采伐区清理干净,成本很低,还能给土壤施肥)。伐木道也使牧场主、烧垦的农民以及林地公司更容易去往曾经偏僻的森林深处。尽管如此,在亚马孙地区,牧场总面积是农耕地的6倍,牧牛造成的伤害是伐木10倍之多。③

巴西国内(包括亚马孙地区)口蹄疫情接连不断,但牛肉出口业务

---

① 参见Kaimowitz et al(凯莫维茨等人)2004,1-4,9;新鲜牛肉和冻牛肉的进口数量根据表3(p. 9)的数据计算。
② Environment(《环境》)46,June 2004,5,"Making Mincemeat Out of the Rainforest"("用雨林做肉糜")引用了大卫·凯莫维茨(David Kaimowitz)的话。此段中的信息出自Kaimowitz et al(凯莫维茨等人)2004,1-4。
③ 参见Kaimowitz et al(凯莫维茨等人)2004,2。

仍旧坚挺。巴西似乎稳居全球牛肉出口量的第一位。2004年又开拓了40个新市场,向143个国家售出了价值25亿美元的牛肉——比2003年多了10亿美元。此后,牛肉出口无论从收入上来说,还是从销量上来说,每月都创下新高,现如今,每年差不多达到30亿美元。

巴西开拓了牛肉出口的新市场,其中一个重要的国家就是俄罗斯。2000年之前,俄罗斯并没有进口多少巴西牛肉。到了2005年——仅仅5年后——这个市场的价值就超过了5亿美元,占巴西新鲜牛肉和冷冻牛肉出口总量的1/4强。[①] 牛肉出口虽然为其发展中的经济赢得了宝贵的外汇,但也加速了巴西亚马孙地区的森林砍伐。2004年消失的雨林面积增加到260万公顷(10 000平方英里),2005年又有所减少,不到190万公顷(7 300平方英里)——与1999年至2001年间,雨林减少的速度差不多——因为在这段时间,商品价格下跌,加上有消息称,口蹄疫情四处蔓延。[②] 即便如此,巴西亚马孙地区的森林砍伐速度仍为全球最高的几个地方之一。

全球牛肉产业正在引发大范围的生态破坏。为了牧牛,地球上工业化粮田覆盖面积越来越大。抗生素和激素逐渐渗入当地环境,进入食物链中。粪便污染了当地水道,而饲育场中腹胀的牛群释放出的甲烷又污染着上层大气。牧场主将热带雨林砍伐成广阔的"牧场",消耗着全球石油储备——这是导致气候变化的一个重要原因——从而能够以更快的速度"更高效地""生产"出更多的牛肉。这并不是要贬低人们为减轻生态影响而付出的努力,只是,正如我们在第17章中将会看到的,在人们疯狂食用工业牛肉的风潮面前,这些努力是多么的微不足道。

[①] "Despite Foot and Mouth, Brazil's Beef Exports Break Record," ("口蹄疫流行,巴西牛肉出口仍旧打破纪录") *Brazzil Magazine*(《巴西杂志》), 19 January 2006,网址 http://www. brazzilmag. com/。
[②] 关于森林砍伐的估算出自巴西国家空间研究所,http://www. mongabay. com/进行了复制。

第 17 章

可持续牛肉？追逐"普通"食用牛的风潮

许多国家对天然、有机、草饲牛肉的市场需求越来越大。为此，牧场主往往会遵循更高的环保标准来管理森林、土地、水源和野生动物。他们通常从事小范围运作，小心饲养牛群，减少使用生长激素和抗生素，避免使用来自牲畜或鱼类的蛋白质补充料，避免来自于使用了杀虫剂、人造肥料，或者转基因作物的农场的饲料。牛群的生活环境往往更卫生、更宽敞，平日以素食为主。最后，这些牛肉通常还含有较少的化学防腐剂、合成原料和人工色素或香料。

毫无疑问，为这样的市场生产牛肉产生的生态阴影也较轻微。然而，本章中的论据表明，许多牧场主采用的环保方法无法抵消——甚至无法减缓——食用牛肉造成的日趋严重的伤害。其中一个原因就在于，市场上使用了一些模糊的、混乱的甚至带有误导性的措辞。例如，在美国，标有"天然牛肉"的有时等同于"有机牛肉"或"草饲牛肉"，但有时也包括饲育场里喂食了抗生素和激素的牛生产出的牛肉。第二个原因则更为重要，尽管环保市场不断强化，但天然、有机和草饲牛肉的食用量仍只占全球不断增长的牛肉食用量的一小部分。

种种迹象表明，市场对于贴有环保标识的牛肉的需求量不断增加，甚至在发展中国家也开始出现这种需求（有些国家受到了捐赠者以及非政府组织的援助）。但这些市场似乎无法立即大幅度增加其牛肉消费量的份额。一方面，含混不清的标签、昂贵的价格以及许多有机牛肉始料不及的味道让许多消费者望而却步；另一方面，政府管制以及规模经济更偏爱大企业，而不是小生产商。更重要的是，跨国公司将大量廉价的工业化生产的牛肉销往快餐店、连锁超市和日益增加的全球中产阶级,从中可以谋得更大的利润。

什么是全天然牛肉?

正如一位蒙大拿的牧牛人所说,"有机牛肉"是一个"狡猾的"概念。[①] 而"天然"、"草饲"和"牧场畜养牛肉"等标签同样如此。"可持续牛肉"这个说法——一些生产商用这个标签来形容混合了有机、草饲和工业化养殖等方法生产出的牛肉——也许是最狡猾的。概念之所以模棱两可,原因有很多。这些措辞在不同国家、不同文化下呈现不同的含义。零售商们各显神通,争夺市场份额,也为这些措辞增添了不同的含义。最后,法律漏洞、例外情况,以及执行不到位使人们很难——甚至无法——真正了解某个产品是否真的符合任一标签对应的标准。这样一来,即使在监管严格的国家,这些措辞也常常会迷惑或者误导消费者。

以美国的"天然牛肉"这个说法为例。柯尔曼天然食品公司等企业——科尔曼于 2006 年完成并购,成为美国排名前 30 位的肉类加工商之一,在 6 个州的 17 个地区拥有 2 000 多名员工——1979 年开始销售天然牛肉,当时还是"科尔曼天然肉制品公司"。公司创始人老梅尔·科尔曼(Mel Coleman Sr.)致力于打造天然牛肉市场。他开着一辆租来的车,一家家地劝说食品商们储备他的牛肉,晚上就在车里过夜。他还支持游说农业部(USDA)确立标准,为天然牛肉贴上标签,80 年代中期,这一标准出台。

然而,农业部仅仅要求"天然牛肉"可以经过微加工,不含人工配料,这与科尔曼对天然牛肉这个概念最初的理解相去甚远。如今,公司坚称,"与符合农业部标准的'天然'产品相比,公司产品坚持更高的安全和道德标准"。科尔曼的全天然牛肉确实只经过了"最小程度的加工"。牛群没有喂食激素、抗生素、化学药品,也没有人工配料。他

[①] 蒙大拿牧牛人的话引自 Wilkinson(威尔金森)2003, 3。

们的生活环境"减少了压力",变得更加"宽敞"。他们吃素食——虽然不是有机食物,却是"全天然的"。公司还实施"严格的环保标准"管理水源、森林、土地和野生动物。公司称,"科尔曼30多年来对'天然'的定义"始终如此。①

按照美国农业部规定,"天然牛肉"无须遵守环境管理的诸多原则。要符合标准,牛肉须不含人工色素或香料,不含化学防腐剂或合成配料,且只能经过微加工——最值得注意的是,碎牛肉不能称"天然牛肉"。食品安全检验局还要求在标签上对"天然"这个词语作简要定义。然而,加工商和零售商的定义并不相同,使消费者一头雾水。例如,有些人将完全在草地上长大的牛产出的牛肉标识为"天然牛肉",另一些人则认为只有未使用过抗生素或激素的牛才符合标准,还有一些人则将"天然"与"有机"等同起来。美国农业部有机标准委员会前主席将老梅尔·科尔曼称作"一家真正意义上的天然肉制品公司的开拓者之一"。但他也痛惜地说到,在现有的美国标准下,"'天然'这个标识已经失去了它的意义"。②

尽管政府关于"天然牛肉"的标准对于工业化肉类加工企业来说很容易满足,但直至最近,大多数企业仍旧对这一小众市场敬而远之。不过,这种情况也开始发生变化。调查显示消费者对健康食品越来越有兴趣,还有迹象表明,健康食品市场正在不断发展。例如,最大的肉类加工企业中的三家——泰森食品、斯威夫特和全国牛肉——已于2006年开始销售"天然牛肉"。

一些小型的天然牛肉生产商担心自己无力与这些巨头相抗衡。"他们一天加工的牛比我们一年加工的都要多。"一位天然牛肉生产商2006年时说。但这些生产商仍然奋力在超市的货架上挣得一席之地,还有一些正计划转而生产有机牛肉,避免与这些大型肉类加工企业竞

---

① 参见Coleman Natural Foods(科尔曼天然食品),网址http://www.colemannatural.com/,尤其是"常见问题"相关内容。
② 美国农业部有机标准委员会前主席戴夫·卡特(Dave Carter)的话引自Moran(莫兰)2006,C1。有关食品安全检验局的详情,参见网站http://www.fsis.usda.gov/,美国食品安全检验局"情况简报"。

争。事实上,据小梅尔·科尔曼(Mel Coleman Jr.)所说,诸如科尔曼这样的公司"距离有机牛肉已不过一'谷'之遥"。① 但这一粒谷子可不便宜。有机牛饲料价格比非有机饲料要高出30%。对于美国消费者来说,这就意味着全天然牛肉会比有机牛肉便宜——但这两者都比"普通"牛肉要贵。

什么是"有机"和"草饲"牛肉?

在2002国家有机计划中,美国农业部在给"有机"这个词语下定义时,使用了比定义"天然"这个词语更加严格的标准。授权代理人会视察农场,证明生产商、操作工和加工工人都采用了"有机"方法进行操作。如果产出的牛肉百分百符合有机牛肉的标准,牛就不能使用生长激素、抗生素或其他违禁药品。若一头牲畜生病后使用了抗生素,那它就失去了有机的身份(疫苗是可以使用的)。生产有机牛肉过程中不得使用任何杀虫剂或合成肥料,也不得进行基因改造,尽管这都是"最常规的"做法。饲料也必须证明是有机的——例如,牛可以食用玉米等谷物,但是玉米必须来自于有机农场。

除了100%有机食品外,美国农业部国家有机计划还允许在另外三种情况下使用"有机"这个措辞。若产品的有机原料占95%以上,零售商可以贴上"有机"标识。若有机原料含量至少70%且不含亚硫酸盐,可以使用"以有机原料制成"这样的表述。若产品中有机原料含量不足70%,零售商在列明配料表时可以使用"有机"这个词。但是,只有"100%有机"或"有机"食品才可以使用美国农业部"有机认证"徽标。有机肉品要求严格,售价较高,因此在美国的市场很小,有机食品贸易协会估计,有机肉品在所有销售的肉制品中仅占0.22%。②

美国草饲协会成员已力争数年,推动美国农业部制定标准和程序,像授予有机标识一样对草饲牛肉给予证明。许多成员均认为,这

---

① 天然牛肉生产商查理·摩尔(Charlie Moore)与小梅尔·科尔曼(Mel Coleman Jr.)的话引自 Moran(莫兰)2006, C1。
② 参见 Moran(莫兰)2006, C1。

一标准要比有机牛肉的判定标准更高(也更好),因为在开阔的牧场上牧牛比在堆满有机玉米的狭窄的饲育场里牧牛更天然、更恰当。2006年,美国农业部的确曾经为"草饲"这一概念提出过一个推荐性标准,按照这一标准,牛的一餐中须含有母乳以及99%的青草、豆类和饲料。这就意味着,只要牧场主喂食"牧草"——按定义包括干草、米糠和杏仁壳,就仍然可以将牛关在饲育场里。也允许农场主使用激素和抗生素。美国农业部标准化分会会长解释说,这样的推论可以避免淡化"'草饲'的含义",另行使用不同的标准确定牛群被拘禁的程度以及激素和抗生素的使用程度。农业部提出的"草饲"标准似乎也造成了一个漏洞,农场主可以将"未成熟的玉米青贮"归为"饲料"。

草饲协会严厉反对农业部对"草饲"的定义。因为大多数人都认为"草饲牛"是指"在牧场上,而不是饲育场里食草的牛"。协会里的许多农场主均认为这一标准具有误导性。大多数成员反对在饲育场里"用草喂养",除非有特殊情况。他们还认为,草饲牛应该不使用激素和抗生素。在一些成员看来,美国农业部的这一动议其实是为"大公司"的"标识语"服务的,而不是为那些想要可持续地经营土地的小农场主制定标准。农业部一开始为他们给出的定义和标准做了辩解,后来又决定撤回这一自愿性标准,日后再议。[①]

可持续牛肉?

许多牧场主发现,草饲协会制定的有机牛肉和草饲牛肉标准很难达到——或者说不值得花这么多功夫。有些农场主干脆将有机、草饲及工业化做法混杂在一起,然后给产品贴上"可持续牛肉"的标签。在这方面,加利福尼亚的尼曼农场领先于全世界。这个农场的座右铭就是"谨慎饲养"。它与500多个独立的"家庭农场主"合作,这些农场主都是"以传统的、人性化的以及可持续的方式"饲养牲畜,以"绝佳的口感"为目标。他们在宣传中声称,要生产出"全世界口感最好的肉"。

---

① Burros(布罗斯)2006, F5. 关于草地养殖的背景,参见 http://www.eatwild.com/.

"家庭"农场的定义比较狭隘,指的是"个人或家庭拥有所有牲畜,依靠农场生存,管理和维护农场的大多数日常劳作都自己完成。"这就确保了参与的农场都是小农场,可以进行可持续性实践。例如,这些农场无须在污水坑里液化或储存废物,而工业化农场则会采用这种方式,这通常也是有毒气体和水污染的主要来源。要满足"可持续的"要求,这些小型农场主或牧场主必须践行"环境管理协议",遵从尼曼农场"严格的"环境、健康和饲养"协定",包括要能通过尼曼农场的检查。①

目前,美国政府并没有制定可持续农业的标准,但是美国其他地区的牧场主、经销商、零售商和厨师们显然正遵循着类似的管理原则。这个关系网中的有些人旨在——用一名供应"可持续牛肉"的厨师的话来说——尽可能使留下的"足迹最小最轻"。②

然而,对这些家庭农场的"可持续性"的解释比"有机"和"草饲"这两个词更加含混不清。其中确实存在着一些共性。牛待在饲育场的时间往往更少,相对于传统农场来说,牧场主通常在季末才会给牛喂食饲料,以确保小牛有足够的春草可以吃。他们还会让小牛更随意地闲逛以减少压力(提高牛肉质量),降低感染疾病的几率。他们不使用生产激素,牛往往比在工业化农场要多生长大约 6 个月(大型屠宰场通常在牛长到 12 到 14 个月时将其宰杀)。小部分牧场主在销售时称这些是"散养草饲牛"。也有一些使用有机饲料或者养护着有机牧场。但是大多数农场主在用草喂食了 14 至 16 个月后,又在饲育场内以非有机谷物喂食 4 至 5 个月,将牛养肥。尼曼等农场并不生产政府认证的有机牛肉,据这些农场主说,主要是因为喂食有机谷物(美国有机谷物短缺)会增加高达 50%的生产成本。③

然而,就尼曼农场而言,其饲育场里的牛与工业化饲育场里的牛相比,可以遮阴,可以喷淋,还有更大的空间可以随意走动。工人们也

---

① 参见尼曼农场网站 http://www.nimanranch.com/。
② 厨师希瑟·汉德(Heather Hand)的话,引自 Robbins(罗宾斯)2003,F8。
③ 参见尼曼农场网站 http://www.nimanranch.com/。2002 年,美国农业销售额 2 070 亿美元,其中有机农业仅有 3.93 亿美元。同一年,美国 210 万农民中,只有 12 000 人种植经认证的有机产品。参见 Purdum(普德姆)2005,sec. 6, p. 76。

尽力确保牲畜们能够得到农场所说的"人性化的了结"——一部分原因在于屠宰过程中由于焦虑和紧张而产生的肾上腺素会使肉质变粗。此外,尼曼农场还坚持"素食"喂养,尽管美国农业部允许在牛饲料中使用鸡毛和鱼粉(骨粉在 1997 年被禁用)这样一些动物副产品。而且,与有机农场主不同的是,可持续牧场主并不完全摒弃化肥和杀虫剂。例如,有些人也许会选择喷洒杀虫剂除掉沟渠中的杂草,而不是花时间用手去拔。若时间紧缺,有些人也会给牛喂食喷洒过化学药品或化肥的干草。可持续牧场主会给病牛使用抗生素,但不会将抗生素混入饲料或水当中作为疾病的预防措施,也不会以此增加牛的体重。

尼曼这样的农场强调说,饲养"可持续肉牛"可以使牧场主留下最小最轻的足迹,这种做法比饲养有机肉牛更简单更实用——在此过程中会尽可能避免使用杀虫剂、化肥和抗生素。尼曼农场也为其生产的牛肉贴上"天然"的标签,但也承认,这种说法对于消费者来说实际意义不大。美国农业部关注的是加工的程度和防腐剂的使用,这与常识并不一致。比如说,农业部就允许喂食了抗生素的牲畜的肉制品使用"天然"这一标签。然而,尼曼农场着重指出,对于该农场的牛肉而言,"天然"有着完全不同的含义——它意味着承诺使用"全天然"饲料,承诺让牲畜们体验"自然行为"。[①]

争夺牛肉市场

近十年来,富裕国家越来越多的消费者对可持续的、草饲的和有机牛肉的需求量越来越大。以尼曼农场为例,2003 年生产可持续牛肉的收入是 1997 年的 10 倍。如今美国有 1 000 多个农场专门在牧场上饲养草饲牛——是 2001 年的 20 倍之多。仅 2005 年一年,美国天然牛肉和有机牛肉的销量就增长了 17.2%——达到将近 1.2 亿美元——而牛肉的总销量平均增长率仅为 3.3%。同年,有机牛肉零售额达 4 900 万美元,2003 年时只有 1 000 万美元。尽管如此,所有这些

---

① Robbins(罗宾斯)2003,8。也可参见尼曼农场网站 http://www.nimanranch.com/。

在美国每年食用的 3 300 万头牛中所占比例只有不到 1%。①

欧洲的有机牛肉市场似乎有着更大的发展潜力。欧盟对"有机"这个概念做出了通用的解释,要求在生产或销售带有有机标识的产品前必须先获取政府批准的认证机构颁发的许可证。② 德国等国家鼓励使用有机标识,有助于农业从工业化的"农业工厂"转变成有机耕作。③ 以世界标准衡量,欧洲中产阶级是受过良好教育的富裕人群。欧洲各国政府——与美国政府相比——往往也会主动管控好来自食品的环境和健康风险(例如,政府禁止肉牛使用激素,禁止在谷类食物中使用转基因生物)。④ 而且,疯牛病于 1980 年代始于英国,使得整个欧洲消费者几十年来一直无法信任"普通"牛肉。2001 年,法国、德国、西班牙和意大利等国再次出现疯牛病,致使市场崩溃,一名丹麦的屠夫悲痛地说道:"红肉连问都没人问了。店主个个都惶恐不安。"

然而,许多消费者虽然担心疯牛病,却不一定要放弃吃肉,他们用猪肉、鸡肉、羊肉和鱼肉代替了牛肉。一些奇异肉类——如鸵鸟肉、鸸鹋肉、袋鼠肉和野牛肉——的销量也开始上升。一些消费者将目光转向有机牛肉,避免食用那些用其他牛的骨头、大脑或脊髓组织(大量报道表明这些是疯牛病的主要来源)喂养的牛。一位曾经经历过 2001 年初销量上涨的巴黎蔬果商说:"疯牛病危机为有机肉生产商提供了制胜的筹码。"⑤

英国疯牛病病例达 175 000 多例,无疑是疯牛病的重灾区。有 80 多人死于这种恐怖的、已经发生变异的克-雅氏病,患病的人大脑日渐

---

① 对 2005 年有机牛肉零售额的估计来自美国有机贸易协会。对那一年有机牛肉销量增长的估算来自美国全国养牛协会。参见 Aldrich(奥德里奇)2006,B7C;Severson(西弗森)2005,F1;Robbins(罗宾斯)2003,8;Roosevelt(罗斯福)2006,76 - 78。
② 以英国为例,土壤协会是有机食品行业主要的监管者,雇用了约 70 名检验员,为农场核发许可证。参见 Meikle(米克尔)2006,6。
③ 德国总理格哈德·施罗德(Gerhard Schroeder)宣布,"出于消费者利益考虑",政府将竭力在 2010 年前将有机耕作的土地比例提升到 20%(2001 年时只有 2.6%)。参见 Sancton et al(桑克顿等人)2001,18 - 23。
④ 政治科学家 David Vogel(大卫·沃格尔)(1995,2003,2004)列举了近几年来的多个例证证明,在管控环境风险方面,欧洲比美国采取了更加积极的策略。
⑤ 丹麦屠夫与巴黎蔬果商的话引自 Sancton et al(桑克顿等人)2001,18。

衰弱。因此,英国的有机牛肉市场前景似乎格外乐观。但事实并非如此。2001年,疯牛病引发的恐慌席卷欧盟各国,导致整个地区2001年第一个月的牛肉消费量骤跌27%,但没怎么引起英国消费者的紧张。事实上,2001年1月,英国的牛肉销量还上升了3个百分点。① 此后,有机牛肉销量也有小幅度上升。例如,2003年就售出了2 250头有机牛,比2002年多250头。但是,和美国的情况一样,这在整个肉类市场中所占比例甚小。据英国有机牲畜营销合作社总经理所说,这有一部分原因在于许多消费者不愿意为"有机肉的溢价"买单。② 溢价通常很高,在英国,许多有机牛肉的切割部位比同类非有机牛肉同部位的售价高出1倍。英国有机食品的销量普遍呈现强劲的增长态势——尤其是进口的有机蔬菜和水果,但有机牛肉的销量却很难跟得上。③

诸多原因导致了英国消费者不愿意为有机牛肉的溢价买单。如今的工业牛肉的质量比疯牛病时期的要高,"牧场保证"计划也使消费者确信现在的工业牛肉很安全。而仅仅因为一个"标识"或者屠夫的承诺,就花上2倍的价钱购买牛肉也让一些消费者思虑再三。一些诸如2006年的《西方视角》这样的纪录片中揭露了屠夫将"普通"牛肉当成"有机"牛肉销售,进一步造成消费者对于这样的宣称丧失了信任。此外,由于政府不允许农民使用生长激素,因此英国的许多消费者仍旧认为英国的工业牛肉就是"绿色"牛肉。有些人甚至主张"宁可买英国的非有机食品,也不要买来自全世界的有机食品"。④

除了上述原因之外,还有其他一些因素阻碍了有机牛肉的销售。在英国,超市是有机牛肉的主要销售渠道,大约85%的有机牛羊肉通过大型零售店销售出去。许多超市只愿意销售能够保证长期供应(有些还要求供应商对将来的送货作出承诺)的、从最好部位切下的肉(如莎朗牛排或牛肩胛肉)。许多店不愿意出售有机汉堡——部分原因是

---

① 参见 Sancton et al(桑克顿等人)2001,18。
② Buss and Macmillan(巴斯和麦克米伦)2004,30 对英国有机牲畜营销合作社总经理拉尔夫·休曼(Ralph Human)的话作了概述。也可参见 Buss(巴斯)2004,29。
③ 2005年,英国有机食品市场的发展速度是食品杂货市场的2倍。参见 Leigh(利)2005,18。
④ Leigh(利)2005,18。

因为供应量太小，无法盈利。据英国有机牲畜营销合作社估计，约有60%的用于制作香肠、用于绞碎或煨炖的有机前槽肉均没有贴上有机标识就被售往工业化肉制品市场。①

在其他市场上，扩大有机牛肉和草饲牛肉的销量存在着类似的障碍。世界各地的监管者都制定出易于为大公司所满足的标准。这也使得小有机牧场主更难找到买家。大型屠宰场和加工厂更愿意处理大批量的牛群。而小牧场主的肉类加工厂通常也很小，很难与一周就能处理几千头牛的工业化农场相匹敌。

美国的小牧场主发现自己很难满足政府制定的"有机牛肉"标准，因为在美国只有不足2%的谷物是有机的。而且为饲育场喂养的牛靠吃草往往长得不好，恶劣的天气也会破坏喂养计划。草也需要时间重新生长，若缺乏精心照料，天长日久，土地和牛群的质量都会逐渐变糟。许多草饲牛肉也会以冷冻肉的形式出售，因为强调本土少量销售。这其中的许多肉都来自于秋季宰杀的牛群，若再迟一些，到了秋季，牧草状况不佳，牛就不容易长胖。北美洲许多消费者已习惯了玉米喂养的牛肉，结果发现，这些有机牛肉既不"鲜嫩""多汁"，也不"可口"。②"吃起来甚至不像牛肉，"2005年一位温哥华厨师接受采访时说道，"就像在嚼草。"③

尽管如此，有机牧场经营仍然开始兴起，甚至在发展中国家也出现了有机牧场，部分原因在于，各方面都在努力帮助小牧场主。例如，"国际小母牛组织"帮助社区建造加工厂，并向消费者和农民宣传生产和食用本土牛肉的好处。④ 世界银行也落实政策，为发展中国家的小农场主和有机食品提供支持。非盈利性组织保护国际基金会和巴西的生物动力学牛肉研究所资助了一个项目，参与该项目的六家养牛场——占地160 000公顷（大约400 000英亩）——用马托格罗索州潘

---

① Allison（艾利森）2003，39；Buss（巴斯）2004，29；Macmillan（麦克米伦）2004，30。
② Burros（布罗斯）2002，F1。
③ 温哥华厨师的话引自Gill（吉尔）2002，L8。
④ 参见"国际小母牛组织"网站 http://www.heifer.org/。

塔纳尔地区的野生牧草喂养着经认证的有机牛。要想获得认证,牧场主不得使用抗生素或生长激素喂养本地品种的牛,还必须防止牛群过度食用或破坏当地植被。①

用化肥种植玉米和大豆,并将谷物运往饲育场,都需耗费大量的生态和能量储备,而喂食野生牧草则可以减少这种损耗。但是,正如第16章中对巴西的分析所表明的那样,"草地牧场"也会带来森林砍伐的问题。而且,过度放牧会引起水土流失,肥沃的农田减少,最终导致沙漠化。总而言之,尽管以环保方式养牛的的确确减轻了食用牛肉的阴影效应,但是如本章中所分析的那样,发展中的可持续、有机、草饲牛肉市场仍然只服务于一小部分的消费者——短时间内,这个趋势不可能改变。

---

① 有关细节请参阅"保护国际"网站 http://www.conservation.org/。

第 18 章

更多肉品的全球化

生产商和零售商迎合着消费者——迎合他们的欲望、品味、增加的收入,说得更具体些,他们实际购买的产品——因为消费者越多,利润就越大。然而,正如牛肉这一实例告诉我们的,如果认为对产品的需求来自于思想自由的消费者的先天需要或渴望——即使如食物这样的基本需要——那就想的太简单了。

政府宣告某些事物不合法,制定限制性的贸易或社会政策将人们的选择局限在某个范围内,有差别地征收税费或者设定使用某种标识的标准,都会对消费者的需求产生影响。政府还会给予生产者补贴,刺激生产,从而开发或扩大市场,这同样也会产生影响,例如,会造成谷物过剩,这样一来,以谷物为饲料既便宜又能把牲畜养肥。久而久之,消费者的品味就此形成,他们期待、更喜欢并且想要买到具有大理石纹理的玉米喂养的牛肉。有了大豆种植园、饲育场和肢解线等管理体系和技术工艺,市场上便宜的、具有大理石纹理的牛肉越来越多,使得正在走向全球化的快餐业中的超大型餐点获利颇丰。快餐食品广告商竭力推销"大"和"多"这两个卖点,这对于全世界越来越多的肥胖人群来说是不可抵制的诱惑。

这一个世纪以来,在这个全球化的世界中,肉类消费量不断增加。在大多数传统的农业社会里,年人均肉类消费量难得超过5—10公斤(约10—20磅)。到1950年,这个数字在世界各国都已经达到17公斤(38磅)。如今,已经超过40公斤(88磅),并且还在不断增长。而在几个最富裕的国家,年人均消费量已超过125公斤(275磅)。人们吃的肉越来越多,而世界人口又在以每天200 000多人的速度增长,如今全球肉品消费总量已经超过2.6亿公吨,这个数字还在不断增加。[1]

食用这么多肉给农村的生态系统、全球水源和食物供应、热带雨林和地球气候都投下了生态阴影。工业化农场里几十亿的牲畜在成倍地增加。为了更高效地生产出更多的肉,饲育场使用了抗生素和激素,大量的抗生素和激素,还有动物废弃物都进入了当地生态系统。种植玉米和大豆等牲畜饲料的种植园依赖转基因种子以及化学农药和化肥,确保产出大量便宜的作物。在跨国企业的技术和经济支持下,巴西亚马孙等地的种植园和牧场砍掉了雨林——生物多样性热点地区——从而可以向世界各地,从加拿大到智利到欧洲到埃及再到中国,的牛肉消费者出口更多的牛和大豆。

当然,并非所有的牛肉生产商和政府都没有重视养牛业的生态后果。如今,一些政府制定了牛肉的生态标识计划,有的牧场主独立采取行动,以更加可持续性的方式生产牛肉。在美国等国家,消费者可选择的牛肉种类繁多,有全天然牛肉、有机牛肉、可持续牛肉、草饲牛肉以及牧场畜养牛肉等等。

生态标识计划改变着北美洲和欧洲的牧场经营方式和消费者的消费倾向。发展中国家也在努力提高有机牛肉的生产能力。例如,向有机农场主提供经济援助。所有这些发展似乎都代表着市场呈现出了振奋人心的态势。然而,可持续牛肉、有机牛肉以及草饲牛肉的份额在牛肉消费总量中所占比例仍不足1%,即使在美国,对这几类牛肉的需求很"强劲",但情况也不过如此。总的来说,对于产自工业牧场的牛肉的需求量日益增加,产生巨大的生态阴影,而这些市场却未能做些什么来减少这样的阴影。

有许多因素都在限制着这些市场的发展。不同产品的生态标识上对各种措辞的定义都不尽相同,使消费者懵懂不清。由于生态牛肉的标准更加严格,因此其价格远远高于普通牛肉的价格。生态牛肉生

---

[1] Smil(斯米尔)2002,606;Brown(布朗)2006,第9章;Nierenberg(尼伦伯格)2005,9 – 10。

产商占据的市场份额较小,处理的牛群数量也相对较少,他们在与工业化农场以及那些能够更多、更快、更便宜地处理牛肉的肉品加工企业竞争时力不从心。大型屠宰场认为处理生态牧场主的小订单没有意义,而大型超市也没给高价的生态牛肉留下多少货架空间。普通消费者不愿意花上2倍的价钱买一块贴有生态标识的牛排,尤其是连"有机"、"天然"或"可持续"等措辞的意思都含混不清。最后一点,政府对于这些小众市场只给予了象征性的支持,而将主要精力都用于刺激消费者购买更多的工业化生产的牛肉,以维持国家的经济发展和世界经济的健康稳定。

在本书论述的前四个实例中——汽车、汽油、冰箱和牛肉——这些产品的消费近几十年来都在不断增加,因为企业针对监管改革和市场转变调整了做法。然而,对于另一些消费品来说——如鲸鱼肉、象牙和海豹毛——是不可能保持消费量不断上升的,因为生产商触碰到了生态系统的极限。正如下文介绍的加拿大海豹捕杀历史表明,相对于汽车或牛肉等产品而言,海豹捕杀引起经济政治力量衰落,使得与之相对抗的力量——这里指的是动物权益保护者和环保活动家——对生态阴影的方向和强度产生更大的影响。但是,也正如我们从海豹捕猎中所看到的,当商业利益进入了这些活动家力不能及的市场时,这些影响也就迅速消散了。

第五部分
捕猎竖琴海豹

第 19 章

向鲜血染红的冰层进发：英雄与过度捕杀

20 世纪初，在如今的加拿大大西洋省所在地区，18—19 世纪的海豹捕猎者是当地民间传说中的英雄，他们忍受了捕猎的艰辛，勉强养家糊口。从 20 世纪 60 年代直至 80 年代，全球抗议捕杀海豹的残忍行为，彻底颠覆了这段历史。购买奢侈皮草的消费者逐渐看到，这些一度被视为英雄的人们——纽芬兰人称其为"猎海豹的人"——并不是打猎的猎人，而是横冲直撞的野蛮人，用棍棒打死号叫的幼海豹，偷走了春日清晨雪白纯净的美丽。

令这些海豹捕猎者震惊和愤怒的是，整个世界似乎都在与他们为敌。自然环境保护主义者们宣称，由于过度捕杀，竖琴海豹已濒临灭绝。政府官员颁布了一条又一条的法规。活动家们则对捕杀进行干预。越来越多的消费者开始厌恶海豹捕猎者的生活，市场随之开始动荡。纽芬兰商业性捕杀海豹走向萧条。但是所有这一切对于猎杀海豹的人来说都意义不大，在他们看来，捕杀"身着白衣"的幼海豹（6—12 天大）比养牛业、养猪业、养羊业更加地人性化，而并非更残忍。

此后的 1983 年，欧共体——全球最大的市场——对白毛海豹毛皮的进口实施为期两年的禁令。这是终结捕杀的开端。1985 年，欧洲的禁令继续生效。随着欧洲和美国等地抗议海豹捕杀者们抵制加拿大鱼制品的势头越来越猛，加拿大政府于 1987 年向全球的反对浪潮屈服，禁止了这项已进行了几个世纪之久的春季"到冰层"捕杀海豹剥走白毛皮的行为。

要搞清楚这一切是如何发生的，我们需要将 60－80 年代行动团体力量的兴起与这一时期海豹捕猎者政治经济力量的相对衰弱作一番对比。这样就可以看出,环保主义的全球化与消费市场的全球化是如何以复杂但又通常隐而不察的方式相互作用,从而转移了消费的生态阴影。仔细研究为何 90 年代中期成年海豹的商业捕猎重新兴起,有助于我们进一步理解其中的问题。

本章在分析时,概述了海豹商业捕猎的历史,从 18 世纪开始捕猎到 19 世纪的全盛期,再到 20 世纪 60 年代活动家发起反对捕猎海豹的行动。着重关注了捕猎行为、加工工艺和消费者市场的变化对竖琴海豹种群的可持续性所产生的影响。由此可以了解到,随着交易者越来越高效地捕获这种自然资源,消费的生态阴影是如何形成的,又是如何产生长达几个世纪的影响。

这一切肇始于 1914 年"纽芬兰号"海豹捕捞船的那次倒霉的航行,纽芬兰人民用歌曲和传说纪念这次航行,讲述着勇气与艰辛的故事——这是叙述海豹捕猎时总会涉及的诸多情节之一,后来动物权益保护者和环保活动家则将其改写为残忍和邪恶的故事。

阿尔伯特·约翰·克鲁的故事

1914 年 3 月初一个月黑风高的午夜,木制的"纽芬兰号"海豹捕捞船冒着白气驶离圣约翰港口时,阿尔伯特·约翰·克鲁(Albert John Crewe)才刚刚 16 岁。他和父亲鲁本(Reuben),还有其他几百人一起,前往拉布拉多东南部和纽芬兰东北部的冰层——海豹捕猎者称之为"前方"——去捕猎海豹。

诸如 49 岁的鲁本这样年长的捕猎者了解前方的危险。1911 年在圣劳伦斯海湾捕猎时遭遇了暴风雨,鲁本所在的"哈尔洛号"轮船被浮冰撞毁了。但他还是设法爬上冰面,爬到圣保罗岛的峭壁上。当他最终活着回到家时,他对妻子玛丽发誓说,再也不会回到冰层上去了。

但那之后仅仅过了三年,他的长子阿尔伯特就被招录,成为韦斯特伯里·基恩(Westbury Kean)船长的"纽芬兰号"船上的一员。阿尔伯特受宠若惊,因为基恩船长是海豹捕猎船队中的一颗新星,他是史上最声名卓著的海豹捕猎船长亚伯兰·基恩(Abram Kean)(1934 年,在捕猎海豹 45 年之际,基恩船长捕到了第一百万头海豹)的儿子。但是鲁本不愿意阿尔伯特加入海豹捕猎的行列。在参差不齐而又不断移动的"海冰"——海中的浮冰——上捕猎海豹,差不多可以说是可以想见的最艰难的工作。生来就处在严酷环境中的人们总是竭尽所能地从中谋取所能获得的一切,这种心态长久以来一直为海豹捕猎业所利用。

鲁本知道,这些捕猎者主要寻找的会是 6—12 天大的白毛竖琴海豹幼仔,它们的毛皮(带有脂肪的外皮)最值钱。① 要接近这些海豹,木制的"纽芬兰号"就需要驶过不牢固的海冰,这些浮冰相互碰撞、碾磨,力道足以将捕猎船压碎,就好像船不是由木板而是由牙签制成似的。

天气允许的话,船长就会去搜寻白毛海豹的聚集点,如果运气好,让他看到"一大片(白毛海豹)聚集在一起",他就会大喊道"海豹!"。② 然后,驾船挤过浮冰,再派捕猎者过去捕杀白毛海豹。在参差不齐、不断移动的海冰中艰难前行对阿尔伯特的体力和灵活性是一种考验。他需要学会如何利用鱼叉和拖缆翻过冰峰和冰脊,还要学会如何从一块海冰跳至另一块海冰——这种技能被称为"仿效"。

危险始终存在,如果掉落冰冷刺骨的大西洋,那分分钟就会死去。突如其来的暴风雪或者大雾随时会将捕猎者困在冰层上。一旦靠近了白毛海豹——一旦他身处于捕猎者口中所谓的"肥美之地"时——看着这些无助地躺在冰层上发出哀号的才一周大的毛茸茸的小白海豹,他要克服自己本能的同情。他要站在一只小海豹面前,把手里的棍棒高高举过头顶。即使小海豹睁着大大的棕褐色的

---

① 海豹捕猎者们也会捕猎少量的冠海豹,如果是他们的幼崽"蓝背海豹"就更好了,"蓝背海豹"比白毛海豹生成的海豹油更多,毛皮更大。
② 来自纽芬兰的作者 Harold Horwood(哈罗德·霍伍德)1960, 38 相信,"主要聚集点的传说"已成为 19 世纪下半叶海豹捕猎传说的一部分,捕猎者们千方百计想搞清楚,为何这么多捕猎者却无法捕获大量白毛海豹。显而易见的原因——19 世纪三四十年代,捕猎者非可持续的捕猎量已使海豹种群衰竭——却不如寻找"神秘的聚居点"那么有吸引力。

眼睛望着他，眼泪汪汪，他也要用尽全力击打下去，一两棍就敲碎它的头盖骨。

之后，小海豹的游泳反射尚未停止，肌肉仍在震颤，他就要拿起刻刀，尽快将毛皮从小海豹的身体上剥下。没有时间恶心，更不要说去担心小海豹是不是真的已经死了——对这些捕猎者、船长以及船主来说，时间就是金钱。"熟手"一天能拖回120张毛皮，如果条件理想的话，据说有些人能拖回300张。

自豪是与风险并存的。满载毛皮进入港口的第一艘船将赢得"捕捞量最多的船"的称号——为了获得这一荣耀，一些船长和船员甘冒极大的风险，例如驾驶着一艘满载沉重毛皮的捕猎船穿过恶劣的天气。纽芬兰人会打赌哪艘船能赢。捕猎量最多的那艘船的船长将得到一面锦旗（这个传统始于1832年），船员也能赢得奖励，有时甚至有一箱橘子。①

一旦捕杀开始，阿尔伯特几乎没有时间休息。捕猎者们需要使用拖缆将沉重的毛皮拖到聚集的海冰上或是拖回船上。然后就要准备储藏好这数以万计的毛皮，开船回家。这些毛皮渗出的油脂很快就会弄湿整条船和所有船员。如果腌鳕鱼和猪肉不够吃，他们就会吃海豹的心和肝，还会把海豹鳍煮了吃。船上的每一条缝隙中都散发出海豹的恶臭，原本就已狭窄拥挤的船舱更是肮脏污秽，脂肪和血污弄得地面湿滑难行。如果船舱满了，船长甚至有可能强迫船员就睡在油腻腻的毛皮上。

往返一次真的就像从地狱走一遭，充满了危险与艰难——一个小伙子是应付不来的。那天晚上，当阿尔伯特突然冲了进来，宣布说他的叔叔本已经确保他能成为"纽芬兰号"的船员时，鲁本和玛丽都竭力劝他不要去。但这更加坚定了阿尔伯特的决心。他将这个旅程看成一次历险，可以证明他是个男子汉，他也可以成为一名勇敢得可以去冰

---

① Candow（坎达）1989，106。"捕捞量最多的船"这个说法起源于这样一个传统，最优秀的渔民会被安排在船头，这样一来，他的渔线在水里是最高的。

层捕猎的纽芬兰人。到了晚上,父母终于松了口:阿尔伯特可以去,但是鲁本也会同行,并且始终不离儿子左右。①

冰上历险

阿尔伯特的大冒险开门不利。"纽芬兰号"连续好多天被困在冰层中,船员开始怀疑命运女神并不站在他们这边。当他们在船上发现2名偷乘者后——这绝对会招来厄运——他们更是深信不疑。

船员们用铁头的长杆奋力敲碎船舷边堆积起的筏冰。他们在冰层下放置炸药,这些冰层向南移动,不断将船往来时的方向推。接着冰层被炸垮,"纽芬兰号"朝着捕猎主力船队的那些大型钢铁轮船缓慢挪动。最终,3月最后一天的清晨,船只已无法驶得更远,基恩船长郁闷之极,于是派出166名船员徒步穿过冰层,去往好几英里外寻找小海豹聚集地。

许多经验丰富的捕猎者发现,要变天了。上午10点左右,在粗糙的冰层上艰难跋涉了4英里之后,有34名船员确定一场暴风雨正在酝酿,于是折返回"纽芬兰号"。其他人一边骂他们"胆小鬼",一边朝着亚伯兰·基恩指挥的钢铁轮船"斯蒂芬诺号"继续前行。他们当中有些人是故作勇敢,另一些人仅仅是为了服从命令,他们信任团队的领导者和船长。

没有人知道鲁本·克鲁和阿尔伯特·克鲁当时在想些什么。但他们俩都继续往前走了。上午11点20分,他们一行人终于抵达"斯蒂芬诺号"。他们还在匆匆忙忙地划上几口饭时,基恩船长已驶往离"纽芬兰号"更远的地方,前往白毛海豹的聚集地了。他把鲁本这一行人丢了下来,他们其中有些人因为这一路跋涉仍然筋疲力尽。基恩船长让他们把白毛海豹皮剥下来后就徒步走回到"纽芬兰号"去。

---

① 参见 Kean(基恩)1935,13;Cole(科尔)1997,242-243转载了克鲁(N. C. Crewe)的一篇文章,这篇文章最初发表在 *Daily News*(《每日新闻报》)(圣约翰斯),31 March 1964 上;Cole(科尔)1997,245-249转载了玛丽·克鲁(Mary Crewe)的女儿米尔德里德·高夫(Mildred Gough)的一篇文章,文章最初发表于 *Gander Beacon*(《甘德灯塔》),6 February 1985;也可参阅 Brown(布朗)1972,1-2。

几个小时内,暴风雪一直在肆虐。鲁本和阿尔伯特,还有其他130个人,奋力穿过凹凸不平并且不断移动的冰层,去寻找"纽芬兰号"。基恩船长把他们丢在了远离"纽芬兰号"的地方——比任何人想象的都要远得多,包括基恩船长自己都没有想到会这么远。夜幕降临,大家迷了路,又疲惫不堪,他们筑起了一道冰雪墙,躲在墙后缩成一团,雨、雪、冰雹不停地砸在身上。

一夜过去,鲁本和阿尔伯特不知什么原因,居然活了下来,而周围的人全在海冰上被冻死了,身体还保持着前夜缩成一团的样子。但是到了上午10点左右,他们两人谁也无法再往前走一步了。阿尔伯特躺了下来,他的父亲躺在他旁边,紧紧抱着他,用自己厚实的格恩西毛衣将儿子的头完全裹住,不顾一切地想要让儿子暖和点。很快,他们俩抱在一起冻死了。

在这个人间地狱中熬过了两日两夜后,有2个人跟跟跄跄地到达了"贝拉探险号"轮船(没有人寻找过这些人,因为韦斯特伯里·基恩和亚伯兰·基恩都认为这些船员在对方的船上),四肢肿胀坏死。搜救队立刻行动,迅速穿越起伏的冰层去寻找备受煎熬的幸存者,有些人茫然地蹒跚着,还有一些人缩在成堆冻僵的尸体后躲避风雪。这一整天,在圣约翰,有一万多人无言而沉重地等待着"贝拉探险号"返航。除了鲁本和阿尔伯特以外,还有76人在"1914纽芬兰海豹捕猎重大灾难"中丧身。[1]

木制的悲剧

在纽芬兰海豹捕猎业漫长的历史中,这次悲剧并不是唯一的一次。夺走鲁本和阿尔伯特生命的同一场暴风雪也使"南十字星号"沉没,船上所有船员(173人)全部罹难。当时,船正满载着从圣劳伦斯湾猎得的白毛海豹毛皮,争分夺秒地返回,以夺得捕捞海豹数量最多的

---

[1] 参阅 Brown(布朗)1972 对这场悲剧的生动叙述。

船只的荣誉。① 捕猎海豹过程中会遇到很多危险,天气只是其中之一。鲁本曾经竭力想让儿子明白,冰层会毫无预警地就困住木质捕捞船,将其摧毁。锅炉随时都会爆炸,储藏的炸药和弹药也会爆炸。船只"失联"是家常便饭——这是做买卖必须付出的代价。整个19世纪,有超过400艘木质风帆船在捕猎海豹时失联。当时最惨烈的一场灾难发生在1832年,一场飓风摧毁了14艘纵帆船,造成300多人死亡。从19世纪下半叶失联的木质轮船——当地人称之为"木墙"——的数量可以看出,乘坐这些船只航行要承受极大的风险,而船主对捕猎者的安全漠然视之。1863年,第一艘木质轮船出发捕猎海豹。到1900年时,首批50艘捕猎的船只中有41艘在大海上失去踪迹。20世纪初,情况并没有变得更安全,1907至1912年间,又有11艘木墙在春季海豹捕猎中沉没。②

在海豹捕猎业血淋淋的历史上,不安全的船只、危险的冰层和冰冷刺骨的大西洋至少夺走了1 000名纽芬兰人的生命。要想搞清楚,怎么会牺牲人的生命来换取毛皮,我们就需要后退一步,先全面考察自18世纪第一批商业捕猎者开始,海豹捕猎业逐渐形成的生物、技术和消费因素。

海豹捕猎的生物因素

每年都会有上百群竖琴海豹三两一群地往来于北极地区和大西洋副极地带。它们夏季就待在加拿大东部北极地区及格陵兰西部,此后,居住在西北部的海豹穿过戴维斯海峡,前往拉布拉多东南部和纽芬兰东北部("前方"),以及马格达伦群岛东部的圣劳伦斯海湾(口语中所说的"海湾")产崽。

母海豹通常会在冬末春初时,在浮冰上产下一只幼崽。小海豹刚

---

① Chantraine(尚特兰)1980, 196。托马斯·康纳斯(Thomas Conners)船长目睹"南十字星号"轮船"拼命驶出(暴风雪)的混沌",与他的"波西亚号"船尾相擦而过,他能感觉得出来,"南十字星号"船上满载毛皮,"没入海中很深,连甲板上都是水"[Mowat(莫厄特)1973, 136;引证再现了康纳斯的回忆]。
② Chantraine(尚特兰)1980, 191;Candow(坎达)1989, 36;Brown(布朗)1972, 14。参阅 Bartlett(巴特利特)1929,了解这位船长是如何对20世纪前25年的海豹捕猎进行描述的。

出生时又瘦又黄，毛发蓬乱。有了母海豹充沛的乳汁，小海豹的体重每天增加 2 公斤(约 5 磅)。大约 6 天之后，小海豹的毛就会变得厚软雪白，这种状态可以持续到 12 天大。这些白毛海豹安静平和地在太阳下久久地睡着，以避开刺骨的海水，直到他们有了足够的鲸脂存活下来。母海豹通常不会保护幼崽，12—15 天断奶后，就会离开小海豹寻找成年雄海豹交配。断奶后，小海豹脂肪减少，油脂也就减少了。

10—14 天大时，小海豹长长的白毛开始掉落——它们在冰层上剐蹭，就像有严重瘙痒需要抓挠似的。皮毛逐渐粗糙杂乱，2—3 周后，开始脱毛。捕猎者们将脱毛期间的小海豹称作"绒毛球"。一只完全脱了毛的小海豹在 1 岁大以前，都被称作"幼海豹"。幼海豹身披银色光滑的毛皮，上有黑色斑点。

捕猎舰队的开端

如今被称作纽芬兰和拉布拉多地区的原住民几千年来一直依赖竖琴海豹生存。到了 16 世纪，第一批欧洲人开始捕猎海豹。当地人和早期的欧洲移民一样，都食用海豹肉，点燃海豹油照明取暖。海豹皮被制成了暖和的冬帽、夹克衫、手套和靴子。1765 年，英国人在拉布拉多海岸竖起了捕猎杆，标志着商业捕猎的开始。18 世纪 70 年代，纽芬兰东北部海岸的特威林盖特竖起一座捕猎杆，博纳维斯塔湾竖起多座捕猎杆，海豹油出口平均带来了将近 10 000 英镑的收入。

对于早期的探险者而言，海豹的数量就和黑蝇一样多。1760 年，一名法国捕猎者偶尔撞见一群海豹从眼前爬过，一直绵延至地平线上。他写道，船只花了 10 天时间才通过这块地方。在 18 世纪 90 年代之前，大多数海豹都是被住民捕获。冬天时，他们在临近海滨的地方用网套住海豹，此时，由于海豹在冬季这几个月里要往南方迁徙，因此离陆地比较近。[1] 18 世纪，海豹捕猎量比较小，1723 至 1803 年间，

---

[1] 在大型商业捕猎船队进行海豹捕猎的整个历史中，住民捕猎——从海岸、近海冰层和小船上——始终以较小的规模持续进行着。

年平均捕猎量约为 27 000 只。然而,到 18 世纪末,纵帆船和横帆船开始用于春季捕猎航行,船上通常有 50 名船员,于是,商业化海豹捕猎开始大步发展。①

19 世纪的海豹捕猎

19 世纪是大西洋海豹捕猎业的全盛时期。19 世纪上半叶,纽芬兰出口总量的 1/3 来自于海豹捕猎业。整个这一百年中,只有腌鳕鱼的出口值超过海豹油。② 1825 年至 1860 年这 35 年间,有 11 年的海豹捕猎中,捕猎者共获得超过 50 万张毛皮。而在纽芬兰,自 1831 至 1840 年间,平均每年猎得 47 万张海豹皮,1841 至 1850 年间,平均每年 44 万张。1832 年创下了历史最高纪录,这一年中,捕猎者们在晴好的天气里共猎得 74 万多只海豹。③ 1857 年的捕猎规模最大,共出动 370 艘船、13 600 个人去往东北部沿海的冰层,但"只"猎得 50 万只海豹。

当时最重要的海豹产品是海豹油,其次是海豹皮,最主要的市场在英国。海豹油可以用于肥皂、灯具和润滑剂(例如用在缝纫机上)。瘦海豹皮通常是制作钱包、手包、自行车坐垫、鞋子、靴子、烟盒和书籍装帧的上好皮料。此时,白毛皮还没有什么市场,因为捕猎者还不知道该如何防止毛皮上的绒毛脱落。但是对于 6—12 天大的白毛小海豹能提取出的海豹油和上等皮料的需求量还是相当大的。

这个时候的捕猎者主要依靠 3 英尺长的木棍或者鱼叉——一根带有铁钩的木杆——杀死白毛海豹。鱼叉相对来说要更常见,因为捕猎者可以用它来探测冰层,在浮冰间跳跃时,也要依靠钩子撑在冰面上,让自己站得稳,以免跌入海中,鱼叉还可以用来将其他人从水中拉到

---

① Fisheries and Oceans Canada(加拿大渔业及海洋部),"The Canadian Seal Hunt—A Timeline"("加拿大海豹捕猎——大事记"),网址 http://www. dfo-mpo. gc. ca/;Coish(科依西)1979,16,18;Candow (坎达)1989,27,29。
② Royal Commission on Seals and the Sealing Industry in Canada(加拿大海豹及海豹捕猎业皇家委员会)1986,23。
③ Fisheries and Oceans Canada(加拿大渔业及海洋部),"The Harp Seal"("竖琴海豹"),网址 http://www. dfo-mpo. gc. ca/;Horwood(霍伍德)1960,39。

船上。

能捕多少白毛海豹取决于天气和冰层的状况。当冰层破裂时,捕猎者要从一块浮冰跳到另一块浮冰上——或者有的时候他们使用方头平底船运送船员和毛皮,通过开阔水域。他们力图把船舱中装满白毛海豹皮,但是通常不太可能,于是就会从平底船中用长长的海豹捕猎枪射杀幼海豹和成年海豹。有时,船舱中装满了白毛海豹后,捕猎者在船籍港卸货,之后在这个捕猎季稍晚些时候又会折返回冰层,猎杀幼海豹和成年海豹。①

由于大规模的商业捕猎,19 世纪后半叶,西北部大西洋竖琴海豹的数量开始减少。1860 年纽芬兰的年平均捕猎量比 1851 年稍有减少,跌至 43 万只,1861 年至 1870 年间又继续下降,1870 年降至 29 万只。② 19 世纪最后 30 余年,随着木制蒸汽轮船加入海豹捕猎大军,环境压力开始加剧。木制轮船比纵帆船的操控性更强,船员数量可以超过 200 人。木制轮船的数量逐年增加,1873 年时只有 18 艘,到 1880 年、1881 年的时候,已有 27 艘。(直到 1906 年才有第一艘钢铁轮船加入海豹捕猎,船体形状适合在冰上航行以及破冰。)

木制轮船比帆船的效率要高,仅需一半船员便可捕得同样多的海豹。有了这些更大、更有成效的轮船,19 世纪末,圣约翰的一些大型企业开始掌控海豹捕猎业。③ 但是,由于此时海豹数量已不如前,所以捕猎量也未达到 19 世纪三四十年代时的巅峰。1881 年至 1900 年间,纽芬兰年平均捕猎量为 27 万只。④ 到 19 世纪末,一年能捕到 30 万只已经算不错了——比 19 世纪中期的年平均捕猎量要少上数十万只。

海豹捕猎业的衰退:1900—1945

氢化作用可以使不饱和(液态)油脂中充满氢,从而变成饱和(固

---

① Candow(坎达)1989, 16, 30, 34 - 36。
② Horwood(霍伍德)1960, 39。
③ Coish(科依西)1979, 25 - 27。
④ Horwood(霍伍德)1960, 39。

态或半固态)脂肪,于是20世纪上半叶,海豹油有了新市场,可以用于制作人造黄油和巧克力。尽管如此,海豹捕猎业仍在持续衰退。1895年至1911年间,竖琴海豹的平均捕猎量仅有24.9万只。① 第一次世界大战使得纽芬兰的海豹捕猎舰队从20只船减少到1918年时的12艘(全部是木制轮船)。到了1923年,只有两家公司——保宁兄弟和乔波兄弟——还在继续捕猎海豹。大萧条使纽芬兰海豹捕猎业的情况进一步恶化,1932年,只有4艘船,不到100个人去捕猎海豹。1915年至1936年这11年中,纽芬兰海豹捕猎舰队只有6年成功猎得了20多万张毛皮。而在1912年至1940年间,平均每年只能捕到15.9万只竖琴海豹。②

由于多方面的原因,导致得到的海豹皮数量比杀死的海豹数量要少——有时会少得多。许多幼海豹和成年海豹"被击打后找不到了",它们有的受了致命伤,游走了,有的沉到了水里,捕猎者还没来得及用鱼叉将它们拖上岸。通常,捕猎者会悄悄靠近成年海豹,在冰层上射杀它们。但尽管如此,一些被射中肺部或者脖子的海豹仍旧会跌跌撞撞地爬回海里。亚伯兰·基恩船长估计,在帆船时代,被捉住的海豹数量与"找不到"的海豹数量之比是1:20。③

到了木轮船时代,开始"利用浮冰",这也造成更多白毛海豹毛皮丢失。捕猎者并不急于将毛皮拖回船上,而是将毛皮堆放在"聚集在一起的"大而平稳的浮冰上,插上有船只标志的旗子。这样一来,他们就能利用白天获取更多的白毛海豹。有时,捕猎者会在浮冰上点着煤油火炬做标记,船只就可以夜晚过来收取毛皮。然而事实却证明,利用浮冰这种做法非常浪费。天气和冰层的状况变幻莫测,有时即使使用轮船也无法从浮冰上收取毛皮。如果冰层移动,航道打开,几千张

---

① 1895年,海豹捕猎者开始将捕获到的竖琴海豹与其他种类海豹分开计数,这样一来,所计算出的竖琴海豹捕获量更加准确。因此,此后记录的竖琴海豹捕获量就比先前记录的所有海豹捕获量要少。
② Candow(坎达)1989,45,47;Fisheries and Oceans Canada(加拿大渔业及海洋部),"The Harp Seal"("竖琴海豹"),网址 http://www. dfo-mpo. gc. ca.关于一战及经济大萧条期间,海豹捕猎的情况,也可参见 Coish(科依西)1979,42-50。
③ Kean(基恩)1935,131。

毛皮就会消失得无影无踪。

到了20世纪20年代，人们呼吁船主将海豹猎杀暂停几年，使得东北部大西洋的海豹种群数量能够恢复。其实早在1887年，纽芬兰政府已经为轮船规定了海豹捕猎季，为3月12日至4月20日，并且禁止在4月1日后进行第二轮捕猎。其目的是为了让帆船得以与速度更快的轮船相竞争，同时也减轻商业捕猎给成年繁殖期海豹造成的压力。1892年，政府将轮船的捕捞期缩短了2天，并且禁止所有的第二轮捕捞。1916年，纽芬兰政府再次努力，限制每艘船只能配2把猎枪，以减少繁殖期海豹的死亡数量，将重点放在捕捞白毛海豹和幼海豹上。1931年，政府彻底禁止捕猎中使用步枪，尽管不久之后，又允许每艘船配一把步枪。

政府的这些行为，加上第一次世界大战和经济大萧条，也许可以解释为何20世纪30年代，竖琴海豹的数量显得比较稳定。第二次世界大战爆发后，大多数符合入伍条件的男性都去了海外，海豹捕猎船也暂时征用，作军事用途，因此海豹数量毫无压力地增长。以1941年为例，只有不到1 000名纽芬兰人（1932年以来人数最少的一年）参加了当年的海豹捕猎。"前方"和"海湾"商业捕猎的短暂休息使得二战结束时竖琴海豹的数量稍有恢复。

就在二战之前，英国进口了纽芬兰72%的海豹皮，美国进口了26%。到了1946年，美国进口了61%，加拿大21%，英国18%。海豹油市场——当时，海豹油是多种产品的配料，从巧克力、人造黄油和不含奶的淡奶油到化妆品和机器润滑油——发生的转变比海豹皮市场要大得多。为了帮助加拿大作战，纽芬兰将海豹油都投入了加拿大市场（纽芬兰直到1949年才加入加拿大联邦）。到1946年时，纽芬兰98.5%的海豹油都出口到了加拿大。①

海豹捕猎遭遇危机：1945—1965

挪威人找到了办法，防止剥下的毛皮上的绒毛脱落，因此二战以

---

① Candow（坎达）1989，47，58，169，174。

后白毛海豹毛皮的市场开始发展,但这并未能使50年代纽芬兰海豹捕猎业停止下滑。下滑反映出了纽芬兰1949年加入加拿大之后所引发的普遍的社会趋势:即海豹捕猎对于新省份的经济利益来说已经不再那么重要了。但是,挪威人和新斯科舍人很快就取纽芬兰人而代之了。

1913年,第一艘挪威大船加入捕猎大军前往圣劳伦斯海湾。但是,挪威人很快就兴味索然了,一战后,他们回到了靠近苏联的白海,那里是他们传统的猎场。然而,到了30年代末,白海和靠近格陵兰的扬马延岛的海豹数量开始减少,挪威的海豹捕猎者们又大规模地来到了"前方"。① 60年代,大型船舶捕猎中,有半数以上的船来自挪威。新斯科舍的海豹捕猎业也在兴盛起来。1954年,从新斯科舍出发去往冰原捕猎的船只比来自纽芬兰的还要多。1961年,在"海湾"和"前方"捕猎的28艘船只中,只有4艘来自纽芬兰(但在非纽芬兰的船只上有些船员是纽芬兰人)。

挪威人和新斯科舍人带来了更好的船只,更优良的装备,例如冷冻设备、雷达和直升机。捕猎者效率越来越高,年平均捕猎量也就越来越大。1946至1961年间,共捕获255 000只海豹(不包括住民平均捕捞的约55 000只),比轮船时代(1929—1939)年平均156 000只的捕猎量多了将近2/3。

为了维持巨大的捕获量,后二战时代的捕猎者们捕猎更多的成年海豹。挪威人不受加拿大法规限制,在加拿大捕猎季正式结束后,仍然继续捕猎。加拿大政府设置的日期是为了保护5月份向北方迁徙的成年繁殖期海豹(以确保下一个捕猎季会有足够多的白毛海豹)。二战前,纽芬兰捕猎大军所捕获的竖琴海豹中大约90%是白毛海豹。到1955年,整个西北部大西洋捕获的竖琴海豹中仅有60%是白毛海豹。

---

① 1939年,8艘大船从挪威驶往"前方",其中1艘在途中沉没,还有2艘在"前方"失踪。5艘返回挪威的大船带回了33 000只海豹——约为纽芬兰大船捕获量的1/3。

战后大西洋海豹捕猎业复苏，导致 20 世纪 50 年代时，西北部大西洋竖琴海豹数量进一步减少。据 1950—1951 年的航空测量，仅剩下 330 万只（645 000 只是海豹幼崽，其中 215 000 只在"海湾"，其余 430 000 只在"前方"）。然而，人们并没有做什么来保护海豹的数量，1951 年至 1955 年间，年平均捕猎量接近 33 万只。由于海豹数量越来越少，捕获量也随之减少，在 1956 至 1960 年间每年只有 30 万只多一点。加拿大海豹捕猎者指出，已有越来越多的繁殖期海豹被杀——比战前多了 1 倍——他们认为这都要怪挪威船只到了 5 月份还在捕猎海豹。1959—1960 年所做的调查显示，大西洋竖琴海豹的总量仅有 125 万只（海豹幼崽只有 360 000 只——"海湾"地区 150 000 只，其余 215 000 只在"前方"）。尽管如此，1961 至 1965 年间，捕猎者们仍旧平均每年捕猎 285 000 只海豹。[1]

现如今，有越来越多的个人、加拿大政府科学家以及加拿大奥杜邦协会等团体开始公开表达自己的担忧，如果不对海豹捕猎严加控制，竖琴海豹将会灭绝。第 20 章中将会论述到，此后不久，动物权益保护者与环保主义者携起手来，呼吁停止这一延续了 200 年的商业捕猎。

---

[1] Candow（坎达）1989，113，155；Fisheries and Oceans Canada（加拿大渔业及海洋部）2003，6。

第 20 章

残忍！用行动主义消灭市场需求

20 世纪 60 年代，活动家们试图劝说纽芬兰人终止每年进行的竖琴海豹捕猎，但是收效甚微。虽然加拿大联邦政府的确开始对捕猎进行管控，实施配额，但活动家们却拒绝接受，认为这些措施远远不够。到了 70 年代，绿色和平组织等环保团体与国际爱护动物基金会等保护动物权益组织共同合作，反对海豹捕猎运动取得了进展。这些理想主义的活动家们想象力丰富，大胆敢为。电视媒体工作人员曾看见他们用喷漆招呼捕猎者，希望能够拯救一些海豹幼崽。还有电影明星加入他们的行列，在几百万观众面前拥抱白毛海豹。

年复一年，这些活动家们的组织性更强，他们开始筹集百万美元的预算资金。他们在一次次会议上布满雪白的气球，将印有哭泣的白毛海豹图片的 T 恤分发给在校学生。他们将呼吁终止海豹捕猎的请愿书递交给政客，请愿书上有几千页的签名。活动家们还开始将重点放在中断加拿大产品的进口上，而不是向加拿大人施压。这一策略最终会带来巨大的胜利，因为活动家们成功地在欧洲消费者的头脑中塑造出了捕猎海豹就是不道德的屠杀的印象。

正视 1960 年代的海豹捕猎

1950 年以前，海豹捕猎者这个圈子之外的人对于加拿大海豹捕猎知之甚少。到了 50 年代末、60 年代初，动物福利保护者首次对捕猎者"不人道的"方法进行道德声讨，情况开始发生了变化。

哈里·利利（Harry Lillie）曾在海豹捕猎船上担任医生。6 年后，

1955 年,他拍摄了纽芬兰捕猎海豹的过程,并把副本传给了各保护动物协会。他还出版了《穿越企鹅之城》一书,论述海豹捕猎这种行为的残忍。来自哈里的第一手的叙述令许多人心情难以平静。他写道,海豹幼崽"通常头部被一击而毙命,但是偶尔我也能看见人们匆忙之下,只是将它们踢晕了,之后就把毛皮从幼小的身躯上割下,而海豹幼崽只能躺着哭泣。"①

1960 年,纽芬兰作家哈罗德·霍尔伍德(Harold Horwood)在《加拿大奥杜邦》杂志发表文章,呼吁禁止捕猎成年海豹、禁止利用浮冰、禁止在 5 月捕猎,他还呼吁对加拿大和挪威捕猎船的数量和大小进行限制。② 之后的 1964 年,亚特克影业拍摄了一部纪录片,用镜头记录下了一名住民是如何活剥了海豹皮的。这是第一部面向更广大观众的反对捕猎海豹的影片,先在魁北克的加拿大法语频道播出,之后又在德国电视台播出。看完影片后,蒙特利尔记者彼得·卢斯特(Peter Lust)写作了一篇名为《谋杀岛》的文章,刊登在全世界 300 多家报纸上。③ 后来,亚特克影业拍摄的纪录片中的那个住民发表声明,他发誓说,是电影制作人付钱给他,让他活剥海豹皮的——还说这发生在海豹捕猎季正式开始之前。卢斯特 1967 年出版的新书《最后一只海豹》的开头部分引用了一封信件,在这封信里,电影制作人否认了上述指控,还指责来自加拿大广播公司的摄制组在捕猎季结束之后上演剥皮。④ 到最后,关于这部纪录片真实性的争议已经无关紧要了,但自此以后,全世界都开始认识到海豹捕猎的"可怕"。

加拿大渔业部收到了被所见所闻激怒的群众写来的几千封信件。作为回应,1964 年 10 月,联邦政府颁布了海豹捕猎新规,要求所有捕猎者先获取捕猎许可证,并且将"海湾"和"前方"的捕猎季限制在 7 周内。圣劳伦斯海湾的配额只有 5 万只海豹幼崽,这就有效地终止了挪

---

① Lillie(利利)1955, 244;Candow(坎达)1989, 116 予以引用。
② Horwood(霍伍德)1960, 40 - 41。
③ Royal Commission on Seals and the Sealing Industry in Canada(加拿大海豹及海豹捕猎业皇家委员会)1986, 66 - 67。
④ 参见 Lust(卢斯特)1967 前页,瑟肯·德格伦(Serge Deyglun)写给编辑的信。

威人在此捕猎。按照新的捕猎规定,活剥海豹皮是违法行为,法规还对棍子大小制定了新的标准,确保棍子可以迅速打死海豹。政府还禁止夜间将海豹堆积在浮冰上(暴风雪天气除外),禁止猎杀哺乳的成年海豹。

这些限制收效并不显著。西北部大西洋的竖琴海豹的年平均捕获量仅稍有减少,从 1961—1965 年间的 285 000 只减少到 1966—1970 年间的 280 000 只。然而,配额制的实施使得捕猎者关注的重点从皮转向了毛。20 世纪 50 年代,海豹皮的出口总值与海豹毛基本持平。但是,技术在不断改进,已经可以确保毛皮上的毛不再掉落,于是 60 年代初,海豹毛的价格开始攀升。因为有配额,所以捕捞者们都会尽可能捕猎绒毛状况优良的海豹——也就是白毛海豹,而不是"绒毛球"(2—5 周大,正在脱毛期的海豹)。①

人们发起了声势日益壮大的运动,倡导仁慈地对待动物,其中许多人都认为加拿大政府对抗议作出的回应完全不足以解决问题。有些人开始呼吁终止海豹捕猎,表现最突出的就是来自新不伦瑞克爱护动物协会(SPCA)的布莱恩·戴维斯(Brian Davies)。1965 年,戴维斯首次加入前往"海湾"捕猎的队伍。1968 年,他带领了 18 名观察员一同前往,其中包括来自伦敦《每日镜报》的 1 名摄影师和 1 名记者。第二年,他又带来了《巴黎竞赛》的记者和摄影师。60 年代末,这些努力在英国和法国引起了激烈的批判,舆论一片哗然,进而扰乱了市场,导致 1965 至 1968 年间,海豹毛皮价格走跌。②

加拿大政府进一步采取措施,使得海豹捕猎更加人性化。在 1967 年捕猎时,政府对棍棒的尺寸做了更加严格的规定,并且禁止使用鱼叉(有些捕猎者会将鱼叉插入活海豹身体,钩住活海豹)。如果捕猎者采用了不人道的技术捕猎海豹,检察人员有权吊销他们的执照。这些

---

① Fisheries and Oceans Canada(加拿大渔业及海洋部)2003,6;Candow(坎达)1989,109。在捕猎白毛海豹的禁令颁布前的最后十年中,海豹皮带来的利润里,95%来自毛,只有 5%来自皮[Candow(坎达)1989,175]。
② Coish(科依西)1979,258。关于反对海豹捕猎运动的一篇个人叙述,参见 Davies(戴维斯)1989。

举措令许多捕猎者很不舒坦。纽芬兰捕猎者对于鱼叉的禁令尤其恼火,许多人认为鱼叉对他们的安全至关重要——既能在落水时用来勾住冰块,也能将人从水中拉出。①

政府还采取措施缓解商业捕猎对海豹数量造成的压力。这仅靠加拿大一国恐难实现,因为大多数挪威人捕猎海豹的"前方"位于公海。人们确实也进行了一些共同管理——例如,1961 年,加拿大和挪威商定在 5 月 5 日停止捕猎——但是,他们的努力依然不足以防止海豹数量持续下跌。1964 年所做的一项调查显示,捕猎者们捕获了"前方"85%的海豹幼崽,"海湾"53%的幼崽,国际社会为之震惊。

1966 年,意大利成为最后一个签署《国际西北大西洋渔业委员会竖琴海豹和冠海豹协议》(ICNAF)的成员国,这个协议首次对于"前方"的海豹捕猎设立了国际监管。第一批措施于 1968 年捕猎时开始启用,这一年"前方"的开捕期从 3 月 12 日推迟到 3 月 22 日,以减轻对白毛海豹造成的压力。截止期也有所改动,从 4 月 30 日提前到了 4 月 25 日,以减少被捕获的繁殖期海豹的数量。然而,这一切努力对于停止西北大西洋竖琴海豹数量的减少几乎无济于事。到 1970 年,西北大西洋竖琴海豹数量已经降到 160 万只到 180 万只——比 1950 年(330 万只)少了 100 多万只。尽管 1970 的数值相比于 19 世纪中期海豹捕猎黄金期时已经低了不少,但是仍比 1960 年的时候要高(这也许反映出,种群规模是很难确定的)。

正视 1970 年代的海豹捕猎

在加拿大政府的敦促之下,国际委员会于 70 年代三次降低"前方"竖琴海豹的捕猎配额:1971 年降至 245 000 只(加拿大和挪威船队各 100 000 只,住民 45 000 只),1972 年降至 150 000 只(加拿大和挪威船队各 60 000 只,住民 30 000 只),最后,又于 1976 年降至 127 000

---

① 1976 年,加拿大政府最终同意批准使用挪威刺棒——与鱼叉相似,但一头不是钩子,而是钝头稍弯曲的铁镐状物。

只(加拿大船队 52 333 只,挪威船队 44 667 只,住民 30 000 只)。加拿大政府还进而保护"海湾"地区的种群,1970 年禁止在该地区捕猎白毛海豹,1972 年禁止在该地区使用长度超过 65 英尺的大船。事实上,这些决策只不过将大船全部赶往"前方",而将"海湾"地区留给了住民捕猎者。

这些举措对于平息抗议海豹捕猎的活动来说几乎无济于事。1969 年,布莱恩·戴维斯创建了国际爱护动物基金会(IFAW),旨在终结大西洋省区商业捕猎海豹。此后,抗议捕猎活动便如火如荼地展开。在美国反对捕猎的呼声也越来越大。1972 年的《海洋哺乳动物保护法》禁止进口由不足 8 岁的哺乳期海洋哺乳动物制成的产品,从而有效杜绝了白毛海豹的进口。虽然未对大西洋海豹捕猎产生多大影响(直至 1972 年,美国对加拿大海豹的需求量完全可以忽略),但它也是一个迹象,表明有越来越多的人强烈抵制捕猎海豹。

还有另一个迹象则来自抗议者们,他们能够筹集到越来越多的资金。1973 年,IFAW 一年筹集了 50 多万加元。这一年,IFAW 雇用了纽约麦肯-埃里克森广告公司(当时其客户还包括可口可乐公司)来运作"停止猎杀海豹"活动。结果证明,公司收取 10 万加元佣金是物有所值的,第二年,IFAW 收到的捐赠就超过了 80 万加元。①

可爱的白毛海豹幼崽无所不在,海报上、宣传册里,还成了海豹毛绒玩具。旁边还配有文字,说"海豹宝宝"在"幼儿园"被虐杀,这就利用了父母想要保护自己宝宝的本能。看着这些美丽的生灵流着泪死去,消费者的良知被撕扯。海豹幼崽被活剥皮的画面令许多人毛骨悚然。② 加拿大和纽芬兰的海豹捕猎者和政府均竭力抵消这种形象产生的影响,他们使用"收获"、"理性管理"和"传统产品"等等更加公事化

---

① 1972 年,加拿大政府禁止大船(长度超过 65 英尺)进入"海湾"捕猎后,反对海豹捕猎的抗议活动便从"海湾"转移到了"前方"。抗议者也开始将注意力更多地放在"前方"(1973 年有 11 艘挪威船只和 7 艘加拿大船只去往"前方")的挪威船只上。
② Lee(李)1988,23。由于海豹的游泳反射在死后仍旧持续,所以仅从剥皮的视频上很难判断海豹是死是活。海豹幼崽和小鸡仔一样,即使垂死仍能移动一会儿。而且,由于保护角膜的液体不断流出泪腺,因而海豹幼崽即使没有流泪,看起来也像是在哭泣。

的语言。但是显而易见,在这场用文字来描述和解释捕猎"事实"的战役中,活动家们获胜了。在越来越多的消费者看来,曾经由无私的养家者进行的勇敢的捕杀,如今却是对濒危的无辜生命的无谓杀戮,以满足变幻无常的奢侈皮草市场的需求。对于全世界几百万人来说,猎海豹的人现在是"凶手",而海豹是"受害者"。①

1976 年,IFAW 收到的捐赠超过一百万加元。布莱恩·戴维斯安排了一群美国空姐乘坐直升机前去观看当年的捕杀——一部分原因是要拆穿捕猎者的"神话",证明现在的捕猎并不危险。绿色和平组织还宣布要往白毛海豹身上喷洒无毒但无法擦除的绿色染料——从而降低这些海豹的商业价值,之后便在暴风雨般的宣传中前往纽芬兰。②

绿色和平组织加入行动

全世界的电子媒体和平面媒体——美国国家广播公司新闻网、《明星》周刊、华盛顿邮报和加拿大广播公司——大肆报道了一群年轻的理想主义者向铁石心肠的纽芬兰人叫板的壮观场面。与 IFAW 相比,绿色和平组织更多地关注猎杀带来的环境威胁。在他们看来,海豹数量正在逐年减少,这是无可辩驳的事实:18 世纪时海豹有两三千万只,到 1900 年减少到 1 000 万只,1950 年只有 300 万只,20 世纪 70 年代初 150 万只,到 70 年代中期就只剩 100 万只了。③

尽管 1976 年春天,一群愤怒的纽芬兰民众遭遇首批绿色和平组织的活动家,但是双方很快达成和解。绿色和平组织同意不向海豹喷洒绿色染料,不干扰住民,并且主要抗议挪威的"捕鲸船"。作为交换,

---

① Lee(李)1988,25。约翰·李(John Lee)分析了文字和隐喻改变加拿大海豹捕猎"现实"的强大能力。
② Weyler(韦勒)2004,352 - 363。Robert Hunter(罗伯特·亨特)(1979,248)认为是保罗·沃森(Paul Watson)和华乐士·奥肯博夫(Walrus Oakenbough)想出了往白毛海豹身上喷洒无法擦除的染料这个点子。参阅 Harter(哈特)2004,了解关于绿色和平组织反对海豹捕猎运动的更重要的论述。关于海豹捕猎活动作为一项产业的重要分析,可参见 Allen(艾伦)1979。
③ 参见 Weyler(韦勒)2004,601n6。《国家地理》刊登了一篇文章,估算了 1975 年西部大西洋竖琴海豹数量——采用一项新技术数出冰层上白毛海豹的数量,白毛海豹在紫外线航拍照片中呈现为一个个黑点——白毛海豹数量不足 200 000 只,而竖琴海豹总量还不到 100 万只[Lavigne(拉维尼)1976,137]。虽然这些估算的数字现在看来是太低了,但是当时却让批评家们有了新的"客观"数据,表明海豹处于危机之中。

当地人同意(或至少不阻拦)绿色和平组织的直升机飞往冰原。双方还商定,向加拿大政府施压,要求其宣布一条 200 英里长的渔业管理区域。

谈判第二天就出现了"绿色和平组织'改变立场',投靠海豹捕猎者"这样的头条新闻,许多绿色和平组织的支持者愤怒了。多伦多的一个绿色和平组织小组甚至给正在纽芬兰圣安东尼的绿色和平组织主席罗伯特·亨特(Robert Hunter)寄去了一包压碎的绿色和平徽章。但这次和解也让活动家们得以到达海豹产崽的冰层,拍摄捕猎视频,之后再利用这些影片进行负面宣传,激起全世界的怒火。①

第二年,加拿大划定 200 英里长的渔业区域,开始对"前方"全权管理。联邦政府设定了配额,"海湾"和"前方"为 160 000 只竖琴海豹,北极圈地区的本地捕猎者 10 000 只。住民的配额增至 63 000 只,加拿大捕猎船队 62 000 只,挪威船队 35 000 只(1977 年有 11 艘大船参与捕猎,6 艘来自加拿大,5 艘来自挪威)。政府规定捕猎对象主要是白毛海豹和海豹幼崽,用大船捕猎的成年海豹不得超过捕获总量的 5%。②

1977 年 3 月,绿色和平组织和 IFAW 回到了冰原。法国女星碧姬·芭杜(Brigitte Bardot)的出现——以及《巴黎竞赛》画报封面上,芭杜搂着一只白毛海豹的照片——引发全球争相报道。加拿大政府意识到活动的影响力越来越大,开始采取行动反对活动家们。政府起诉了布莱恩·戴维斯,控告其直升机离海豹捕猎过近,违反了海豹捕猎法规。戴维斯被定了罪,1978 年无法再重返冰原。

加拿大政府又于 1978 年 2 月 26 日在议会通过了一条命令,规定非海豹捕猎者若无许可前往海豹产崽的冰层是违法行为,这就使得其他抗议者也无法在 1978 年春天回到冰原,还厚颜无耻地将许可证申领的截止日期设定在该命令颁布前一周。绿色和平组织的律师们设法迫使政府取消了这一不可能满足的期限。尽管如此,要想获取那几

---

① Weyler(韦勒) 2004, 360 - 363。也可参见 Hunter(亨特) 1979, 248 - 296;Brown and May(布朗和梅) 1989, 44 - 49;Dale(戴尔) 1996, 90 - 91。
② Candow(坎达) 1989, 124。

张许可证仍是一场艰苦的斗争。绿色和平组织成员瑞克斯·韦勒(Rex Weyler)和帕特里克·摩尔(Patrick Moore)被拘捕,罪名是在渔业部办公室"游荡",意图获取许可证。最终,摩尔和韦勒还是设法前往了冰原,但是摩尔再一次被捕,被控干扰捕猎,违反了《海豹保护法》。而他所犯的罪是:搂住了一只受了惊吓的白毛海豹。①

加拿大政府的种种行为,不仅未能阻止势头日益强劲的全球抗议,反倒引起媒体关注,激起其他国家消费者的怒火。IFAW继续游说政客,争取让欧洲媒体进行报道——尤其是英国——从而对当地的消费者产生影响。一张海豹毛皮的价格在70年代中期时曾逐渐涨到20加元—30加元,但是,由于对抗议活动的宣传——以及消费者转而青睐长毛毛皮——价格骤跌,市场波动。同时,IFAW越来越强大,1977年筹款接近130万加元。② 绿色和平组织也受益不少。据推测,该组织用反对捕猎海豹运动筹集的款项"贴补"反对捕鲸运动。③

另一组织——总部设在纽约的动物基金会——也在1978年底加入到抗议捕猎的队伍中来,他们宣布要开展运动,组织大家抵制去加拿大旅游,直至加拿大禁止捕猎海豹为止。1979年初,该组织在全美国发出了几百万封信件。动物基金会试图破坏1979年"海湾"地区的捕猎(1978年,加拿大政府重新将该地区开放给一艘大船捕猎,1979年开放给两艘大船),他们驾驶着"海洋守护者"号帆船前往海豹产崽的冰层,向几百只白毛海豹喷洒了红色染料。[船员中包括保罗·沃森(Paul Watson),他是绿色和平组织的创立者之一,也参与抗议了1976年的捕猎。]绿色和平组织也于1979年回到了纽芬兰,宣布他们从现在起将反对住民捕猎。1979年3月14日,他们在一次前往冰原的短暂旅程中,设法给一些白毛海豹喷洒了绿色染料,但是在加拿大政府吊销其许可证之后,他们也做不了什么了。

---

① Weyler(韦勒)2004,493-501。
② 1977年,加拿大税务局撤销了国际爱护动物基金会的免税身份,声称基金会努力终止海豹捕猎,使之成为一个政治组织,而非慈善组织。这就迫使该组织于第二年重新搬回了马萨诸塞州海恩尼斯的科德角。
③ Allen(艾伦)1979,426n8。

20世纪70年代,大西洋海豹捕猎中捕获的竖琴海豹数量比前几十年少了很多,部分原因在于各种抗议活动以及由此引发的市场动荡,部分原因在于政府设定了配额,还有部分原因则在于白毛海豹的数量已经比较少了。1971年,海豹捕获量大约是230 000只,比1966—1970年间的平均捕猎量减少了50 000只。整个70年代中,几乎每年的捕获量均不足170 000只(1972年和1973年最少,只有125 000至130 000只)。1975年是个例外,捕猎者捕获了175 000只海豹。① 在环保抗议者们看来,捕获量低是一个信号,它并不意味着政府进行了更好的管理,而是说明这个物种处于灭绝的边缘。在捕获的海豹中,白毛海豹数量仍占大约80%,这令动物权益组织十分苦恼。80年代初,人们对捕猎海豹进行了更强烈的抵制,尤其是欧洲消费者。

消费者运动

一直到20世纪80年代初,绿色和平组织不断采取直接行动,反对海豹捕猎。1981年,该组织成员驾驶"彩虹勇士号"去往"前方",1982年又前往"海湾"地区,在"海湾"地区因为再次往海豹身上喷洒绿色染料而被拘捕。与此同时,IFAW在欧洲、北美和澳大利亚等地集中力量开展邮寄信件和请愿活动。他们在欧洲报纸中买下一整页刊登广告,请求读者给欧洲议会成员写信,鼓励他们禁止进口白毛海豹和蓝背海豹(哺乳期冠海豹)。至少有300万封信件和明信片——也可能多达500万份——落到了欧洲议会。②

1982年3月,欧洲议会就是否禁止进口白毛海豹和蓝背海豹举行辩论,加拿大代表团急于让大家相信,捕猎海豹具有经济价值,是一种可持续的、人性化的行为。而在他们周围却有另外一大群抗议者,挥舞着学生发来的请愿书,举着雪白的气球,上面画着流泪的眼睛,他们还拿出许多图片,显示了捕猎者是如何猛烈击打幼海豹的。

---

① Fisheries and Oceans Canada(加拿大渔业及海洋部)2003,6。
② Royal Commission on Seals and the Sealing Industry in Canada(加拿大海豹及海豹捕猎业皇家委员会)1986,68-69。

加拿大政府采取了对抗行动——包括发放徽章,上面写着"拯救鳕鱼,食用海豹"——结果还是彻底失败了。欧洲议会举行的投票结果很明确:以 160 对 10 票禁止欧盟国家进口白毛海豹和蓝背海豹。虽然这一结果不具有约束力,但它却预示着加拿大政府的对抗行动不会有好的结果。

1982 年 10 月,欧盟委员会同意了欧洲议会的决定,建议暂时禁止白毛竖琴海豹和蓝背冠海豹的商业进口。欧盟委员会在某种意义上,延伸引用了《关贸总协定》(GATT)中反色情的相关条款为自己的决定辩解,条款允许成员国对社会公德进行保护。1982 年 11 月,欧洲议会通过临时进口禁令,自 1983 年 3 月 1 日起生效。①

与此同时,大西洋海豹捕猎业似乎在此禁令之前的几年中又稍有抬头。1980 年竖琴海豹捕获量超过 165 000 只,1981 年超过 195 000 只。然而,由于此时差不多 3/4 的加拿大海豹皮是出口至欧洲,因此这一禁令还是造成了毁灭性的打击。1983 年海豹毛皮的平均价格相比于前一年少了一半——只有 13 加元。1983 年春天,只有三艘船还劳师动众地前往了冰原——一艘来自新斯科舍、一艘来自魁北克,还有一艘来自纽芬兰,总共只收获了 30 000 张毛皮。

即使对于这种规模较小的捕猎,活动家们仍然继续施压。保罗·沃森如今是新成立的海洋守护者协会成员,他乘坐"海洋守护者二代"停在圣约翰港口外,拦阻捕猎者。2 周后,甚至没有一艘船打算离开港口,于是沃森继续航行至"海湾"地区,在那里,加拿大警方登上了"海洋守护者二代",将他拘捕。

IFAW 品尝到大获全胜的滋味,加紧将运动推往其他阵线。1983 年末,基金会开始游说英国消费者和超市抵制加拿大鱼制品,直到加拿大禁止捕猎海豹为止。他们分发了 400 多万张预先印制的明信片,敦促超市将加拿大鱼制品从货架上和冷柜中撤出。这一举措立见成

---

① Joyce(乔伊斯)1982,23 - 24;Goar(戈尔)1982,23 - 25;Candow(坎达)1989,136。暂时性的进口禁令并未对格陵兰这个欧共体成员国造成影响,因为当地海豹捕猎者只用步枪捕猎成年海豹。

效。1984年初,英国最大的连锁超市特易购(Tesco)宣布,在加拿大停止捕猎前将不再购进加拿大鱼制品。西夫韦连锁超市(Safeway)紧随其后。此后,IFAW又将抵制运动推广到美国——此时,加拿大80%的水产品出口到了美国——印制了500万张明信片分发给美国消费者,主要对象是麦当劳和汉堡王等企业。

这些举措对加拿大渔业构成重大威胁,激起国内的呼声,要求政府承认失败,终止海豹捕猎。海豹捕猎者们——来自加拿大东部贫困省区——对联邦政治的影响微乎其微。而且,海豹捕猎业在整个经济中只占很小的一部分,即使对纽芬兰来说也是如此。尽管很多纽芬兰人对于活动家们的做法不无恼怒,但很少有人愿意冒险让加拿大的鱼制品遭到抵制。1982年,住民与捕猎船队分道扬镳,组建了加拿大海豹捕猎者协会,呼吁暂停捕猎白毛海豹。这对于住民来说是一种行之有效的安全措施,既可以推动全球抗议的浪潮,又不影响自身的收入,因为他们大多捕猎的是较大的海豹——4—6周大的幼海豹、1—4岁大的未成年海豹和成年海豹。

然而,加拿大政府拒不退让。为了反驳一幅屠杀"海豹宝宝"的图片,渔业部在1984年2月15日的《多伦多星报》上解释说:"一只'绒毛球'海豹就如同一个20多岁离开家的年轻人,等到它1岁大时,已经换过几次工作,也离过婚了。"①渔业部长皮埃尔·德·班恩(Pierre De Bané)还在3月10日的《纽约时报》上继续进行攻击,将加拿大鱼制品抵制运动的组织者们称为"敲诈者"、"骗子"、"法西斯分子"。②

虽然在1984年时,用大船进行海豹捕猎从技术上来说还是合法的,但是已经没有一艘船前往冰层捕猎了。几个世纪以来头一次,捕猎完全交由住民来做了。1985年,欧洲延续了进口禁令,因此1985年

---

① David Story(大卫·斯托里),"Shooting Hold in Seal Hunt Protests"("拍摄抑制住了对海豹捕猎的抗议"),*Toronto Star*(《多伦多星报》),15 February 1984,在 Lee(李)1988,24 予以引用。
② 渔业部长皮埃尔·德·班恩(Pierre De Baneé)的话在 "Ottawa Rejects Ban on Seal Hunt"("渥太华拒绝海豹捕猎禁令"),*New York Times*(《纽约时报》),10 March 1984,2中被引用。

和 1986 年时的情况也是如此。1987 年 3 月,2 艘大船带着步枪冒险去捕猎幼海豹和成年海豹,由于冰层太厚,他们只收获不到 3 100 张毛皮。① 然而,这一举动却激怒了活动家们。三个核心团体——绿色和平组织、IFAW 和海洋守护者协会——没有时间针对 1987 年的捕猎组织抗议,但是显而易见的是,如果捕猎持续下去,来年春天抗议者们就会重新行动起来。

禁止捕猎白毛海豹

西北部大西洋的竖琴海豹数量正在逐渐恢复。20 世纪 80 年代中期,竖琴海豹数量约在 200 万只,母海豹又生育了 50 万只白毛海豹,因此每一季数量都在增加。② 显然,竖琴海豹已不再存在数量上的危机,更不可能灭绝。

但尽管如此,1987 年底,加拿大政府仍然决定禁止捕猎白毛海豹和蓝背海豹,禁止使用大型近海船(长度超过 65 英尺或者 19.8 米的船)捕猎其他种类的海豹。纽芬兰国会议员约翰·克罗斯比(John Crosbie)后来承认,之所以做出这样的决定,很大一部分原因在于国际爱护动物基金会组织的抵制加拿大鱼制品的运动对经济造成重大影响,这比一些近海船无法捕猎海豹所产生的出口收入的损失要大得多。③ 政府仍然允许住民从小船上射杀海豹。1983 年设定的 186 000 只配额仍旧保留,但是这已经远远超过了住民能够捕猎到的数量,自 1983 年至 1995 年间,加拿大平均每年只能捕获 51 000 只竖琴海豹。

活动家们卓有成效地结束了加拿大商业海豹捕猎业,多年来,活动家们额手称快,在他们看来,这是人类的体面和生态的重要性战胜

---

① Candow(坎达)1989,189。
② Fisheries and Oceans Canada(加拿大渔业及海洋部),"The Harp Seal"("竖琴海豹"),网址 http://www.dfo-mpo.gc.ca。
③ Canadian Broadcasting Corporation(TV)[加拿大广播公司(电视)],"Ottawa Ends Large-Scale Seal Hunt"("渥太华结束大规模海豹捕猎"),30 December 1987, 视频可登录 http://archives.cbc.ca/观看。

了无谓的奢侈浪费。[1] 在 1989 年的一篇自传性质的回忆中,布莱恩·戴维斯称之为"加拿大的一次胜利"[2]——这次胜利受到海洋守护者协会、国际爱护动物基金会和绿色和平组织的称赞,这些团体如今已将资源转移到其他事业上。但是,正如我们在 21 章中会看到的,这场战斗还远未结束。

---

[1] 这一"胜利"给一些渔村社区,尤其给因纽特人,造成巨大的经济困难。反对捕猎竖琴白毛海豹的主要运动造成海豹皮价格动荡,最终导致全世界的海豹皮市场崩溃。用努勒维特汤噶维克同盟(Tungavik Federation of Nunavut)的约翰·阿木古阿努科(John Amugualuk)的话来说,因纽特人是"无辜的旁观者"[引自 Dale(戴尔)1996,91],被卷入一场混战,活动家、媒体和消费者(尤其是欧洲消费者)未能将捕猎成年海豹的因纽特人与以白毛海豹为目标的大规模商业捕猎区分开来。以拉布拉多地区因纽特人为例,由于海豹捕猎收益的损失,他们的收入减少了 1/3。

[2] Davies(戴维斯)1989,220。

第21章

为全球化市场捕猎幼海豹

1990年代中期,加拿大政府采取措施扩充捕猎"成熟"海豹的小船只队伍的力量——此时竖琴海豹数量已超过500万只。禁止捕猎6—12天大的白毛海豹的禁令仍旧有效,但给予幼海豹(2—12周大)的捕猎配额却在悄悄提升,还向小船只渔民和海豹加工企业提供直接或间接的补助,以恢复商业利益。不久之后,海豹毛皮价格开始上涨、市场扩大,利润增加。如今的小船只捕猎规模是半个多世纪以来最大的,曾经被活动家们视为展示如何利用媒体改变消费者意识的教科书式的典范作法,却被用来证明政府和企业是如何有实力在市场全球化的时代保持消费增长的。

海豹捕猎的复兴逐渐引起了许多反捕猎活动家们的震惊。许多人又重新投入运动,他们认为这只不过是给重新开始全球最严重的年度屠杀海洋哺乳动物披上了一层欺骗的外衣,他们对此怒不可遏。绿色和平组织和国际爱护动物基金会再次合作,并联合其他50多个团体,建立起反对捕猎海豹联盟。演员马丁·西恩(Martin Sheen)和音乐家保罗·麦卡尼(Paul McCartney)等各界名人也再次回归。这次运动与20世纪70年代和20世纪80年代的并没有太大区别——春季捕猎时媒体制造些噱头吸引公众的注意,拍摄一些捕猎海豹的镜头,向政客请愿,想方设法扰乱市场,抵制加拿大海产品。

但是这一次,活动家们未能对政府或消费者造成太大的影响。竖琴海豹的捕猎量居高不下——2007年配额有所下降(55 000只海豹)只是因为冰层状况不理想,而并非由于环保主义者或动物权益保护者的压力。为什么现如今的运动无法取得以往的成功呢？有很多因素在发生作用。一些消费者穿着皮草表示自己与环保宣传相对抗——即使在欧洲也是如此。更多的消费者似乎认为，如今的海豹捕猎是一种可持续的、人性化的行为。加拿大政府也更善于应对主流媒体：公关团队想方设法与活动家们相对抗，他们塑造起渔民是社会中坚的形象，利用统计数据表明地球上海豹数量庞大，而鳕鱼已经濒危，他们还利用语言向大家传达可持续化管理和人性化管理的概念。

除此之外，和1970年代以及1980年代的活动家联盟不同的是，如今的联盟力量分散薄弱，许多团体只不过是极小的机构，过去几个重要的团体——尤其是绿色和平组织和国际爱护动物基金会——如今都成了复杂的组织，追求着多方面的利益。要想协调一项运动变得更加困难，而在诸如抵制加拿大海产品等运动中，应该采取何种策略出现了重大分歧。行动主义走向了全球化，政府也掌握了更高超的技巧，将活动家们的理想主义说成愤世嫉俗，这一切都使得活动家们更加难以利用媒体作为一种自由的途径，来改变消费者的"意识"。

但是，与反对捕猎的活动家们形成的影响相抗衡的一个最关键的因素是加拿大海豹皮市场的全球化。活动家们在欧洲仍然取得了进展——例如，2007年，比利时、意大利和卢森堡禁止进口所有的海豹制品，不仅仅是白毛海豹。但这些市场终究太小。另一方面，在俄罗斯和中国这两个进口了90％加工过的竖琴海豹皮（已经过处理和染色）的国家，活动家们既没能对消费者产生影响，也没能对政府产生影响。要想更清楚地了解这些运动，我们需要退回到90年代中期，回顾一下加拿大政府是如何设法恢复了竖琴海豹的商业捕猎的。

唤醒产业

加拿大政府强调，自1996年以来的竖琴海豹捕猎与以往的商业捕猎并不相同。根据《海洋哺乳动物法规》的规定，捕获、交易或出售白毛海豹仍然是违法行为，这就确保了更加"人性化的"捕猎。允许捕猎的配额经过了精心设定,保证"可持续"捕猎。此外,长度超过 65 英尺(19.8 米)的船只上的捕猎者只允许作为"收集者"参与捕猎,这样一来,只有小型船只的无业渔民也可以靠捕猎挣得一点儿收入。

1995 年时,政府解释说,之所以提高海豹的允许捕猎量,是为了保护纽芬兰大浅滩数量暴跌的鳕鱼不会受到数量"激增的"竖琴海豹的影响。"只有一个主要玩家在捕猎这个种群,"加拿大渔业部长布莱恩·杜宾(Brian Tobin)说道,"这个玩家姓竖琴,名叫海豹。"① 事实上,杜宾估计,竖琴海豹每年吃掉了 10 亿条大西洋鳕鱼。海豹的数量如此庞大,大西洋加拿大渔村又如此贫困,那么扩大海豹的商业捕猎就是唯一理性而负责任的方法。②

遵循这个逻辑,加拿大政府将 1996 年捕猎季竖琴海豹的配额提升至 250 000 只。并开始以直接或间接的方式提供几百万美元的补助,帮助产业恢复生机(同时提高毛皮价格)。转机即刻出现。1996 年竖琴海豹的捕获量超过 240 000 只,1998 年再一次增加至 280 000 多只,但 1999 年又跌至不足 245 000 只。2000 年,由于毛皮价格较低,运作成本较高,冰层状况又不理想,导致捕获量减少了一半多——只有 91 600 只——但是 2001 年又回升至 226 000 多只。③

扩大市场

这一次,加拿大海豹捕猎产业竭力扩大竖琴海豹毛皮的市场。例如,20 世纪 90 年代末,加拿大海豹业发展委员会四处劝说皮草产业重新引入海豹毛皮。这曾经是——现在仍然是——一项艰巨的挑战,加

---

① 加拿大渔业部长布莱恩·杜宾(Brian Tobin)在 1995 年 12 月 18 日的新闻发布会上说了这话,Lavigne(拉维尼)1995,11n3 予以引用。
② 杜宾在加拿大广播公司(电视)的一次访谈中做了这样的估算,"The Seal Hunt Makes a Comeback"("海豹捕猎卷土重来"),18 December 1995,可登录 http://archives.cbc.ca/观看视频。
　　用来证明大西洋竖琴海豹的数量恢复导致鳕鱼数量大量减少的证据尚存在争议。海豹不仅以鳕鱼为食,也以鱿鱼等鳕鱼的捕食者为食。成年竖琴海豹的通常食用毛鳞鱼、玉筋鱼、北极鳕鱼、螃蟹、鱿鱼、虾和磷虾。平均算来,商业鳕鱼在竖琴海豹食谱中仅占 3%。如今,加拿大渔业及海洋部意识到海豹与鳕鱼数量之间复杂而又不确定的联系,也就不再认为商业捕猎海豹是保护或恢复鳕鱼数量的必要方法了。
③ Fisheries and Oceans Canada(加拿大渔业及海洋部)2003,24。

拿大80％的皮草销往美国，但是美国1972年的《海洋哺乳动物保护法》禁止销售幼海豹毛皮。

然而，海豹皮草慢慢地在全世界又重新开始流行起来。部分原因在于90年代末，对于真正皮草外套的需求量开始上升。曾经宣称"宁可裸体，也不穿皮草"的超级名模们开始身披真正的皮草出现在时尚秀场。以2002年为例，全世界范围内皮草的零售额增加了10％，使之成为当年"表现最佳的奢侈品"。皮草在年轻的消费者中逐渐流行起来，2002年，皮草消费者的平均年龄从49岁降至35岁。即使在英国这个曾经是世界上最排斥皮草的市场，2002年皮草和皮草配饰的零售额也增长了35％。一些年轻的消费者——他们能说出足够多的嘲讽的话，即使铁石心肠的捕猎者也能被逗乐——对营销人员说，他们已经"厌烦了被人说教"，在购买皮草时有一种叛逆感。①

随着竖琴海豹市场急剧发展，加拿大政府于2001年停止对海豹捕猎的直接补助。② 2002年总共捕获312 367只海豹，自1960年代以来首次突破300 000只大关。（加拿大政府之所以允许捕猎者超过当年的配额，是因为2000年的捕获量实在太少。）竖琴海豹毛皮的国际价格仍然坚挺，而海豹肉及其他海豹制品也带来了上百万美元，使得2002年竖琴海豹的到岸价值约达2 100万加元——大约是前一年的4倍（550万加元）。③

海豹捕猎业如今蒸蒸日上，为了进一步扩大产业，加拿大政府将未来连续三年（2003至2005年）的配额增加到975 000只。2003年，加拿大捕猎者捕到了283 500只竖琴海豹，但由于毛皮价格下降，到岸价值也随之跌至仅1 300万加元。2004年，加拿大政府发放了15 000多张捕猎许可证（包括专业使用、助理使用和个人使用），而且由于天

---

① Friedman（弗里德曼）2003，5。
② 参见Schultz and Barnes（舒尔茨和巴尔内斯）2002，56。非直接补助，例如加工设备的支持，仍在继续提供。据加拿大商业与环境研究所所长盖理·加隆（Gary Gallon）估计，从1995年至2002年间，加拿大政府共向海豹捕猎投入了2 000多万加元，包括向当地渔业办公室提供的资助，以及给予海岸巡防队的支持。Schultz and Barnes（舒尔茨和巴尔内斯）2002，56对加隆的评论作了概述。
③ 参见Fisheries and Oceans Canada（加拿大渔业及海洋部）2003，9，24。

气条件有利,捕猎者捕获了366 000只竖琴海豹——这是约50年来最高的纪录。① 2004年海豹的到岸价值差不多达到1 650万加元,虽然不及2002年,但是比2003年要高。②

此次收获的绝大多数是不足3个月大的海豹的毛皮,这也部分反映了市场的需求。竖琴海豹年龄不同,毛皮的平均价格也有较大的差别,不到1岁的竖琴海豹在全球市场上是最值钱的。2004年,一只"绒毛球"海豹毛皮(取自2—5周大的脱毛期海豹)的平均到岸价值为16加元,一只幼海豹毛皮(取自不足3个月大,已脱完毛的海豹)的平均到岸价值为48加元,而成年海豹毛皮的价值仅为7加元。③ 2004年,海豹肉和海豹油的市场都还很小,但是对于富含Omega3的海豹油的需求量越来越大,这就有可能使情况得以改善。④

和1980年代时一样,竖琴海豹毛皮的消费市场主要在海外。出口的海豹皮中,大约2/3是生的(未经处理的)。2005年,挪威是生海豹皮的主要买家,进口了约130 000张。格陵兰进口了46 600张,排名第二,紧随其后的是芬兰,进口了19 000多张。剩下的海豹皮在加拿大的加工厂里"修整"(处理、染色)。2005年,大约90%修整之后的海豹皮卖给了俄罗斯和中国的代理商。这两国的需求量在迅速增加。

---

① 参见Fisheries and Oceans Canada(加拿大渔业及海洋部),"Seals and Sealing in Canada:Facts about Seals, 2004—2005"("加拿大海豹及海豹捕猎:关于海豹的事实,2004—2005"),及"Socio-Economic Impact of the Atlantic Coast Seal Hunt"("大西洋沿岸海豹捕猎的社会经济影响"),网址http://www.dfo-mpo.gc.ca/。

2003—2004年海豹捕猎数字仅就加拿大而言。格陵兰也在捕猎西北部大西洋竖琴海豹。与加拿大不同的是,格陵兰并未对允许捕猎的总量作出规定。目前,格陵兰海豹捕猎者捕获的竖琴海豹数量在90 000只至110 000只之间,还有约7 500只冠海豹。然而,捕猎中被击中又跑掉的海豹比例很高,因此很有可能,这些海豹捕猎者每捕获1只海豹实际上已经杀了2只海豹。

② 2002年,加拿大捕获的海豹总量中,有超过90%来自纽芬兰省。该省1名典型的海豹捕猎者的年收入中,由捕猎海豹获取的收益就占了25%—35%,尽管海豹捕猎在纽芬兰价值6亿加元的渔业中所占比重较小。

③ 加拿大渔业及海洋部数据,IFAW(国际爱护动物基金会)2005,10进行了概述。2004年时1只小幼海豹的毛皮的平均到岸价值(48加元)比1997年时(22加元)多了1倍。1997年时,幼海豹毛皮平均能挣得15加元,"绒毛球"12加元,成年竖琴海豹9加元[Canadian Institute for Business and the Environment(加拿大商业与环境研究所)2001, 23]。

④ 20世纪90年代中期,亚洲市场对于海豹阴茎的需求量很高,据说,海豹阴茎可以提升性机能。结果,雄性海豹的尸体比雌性海豹的尸体贵了1倍多。1998年,随着万艾可的问世,对海豹阴茎的需求量急剧下跌。如今,需求量已经非常少了。

巴里集团公司在纽芬兰运营着两家毛皮修整厂,公司的狄昂·达金斯(Dion Dakins)在提及这个趋势时说道:"俄罗斯是最大的买家,中国需求旺盛,正在步步紧逼。"①

可持续的、人道的收获?

加拿大渔业及海洋部称,虽然目前幼海豹的捕猎量较大,但是西北大西洋的竖琴海豹数量稳中有升,据估计,1999年海豹总共520万只,2000年550万只,2004年590万只。2005年总共允许捕猎319 500只海豹。尽管2005年捕获量不及2004年,但由于毛皮价格上涨,所以总到岸价值基本相当(1 650万加元)。2005年一张毛皮的平均价格约为52加元——比2004年上涨了18%。②

加拿大政府微微增加了2006年允许捕猎的竖琴海豹的数量,达到325 000只——另有10 000只留给原住民捕猎。2007年仍然执行该配额,但是有许多小海豹在"海湾"地区的破冰中淹死,于是政府决定在春季捕猎开始时,将配额降至270 000只。③ 此时的西北大西洋海豹种群是1970年代的3倍,虽然近几年捕猎配额较高,一旦幼海豹长成繁殖期海豹,其数量有可能稍有减少,但没有灭绝的危险。

一些政府官员走得更远,他们推翻了许多环保活动家的论点,将捕猎描述为维持可持续生态系统的必要之举。"不仅仅是收入的问题,"渔业部长洛约拉·赫恩(Loyola Hearn)2006年时说到,"这是关于种群的可持续发展。如果我们无法确保大自然达到恰当的平衡,那会发生什么呢?如果种群不断发展,直至……自我毁灭,又会发生什么呢?"④

政府制定了新规,确保海豹捕猎者能够获取一只海豹尸体上所有

---

① 狄昂·达金斯(Dion Dakins)的话,引用于Armstrong(阿姆斯特朗)2006b, A3。该段落中的数据来自加拿大统计局国际贸易处,在Armstrong(阿姆斯特朗)2006b中作了概述。
② 参见Fisheries and Oceans Canada(加拿大渔业及海洋部),"Socio-economic Impact of the Atlantic Coast Seal Hunt"("大西洋沿岸海豹捕猎的社会经济影响"),网址http://www. dfo-mpo. gc. ca/。
③ 在2006—2010这5年管理规划中,加拿大渔业及海洋部调整了允许捕猎的总量,反映了环境条件正在发生变化。
④ 加拿大渔业部长洛约拉·赫恩(Loyola Hearn), Armstrong(阿姆斯特朗)2006a, A8予以引用。

能获取的商业利益(这样也有助于避免浪费)。从2003年起,捕猎者必须将整只海豹或者整张毛皮带上岸——防止他们捕获海豹只为了海豹身上的某一部分(例如某个器官)。根据加拿大联邦学徒计划的规定,捕猎者必须学习如何迅疾高效地杀死海豹。例如,在使用棍棒或者刺棒时,必须"猛烈重击海豹前额,直至头骨被敲碎。"①(然而,如今更多的捕猎者都是从船上射击海豹,因为幼海豹比白毛海豹更加灵活机警。)2003年的一份《海洋哺乳动物规例》的修正案中规定,捕猎者在剥皮放血之前,必须通过触摸海豹来检测其眨眼反射,以确保海豹已经脑死亡。(之前则是允许捕猎者通过检测头骨来确认死亡。)联邦政府声称,这些规定比以往任何时候都更能确保"迅速而人道地杀死动物。"②在最近的一份研究中,加拿大兽医协会也发表了相同的看法,"现如今,被捕获的大多数海豹都以一种人们可以接受的人道的方式被杀死。"③

这些规定和过去40多年里的其他规定一样,几乎都没能令环保活动家和动物权益保护者们满意。许多人又一次震怒了,一场终止海豹商业捕猎的全球性运动再一次席卷纽芬兰海岸。

反海豹捕猎同盟

如今,有50多个活动团体反对加拿大的海豹捕猎。这些活动家们再一次试图在辩论时,通过语言刺激,促使消费者考虑捕猎海豹的道德后果和环境后果。美国慈善协会等团体称之为"地球上最大的海洋哺乳动物商业屠杀"。国际爱护动物基金会等团体则指控"每年一次的幼海豹捕猎"仍然"残酷得令人无法接受"。④ 加拿大绿党也因为这是一种"极其残忍的行为"而反对捕猎。演员马丁·西恩代表海洋

---

① Marine Mammal Regulations(《海洋哺乳动物规例》), *Canada Gazette*(《加拿大宪报》), pt. 1, vol. 1, no. 9 (2 March 2002), 507。
② Fisheries and Oceans Canada(加拿大渔业及海洋部) 2003, 1。
③ Daoust et al(达奥斯特等人) 2002, 693。
④ 参见网址 http://www.protectseals.org/和 http://www.ifaw.org/。显然,环保组织世界自然基金会认为捕猎海豹是一项可持续的行为,且相当人道,因此并不反对。

守护者协会,用他在《白宫风云》①这部电视剧中扮演的总统的声音,呼吁终止这种"每年血腥屠杀无辜动物的惯例。前披头士乐队成员保罗·麦卡尼(Paul McCartney)在2006年3月参加了圣劳伦斯海湾的抗议活动,他在接受媒体采访时称,海豹捕猎行为"令人心碎","这是加拿大人民品行上的污点。"海洋守护者协会也对加拿大政府的"猎杀配额"及其将几百万只竖琴海豹幼崽处以"死刑"颇有微词。②

据IFAW估计,2005年出生的竖琴海豹中约有1/3被猎杀,尽管这些并非白毛海豹,但也仍是幼小而无防御力的幼崽。美国慈善协会称,许多海豹只有12天大,而几乎所有的海豹——2000年至2005年间捕猎的95%的海豹——都不超过12周大。③

所有团体均认为,用棍棒击毙小海豹是残忍的。他们也迅即指出,射杀也并非一种人道的行为。这些被射杀的海豹要不在捕猎者从船上到达前苦苦挣扎,要不逃走之后死路一条。IFAW和海洋守护者协会等团体进一步断言,捕猎者仍在活剥海豹毛皮。IFAW控诉说,事实上,虽然有新规定,但是很少有捕猎者在剥皮前真正检测眨眼反射的。海洋守护者协会指出,有42%的海豹被活剥了皮。④

在一些活动家看来,现在的捕猎不仅野蛮,也不具有可持续性。IFAW提出理由,声称自1990年代中期以来死灰复燃的海豹捕猎是出于短期的政治决策,而非长远的保护,被"屠杀"的海豹数量之大,"从生物学上来说不利于可持续发展","从科学角度来说也是不合理的"。而且,基于"配额"和"着陆捕猎"所作出的对生态影响的估计是具有误导性的,因为其中并不包含射杀后跑掉的或者由于毛皮破损而

---

① 《白宫风云》是美国一部政治题材的连续剧,马丁·西恩在其中饰演美国总统。——译者注
② 参见 http://www.greenparty.ca/,了解加拿大绿党在海豹捕猎问题上的官方立场。马丁·西恩(Martin Sheen)的话出自"Martin Sheen Speaks Out Against the Seal Hunt,"("马丁·西恩公然反对海豹捕猎")网址 http://www.seashepherd.org/。保罗·麦卡尼(Paul McCartney)的话出自加拿大广播公司CBC新闻"Harp Seal Hunt a 'Stain' on Canada, McCartney says,"("麦卡尼说,竖琴海豹捕猎是加拿大的'污点'")网址 http://www.cbc.ca/。海洋守护者协会的话参见 http://www.seashepherd.org/。
③ 参见 Humane Society of the United States(美国慈善协会), "Facts about the Canadian Seal Hunt,"("加拿大海豹捕猎情况")网址:http://www.hsus.org/。
④ 参见海洋守护者协会网站 http://www.seashepherd.org/。

遭丢弃的海豹。①

绿色和平组织也基于环境原因反对捕猎海豹。该组织称 2003 年至 2005 年的配额是"不负责任的",所立足的也是"不准确、不完整、不合时宜的"的科学。该组织还提出理由,指出该配额并不能充分考虑到威胁西北大西洋海豹种群活力的许多复杂因素,包括"击杀丢失的比例"、非法捕猎、被渔网兼捕的海豹、格陵兰同种群海豹的捕猎以及预期未来 10—15 年海豹出生率的不确定性等等。也没有考虑到气候变化会破坏产崽冰层的状况(如 2007 曾发生的那样),从而对所有海豹的生存构成威胁。②

2005 年 1 月,反对海豹捕猎的活动团体组成的同盟也开始了一项抵制加拿大海产品的运动,受众主要是美国和加拿大的零售商店和餐馆,尤其是北美洲最大的海鲜连锁企业"红龙虾",这家企业拥有 600 多家餐馆。加入该同盟的团体包括加拿大动物联盟、美国慈善协会、世界保护动物协会、环境选民党、海洋守护者协会和善待动物组织(但是不包括绿色和平组织和国际爱护动物基金会,尽管这两者均是反对海豹捕猎的"统一对抗"组织的成员)。这次抵制运动的目标是要"让海豹捕猎无利可图,每年都要让杀死海豹的捕猎者直接付出相当于商业捕猎收获的利润约 50—100 倍的代价。"③

加拿大海鲜产业每年收入总计约 30 亿加元,其中差不多有 3/4 来自于出口美国的收入。因此同盟希望能够通过打击加拿大海鲜产业来实现自己的目标。然而,到目前为止,只有为数不多的买家参与到抵制运动中来——诸如野燕麦有机超市(Wild Oats Markets)、金普顿酒店集团(Kimpton Hotels and Restaurants)和立格尔海鲜(Original Fish Legal Sea Foods)——但他们在加拿大海鲜产业中所占份额很小。

---

① IFAW(国际爱护动物基金会)2005,6,8-9。
② "Bad Science: Harp Seals' Future on Thin Ice"("糟糕的科学:薄冰上竖琴海豹的未来"),10 March 2005,网址 http:// www. greenpeace. org/;Cox(科克斯)2005,A15(布鲁斯·科克斯是加拿大绿色和平组织的执行董事)。也可参见 Johnston and Santillo(约翰斯顿和桑提诺)2005。
③ 参见"Boycott Canadian Seafood"("抵制加拿大海产品"),网址 http://www. sealhunt. ca/。

未抓住消费者

如今更大的反捕猎活动反倒未能如20世纪七八十年代时较小型的活动那样对消费者造成影响,导致这种结果的因素有很多。由于各团体分散行事,活动家们的精力无法集中,就有可能生成互相矛盾的信息,犯了错误给行动抹黑的几率也更大。他们所采用的策略不再是发布新颖的新闻,更多的个人和团体竞相通过每日的抗议吸引眼球。而捕猎者和加拿大政府在媒体上宣传反击形象和反击语言时,也更加得心应手。此外,许是对媒体的恐慌有免疫力,又许是对一些运动推动者说教的语气存有叛逆心理,许多消费者就是很难被说服。

绿色和平组织和国际爱护动物基金会过去曾是主要的运动团体,如今发展得更加壮大,结构也更复杂。乍看之下,似乎表明它们更有能力对捕猎行为发出挑战。但是,这些团体与20世纪七八十年代时相比,对抗性减弱了,反对海豹捕猎也不再是他们的核心工作。

浏览一下国际爱护动物基金会过去30年的历史就会发现,它的组织结构、关注焦点和工作战术都发生了重大变化。1979年,布莱恩·戴维斯将基金会总部从新不伦瑞克的弗雷德里克顿迁往马萨诸塞州的科德角,当时只有七名员工。到1997年,弗雷德里克·奥瑞根(Frederick O'Regan)接替戴维斯担任主席时,科德角总部人员已达70人。如今,总部团队成员中包括100多名科学家、管理人员和专家,每年工资支出超过300万美元。

国际爱护动物基金会如今在全世界拥有200多名员工和13个办事处。他们受命终止针对动物的残忍行为,保护物种,促进了多项保护鲸鱼、大象、海豹、猫和狗的运动,以及一项终止野生动物非法交易的运动。此外,基金会还雇用了一支快速反应团队,协助处理石油泄漏的善后工作,帮助遇险的动物。不同的分支采用不同的战术,许多战术都对改变现状富有成效。例如,IFAW的科学家们与康奈尔大学合作,开发了一种声浮标,有助于在繁忙的船运航线上探测到鲸鱼的位置。基金会还付钱给当地捕龙虾的渔夫,让他们将浮绳换成下沉的绳索,以免捕捉到路过的鲸鱼。①

　　虽然承担的任务范围更广,但国际爱护动物基金会仍然在反对海豹捕猎同盟中发挥着领导作用。这个同盟正在赢得一些"胜利"。如上文所说,基金会已设法在欧洲更努力地禁止进口所有海豹产品,不仅仅是白毛海豹。2007年初,比利时、意大利和卢森堡实施了全面禁令,只不过这仅是暂时的。虽然欧洲议会最终拒绝了2007年3月提出的在欧盟所有27个成员国全面禁止海豹产品进口的呼求,但是欧洲委员会还是决定对此进行深入调研。

　　但这些"胜利"与1980年代的那些不可同日而语。中国和俄罗斯如今进口了加拿大90%的已经修整的幼海豹毛皮,这两国的政治文化因素严重限制了活动家们的行为,使其无法对政府和消费者产生影响。"我们的市场在俄罗斯和中国,"加拿大出口商达金斯解释说,"他们根本不关心谁是保罗·麦卡尼。"②他的话极好地反映了今天那些竭力改变消费者意识的反捕猎运动活动家们所面临的最严峻的挑战——市场的全球化。

---

① Murphy(墨菲)2004,B3。也可参见国际爱护动物基金会网站 http://www.ifaw.org/。
② Dion Dakins(狄昂·达金斯),引自 Armstrong(阿姆斯特朗)2006b,A3。

第 22 章

动荡市场的全球化

从 18 世纪中期至 20 世纪中期大西洋海豹捕猎业的历史代表了这段时间许多可再生"资源"的历史。一代又一代的普通人在冰原上经历千辛万苦,从海豹捕猎船船主那里求得一点微薄的收入。冰层和大海夺走了 1 000 多人的生命——有些人在痛苦的噩梦中死去,就像 1914 年"纽芬兰号"的船员一样。但是每年仍旧有几千名老手回到冰原,还有几百个男孩子到冰原上完成自己从男孩到男人的转变。对于靠捕猎过活的居民来说,前往冰原是一种生活方式,写在歌曲里,记载在传奇中。19 世纪中期的春季捕猎,通常会捕获 50 多万只幼海豹,而捕猎者却总是忧心忡忡,担心即将到来的风暴,担心脚下的冰层移动,甚至担心宿命和鬼神——但他们不担心收益会一直持续下去。无论冰原对人类有多残忍,但在捕猎者看来,它却一直保护着白毛海豹崽,防止捕猎者靠近,以确保将来仍会有大量的海豹可以产下幼崽。

但是,与许多其他的可再生资源——例如鳕鱼和鲸鱼,仅举这两例——面临的状况一样,科技的进步,加上消费的不断增长,对竖琴海豹种群的复原能力提出了越来越高的要求,直至海豹无法维持越来越高效的捕猎。船主将小木船换成了大轮船,将帆船换成了汽船,最后,又将木质轮船换成了钢铁破冰船,他们给破冰船配了冷冻设备、雷达和搜寻直升机。不久之后,随着船长们将船舱中塞满了体型较小的白毛海豹,"捕猎"由此成了"丰收"。

全球性危机——经济大萧条和两次世界大战——减少了对海豹的商业需求。但有统计数据表明,捕猎对象已明显转向了数量更少的东北大西洋竖琴海豹,其数量从 18 世纪的两三千万只,减少到 1900 年时的约 1 000 万只,到 1950 年时,仅有 300 万只了。纵使加拿大和纽芬兰政府都实施了越来越多的新规,但是竖琴海豹的数量仍旧不断减少——到 70 年代初时仅有不足 200 万只。

加拿大和纽芬兰政府尽其之力,是否曾有可能管理好大西洋竖琴海豹的数量,避免衰竭,我们不得而知。但是加拿大东部"管理"大西洋鳕鱼的历史让我们对其能力没有什么信心。无论如何,这件事不再归他们管了。60 年代初,一小群环保和动物权益保护运动家发起了一项运动,最终导致欧洲于 1983 年颁布了进口禁令——从而有效地终止了白毛海豹的捕猎。接下来的几年里,买家寥寥,价格也不理想,几乎没有什么商业捕猎者费心去往拉布拉多和纽芬兰的圣劳伦斯海湾或者"前方"。1987 年,加拿大正式结束了白毛海豹的商业捕猎,许多人视之为明智的决定,可以修复加拿大的形象,还可以避免对更加赚钱的加拿大海鲜业的抵制。

这一小群活动家又是如何促成了全球消费模式的转变的?为何对白毛海豹适用,却不适用于其他动物,例如鳕鱼、猪或牛呢?回答了这两个问题,就可以大致了解消费的生态阴影转移、加剧和消退的复杂性。有了大胆而吸引眼球的举动,再加上名人助阵,这一小群坚定的活动家们将全世界媒体的目光都吸引到捕猎海豹这件事上。眼泪汪汪、满目哀求的白毛幼海豹被棒打、剥皮,这样的图片——还有一片血污的养殖场里海豹妈妈的哀号声——震动了北美洲和西欧成百上千万消费者的良知。向绿色和平组织和国际爱护动物基金会等组织的捐款源源不断地涌来。有了更多的钱,就可以更加精心地开展运动,直升机被派往了冰原,集会上发放免费的气球和 T 恤,组织人员前往欧洲各国的学校和政府办公室进行宣传抗议。

海豹幼崽确实可爱讨喜,容易接近,但这只是这场运动能够改变欧洲消费的阴影效应的一部分原因。小牛和小猪也很可爱,我们手边也有大量屠宰厂的视频录像,引起的不适丝毫不亚于任何一次海豹捕猎。但是道德和情感诉求似乎仅止步于消费模式的改变。许多人愿意放弃购买皮草等奢侈品,但却不愿意放弃吃汉堡包和培根。

今天的动物权益保护组织相较于60—80年代反对捕猎海豹活动家们面临着更强大的政治经济力量。海豹捕猎在纽芬兰经济中所占比例不大,在加拿大经济中则更小。大多数海豹捕猎者和政府官员仅仅将这些活动家们视为麻烦,而不是对产业的威胁。1986年加拿大海豹及海豹捕猎皇家委员会报告中干巴巴地说到,政府的回应"总的来说没什么效果",政府低估活动家们的能力,未能"进行有效的反击"。①

但是十年后,支持捕猎的游说团体从这次失利中吸取教训,准备好发起一场有效的反击战。90年代中期,加拿大政府开始增加允许的捕猎量,提供补贴,寻求新市场。政府官员强调,这并不是重新开始大规模捕猎白毛海豹。杀死白毛海豹仍然是违法行为,只有小型船只和当地捕猎者可以捕猎成年海豹——无论如何,这是一种必要的选择,防止竖琴海豹数量激增,使鳕鱼面临灭绝的危险。政府又进而颁布新规,确保捕猎以人道且可持续的方式进行。

加拿大政府发起反击战时,原先反对捕猎海豹的活动家们正忙于诸多新问题,例如鲸鱼、大象、森林砍伐和气候变化等等。海豹捕猎重新兴起,1996年捕获了240 000多只竖琴海豹——比1972年至1982年间的年平均捕获量还多了75 000只——令这些活动家们吃惊不小。他们重新组织同盟,指出海豹捕猎的新措辞满是欺骗。捕猎根本无关鳕鱼的保护,竖琴海豹几乎不吃商业鳕鱼。也不是为了保护本土或当地社区,而是为了获取几万张毛皮出口带来的利润。他们捕猎的也不是成年海豹,幼海豹通常只比白毛海豹大几周——有时只大几天——肯定不是2005年加拿大渔业及海洋部助理副部长大卫·贝文(David Bevan)口中所说的"完全成年、自力更生的动物"——竖琴海豹甚至直到五六岁时,才会性成熟。② 更重要的是,这种做法是不可持续性的。配额只计算了捕到的海豹,但却忽略了有很高比例的海豹被击中后沉

---

① Royal Commission on Seals and the Sealing Industry in Canada(加拿大海豹及海豹捕猎业皇家委员会) 1986,84,96。参见Lamson(拉姆森)1979,了解70年代后期,支持海豹捕猎的"反抗议"活动。
② Bevan(贝文)2005,A11。

入了海里,也没有考虑到,由于气候变化的影响,海豹的生育条件越来越恶劣。

如今进行的反对捕猎海豹的行动与过去的行动极其相似——至少表面上看来如此——有活动家和名人们在春季捕猎时现场见证,用视频录下捕猎者痛打幼海豹的场景,降低毛皮的零售价格,抵制加拿大海产品。但如今的运动又面临着更有效的支持捕猎游说集团——他们反击的形象、数据统计和可持续性的措辞均能够保持市场的平稳。而反对捕猎的活动家们的同盟则各自为政,效率低下。过去同盟的领导者——绿色和平组织和国际爱护动物基金会——如今却管理着企业预算,在交错进行的各项运动中寻求着平衡。50多个小型反捕猎团体正争相获得媒体关注和社会捐赠——更多的活动家在更多的地区为了更多的问题组织着运动,所有大大小小的团体都在争取得到公众的关注。

在欧洲进行的试图终止捕猎的运动正在取得一些进展。例如,2007年,比利时将针对白毛海豹的禁令延伸至禁止进口所有海豹产品。但是,现在加工过的海豹毛皮的主要市场在俄罗斯和中国,因此欧洲的禁令无法再对海豹捕猎业构成威胁。2002年,捕猎者捕获300 000只竖琴海豹,这是自1960年代以来第一次捕获这么大的量。2004年又捕获370 000只,是过去50年来捕获量最大的一次。2007年,竖琴海豹的允许捕猎量为270 000只,比前几年要低。但这并不是活动家们的功劳,只不过说明那年春天冰原状况不佳。自18世纪开始商业捕猎以来,海豹捕获量时高时低,也是因为这个原因。

国际爱护动物基金会继续将加拿大禁止捕猎白毛海豹的做法说成是"微弱的胜利"。① 这种精神胜利是否能够抵抗得住全球化市场的理性和效率?几个世纪以来,海豹捕猎者一直都很清楚,白毛海豹比幼海豹或成年海豹更易"聚集",若没有人类聚集它们,白毛海豹比幼海豹的自然死亡率要高,狂风、薄冰和移动的浮冰都会将几万只白毛

---

① IFAW(国际爱护动物基金会),"Who We Are"("我们是谁"),网址 http://www.ifaw.org/。

海豹掷入冰冷的水中,它们没有足够的鲸脂存活下去。而且若不能彻底禁绝,那么它们的毛皮往往会售至最高的价格。中国和俄罗斯等国家奢侈皮草的新兴市场会冲破白毛海豹的道德阻碍吗?老实说,"也许吧"。因为活动家、企业和政府都在竭力界定怎样的消费才有利于环境,怎样的消费不合伦理道德。

结语
改变全球消费

第 23 章

环保主义的幻觉

　　消费的生态阴影在不断发生着转变——从一处转移至另一处，加速发展，又逐渐势弱。这是因为全球人口不断增加，个人消费比例持续上升，加上企业、贸易、金融全球化产生压力，新一代消费者价值观发生改变，以及科技取得一个又一个的"进步"。这些转变中的阴影会对全球环境产生什么样的影响呢？看一看这几代人对汽车、冰箱和牛肉等产品的消费，我们就会发现，即使环境保护主义比以往更强大，但是这些消费品——以及许多其他消费产品——给全球环境造成的影响仍有所加剧。这就说明急需对政治决策和个人决策作出改革。

　　为什么会出现这样的情况？本章提出证据表明，环境保护主义已无法减缓消费品的生产、使用和更替将生态成本转嫁给偏远地区和子孙后代的步伐。消费与政治经济结构相互作用，不断将成本转嫁给处理能力较差的生态系统，以及无力适应的人群，而这一切发生的速度越来越快。此外，尽管环保主义全球化降低了消费的单位影响，并通过国际协定实施全球管控，但是全球化的经济力量依旧在投射下生态阴影，并拉长着这个阴影。经济全球化也削弱了活动家和国家的影响力，使其难以有效引导消费的环境影响的方向、速度和强度——这是竖琴海豹实例中的一项重要发现——这就可以解释为何在我们许多人庆贺着环保主义取得进展时，仍旧有那么多生态系统不断陷入危机。这些进展的本质使我们对于环保主义如何改变消费的全球政治经济有了诸多了解。

环保主义的进展

过去这 50 年来,环保主义得以加强,极大地推动了全球政治经济往新的方向发展。[1] 如今有几百条国际协定旨在保护生态系统不会受到日益增长的消费的影响,对濒危物种的交易、有害废弃物的倾销以及污染物的排放加以控制。与此同时,各国政府都在调整国内政策,缓和经济发展对环境造成的影响。这样的例证比比皆是。化学品储存和废弃物处理的规定越来越严格,汽车排放的标准不断收紧,能效目标不断提高,通过标识提醒消费者注意风险的做法越来越普遍,保护公用场地的规则也越来越严厉。

发展中国家政府实施环保政策的能力同样在不断增强。日本等捐赠国提供双边赠款和技术支持,协助培训员工。世界银行等贷方则提供资金,给予政策建议。还有一些机构,诸如全球环境基金(GEF)所涉机构,则为额外开支提供资助,这些开支用于兑现全球环境保护的承诺。自 1991 年成立以来,全球环境基金已通过世界银行、联合国发展计划署和联合国环境规划署向 160 个发展中国家和转型国家的 1 950 多个项目拨款 70 多亿美元,还与其他机构共同投资 280 亿美元。

几乎每家跨国企业都在寻求可持续发展的政策,通常是假托企业社会责任之名。有些企业对环保研究和科技进行了大量的投资。许多企业奉行自愿行为规范机制,例如化工行业推行"责任关怀"制度,并已加入自愿标识计划,告知消费者哪些是"可持续"产品。有几家企业,例如瑞典的伊莱克斯公司,正积极与发展中国家的供应商、制造商、用户和资源回收商合作,帮助他们提升环境绩效。还有越来越多

---

[1] 许多书籍都对过去这 40 多年来,全球环保主义政治学的进化发展做了调查。可参见:Guha(古哈)2000;Maniates(马尼阿特斯)2003;Lipschutz(利普舒兹)2003;Switzer(思维泽)2004;Elliott(艾略特)2004;Conca and Dabelko(孔卡和达贝尔科)2004;Speth(斯佩斯)2004;Clapp and Dauvergne(克拉普和道维尼)2005;Dryzek(德雷泽克)2005;Dryzek and Schlosberg(德雷泽克和施勒斯伯格)2005;Chasek,Downie,and Brown(切塞克,唐尼和布朗)2006;Betsill, Hochstetler, and Stevis(贝特西尔,霍克斯特勒和斯德维斯)2006;DeSombre(德索布雷)2007。

的企业参与到有关人权、劳工标准、环境、腐败等问题的行动中来,例如加入了"联合国全球契约"。

环保活动家的能量也越来越大。① 几十万个各色团体——规模大小不一——形成了一个倡导变革的活动网。许多团体不断重复着某些信息与形象,在公众心里植入新的语义和情感。例如,向消费者重新定义海豹的"捕猎"和"收获"是无意义的屠杀。然而,这样的转变并不是让活动家们仅仅"教育"一下被动的消费者就算了。广告商、科学家、政府官员和企业领导者都对这样的教育持质疑的态度。事实、措辞和故事错综复杂,造成各种不同的结果。有些情况下,用一个含有积极生态意义的词汇(湿地)代替另一个常用的含否定意义的词汇(沼泽)。另一些情况下,"无铅汽油"等企业用语也成为消费者的词汇,感觉好像是企业给消费者帮了忙。还有一些情况下,环保主义者没有对普通消费者的语言产生什么影响——因而也没有对其理解产生影响——比如说汽车"事故"。

非政府的活动推动者的兴趣和目标大相径庭,村民们组织起来为了保护尼加拉瓜的一小片土地,而拉尔夫·纳德和阿尔·戈尔(Al Gore)等名人则对国内或全球的人民发表演说,作出倡议。他们所采用的战略也多种多样,广告反对者们采用"文化干扰",滑稽地模仿广告对其进行抵制,让人们不要购买某种产品。而肯尼亚的"绿带运动"则采取直接的环保行动,在旺加里·玛塔伊(Wangari Maathai)(2004年获得诺贝尔和平奖)的领导下,已在非洲种下了几百万棵树。而在这一大群环保主义者中,有几个重要的跨国团体格外引人注目。国际绿色和平组织在几十个国家设有办事处,在世界各地拥有几百万支持者。地球之友的成员和支持者约有150万人,它已经发展成为全世界最大的基层组织网络,拥有70多个国家团体和5 000多个地区团体。

---

① 关于非政府组织和全球环保主义的文献,可参见 Keck and Sikkink(凯克和森金克)1998;Lee and So(李和索)1999;Newell(纽厄尔)2000;Bryner(布吕纳)2001;Wapner(威普纳)2002;Hochstetler(霍克斯特勒)2002;Gunter(甘特)2004;Park(帕克)2005;Pellow(佩洛)2007;Betsill and Corell(贝特西尔和科瑞尔)2007。

世界野生动物基金会在全球拥有将近500万忠实的拥护者,在100多个国家进行运作,雇用了将近4 000名员工,为2 000多个保护项目提供资助。

世界自然基金会等组织还在逐渐增加与公司的合作,合作方式各不相同,举几个例子来说。瑞典世界自然基金会与跨国食品企业利乐公司(Tetra Pak)共同进行可靠的木材采购,制定气候变化相关政策。世界自然基金会印度分会与奥地利水晶企业施华洛世奇协力,在印度东北部的凯奥拉德奥(Keoladeo)国家公园共同建造了一个湿地游客中心。世界自然基金会还与芬兰国家森林公司Metsähallitus合作,保护芬兰北部55 000公顷(136 000英亩)的原始森林。基金会与丹麦医药企业诺和诺德(Novo Nordisk)及其他十家企业——包括IBM、强生(Johnson & Johnson)、耐克(Nike)和宝丽来(Polaroid)等跨国企业——签订了"气候拯救"协议。这十一家企业希望齐心协力,到2010年时,减少10%的二氧化碳排放量——或者每年减少约1 000万公吨,差不多相当于马路上跑的小汽车减少200万辆。①

其他许多活动团体的分支机构——即便是曾经极具对抗性的绿色和平组织——如今也在不断增加与国家和企业的合作。森林管理委员会(FSC)和海洋管理委员会(MSC)等非营利性非政府组织实施的标识计划让我们看到这些活动家们是如何努力影响着市场和消费的。森林管理委员会由多个利益相关者于1993年建立,包括绿色和平组织、世界自然基金会和地球之友等非政府组织,宜家等零售商,以及多家森林企业和原住民。委员会对各组织进行监管,并且委派这些组织对合乎原则和标准的木材进行认证。森林管理委员会的标识——如今是全世界森林可持续管理领域最受认可的标识——向消费者提供了"可靠的保障",确保"产品来自于妥善管理的森林。"仅在过去10年里,全球就有60多个国家的5 000多公顷(1.24亿英亩)森

---

① WWF(世界自然基金会)2006, 5。

林满足了森林管理委员会的标准。家得宝公司等企业的采购也有赖于森林管理委员会的帮助——家得宝如今是北美洲最大的一家销售FSC认证木材的零售商。①

海洋管理委员会和森林管理委员会一样,利用其标识对市场、零售商和消费者产生影响。1996年,世界自然基金会和联合利华(Unilever)食品集团创立了海洋管理委员会,旨在推动渔业可靠且可持续地发展,此后,海洋管理委员会的影响范围和影响力不断扩大。例如,委员会最近将北太平洋的鳕鱼渔业及澳大利亚的裘氏鳄头冰鱼渔业认证为"可持续"渔业。诸如海洋管理委员会这样的标识能够对消费模式产生影响,若零售商同意只采购经认证的产品,那么这种影响力就显得尤其巨大。2006年,沃尔玛(Wal-Mart)——全球最大的零售商——承诺只从符合MSC标准的渔场采购野生海味,这便鼓励了其他几大零售商纷纷效仿(假设承诺得以兑现),使得海洋管理委员会的海产品能够在全球市场上赢得可观的份额。②

企业和消费者对于加强环境保护主义作出的反应也打开并拓展了许多其他市场。这样一来,有机农业所占农田面积增加到3 000多万公顷(7 400万英亩),而2005年时仅有500万公顷(1 240万英亩)。这十年来,节能产品的销量也在节节上升,随着政府实施更加严格的环境管制、消费者更加重视能源保护、企业争相抢占市场,上升的速度还会更快。消灭那些哪怕是看起来微不足道的低效率行为——例如家用电器在待机模式下费电——就能节约大量的资源。以微波炉为例,一天之中,一台常规微波炉在待机模式下给计时器供电所耗用的能源比加热或烹饪食物所耗用的能源还要多。事实上,如今在第一世界国家中,一个普通家庭消耗的能源之中有5%—13%是由家用电器

---

① 参见森林管理委员会网站http://www.fsc.org/。也可参见WWF(世界自然基金会)2006,4。关于家得宝和森林管理委员会,参见"Wood Purchasing Policy"("木材采购政策"),网址http://www.corporate.homedepot.com/。要了解更多关于认证、民间力量,以及改变森林状况的做法等等,参见Cashore, Auld and Newsom(卡索,奥尔德和纽森)2004;Gulbrandsen(古尔布兰德森)2005, 2006;Espach(埃斯帕齐)2006;Cashore et al(卡索等人)2007。
② 关于海洋管理委员会的背景,参见http://www.msc.org/。也可参见Gulbrandsen(古尔布兰德森)2005。

的待机模式消耗的。一些研究人员指出，如果设计时有更多节能的考虑，就可以减少 3/4 的能源浪费，而又不影响产品性能和使用的便利性。① 眼见浪费如此巨大，一些政府开始对电器待机模式下可以使用的能源进行了强制，比如加利福尼亚政府就于 2006 年开始推行这样的规定。

消费者的选择和做法也在发生变化，这也增强了环境保护主义。例如，许多年轻的旅行者都是作为生态旅游者去探索世界。有些人甚至"以工换食宿"，主动与世界有机农场机会组织联系，参与国外的工作。有些人在屋顶上栽种都市花园，将有机废物制成堆肥，到超市中搜寻购买本地种植的食物。还有一些人则设计出能使用更多太阳能和风能的建筑。在越来越多的城市中，有越来越多的人参与到路边回收的活动中来，他们冲洗并整理玻璃罐、塑料瓶和罐头盒，对成堆的硬纸板、纸张和新闻纸进行筛选。

那么，环保主义得以增强的最终结果又是什么呢？最显著的一点就是，全球范围内能源与资源的利用效率都大大增加。伐木工和渔民都力求维持一贯的收益。加工者和生产者不断改进技术，节约能源。卡车司机和发货人给货物打包以减少浪费。超市和商场利用更少的货架空间销售更多的商品。消费者记得关灯、拔插头，减少电费。资源回收商将更多的资源更高效地返还生产。新型产品设计使得再生利用更便捷，成本更低。废品管理公司在对待、焚烧、处理垃圾等方面做得更好。

所有这一切形成了一种新的全球经济，这种全球经济能够生产更多的消费品，但单位产出所耗费的能源及产生的废物却更少。与此同时，越来越多的人购买"互惠贸易""有机"及"可持续"产品，循环利用物品，保护能源，并且更加高效地使用商品。事实上，在一本几百页的书本及其几千个注脚中罗列环境保护的利好消息并非难

---

① 出自加利福尼亚劳伦斯伯克利国家实验室的艾伦·迈耶（Alan Meier），"Pulling the Plug on Standby Power"（"待机模式请拔掉插头"），*Economist*（《经济学人》），11 March 2006，32 作了总结。

事,比约恩·隆伯格(Bjørn Lomborg)在他的畅销书《多疑的环境保护论者》中就是这么做的。但这些消息并不意味着整个地球上一切都很好。[1]

增量环保主义的失败

让我们退后一步来看看全球环境,就会心生不安。全球范围内消费的不断增长,正在使得更严的环保法律、更高的环保标准以及环保活动家和慈善家们的创造力所赢得的成果逐渐化为乌有。新兴的环保市场以及生产过程中较低的单位环境影响也都因此不断受到冲击。除非经济陷入萧条,或是社会内部发生战争或者动乱,否则消费总量是不会减少的,那么最后产生的数字就很吓人了。现在,几十亿的人口对每样东西的消费量都很巨大,总量在不断上升。要想举例,可以举出成千上万的例子来。有些情况,诸如年产量5万亿左右的塑料袋,有许多不同的来源和用处,其实很难追踪。

在全球化政治经济下,伴随着——有时也是因为——全球环境保护主义的发展,贸易与投资在不断增长,消费随之疯狂上升,投射下更长更深的生态阴影。要解决消费品带来的问题,通常总是需要生产更多其他的商品,就好像在汽车这件事上,就需要制造更多的汽车座位、安全带、气囊,修建更多的道路,竖起更多的交通信号灯,提供更多的停车位。很少是通过生产更少的产品来解决问题的——就像含氟冰箱或含铅汽油这两个问题上那样——即使替换成另一种商品,通常也会带来总体上更多的消费。

正如本书中几个实例所表明的,对于利润和经济发展的追求往往会湮没对于防备措施的呼吁,即使面临着极大的不确定性或者危险时也是如此。随着贸易和投资的全球化,生产者与消费者之间的距离逐

---

[1] 关于全球环境治理无常性的分析,可参见诸多文献,包括 Vogler(沃格勒) 2000;Newell(纽厄尔) 2003;Falkner(福克纳) 2003;Jasanoff and Martello(亚萨诺夫和马尔泰洛) 2004;Conca(孔卡) 2005;Dauvergne(道维尼) 2005;Najam, Papa, and Taiyab(纳贾姆、帕帕和泰亚伯) 2005;Dimitrov(季米特洛夫) 2005;Humphreys(汉弗莱斯) 2006;Speth and Haas(斯佩斯和哈斯) 2006。

渐拉大，由此产生的变化过程往往会取代那些连接着非洲、亚洲和南极洲的更长的贸易和企业链所产生的后果。影响也渗透到了未来，有的需要几代人的时间才能显现。环境成本含糊不清，兼被转移，使得消费者更加难以理解——因此也不关心——看似无关紧要的个人选择对全球环境造成的累积影响。此外，木料和牛肉等许多交易商品的生产者价格与消费者价格并不能完全反映收获、加工、生产、运输、销售和处理等整个过程所耗费的环境或社会成本。正因如此，环境管理的收益便有所减少，这是那些依靠自然资源出口以推动经济发展的地区尤其要面对的问题。由这些资源制成的消费品价格低廉，这又怂恿了进口国家的浪费型消费和过度消费——这有助于解释清楚一些问题，例如为何超大型快餐让快餐连锁店有利可图，为何全世界过度肥胖的人越来越多。

久而久之，由于主权国家和跨国公司追逐利益，寻求划算的解决方法，而国际融资依靠外债支撑起本国经济，这种消费模式的环境成本往往不成比例地转嫁给了贫困人民和那些已处于风险之中的生态系统——从印度的贫民窟到柬埔寨的雨林。由于这些地区、这些人总是无力应对随之而来的改变，这又进一步加剧了消费带来的后果。正如我们从含铅汽油的历史中所看到的，在一些管辖区域内逐渐停止使用某种危险品，结果这些危险品及随之产生的环境成本被出口至偏远地区的其他管辖区域。

结论令人非常苦恼。环保主义并未能形成全球消费的可持续模式，而被许多高消费经济体的政策制定者们标榜为"环保进展"的一些成果，其实也只不过是这些富裕国家将后果与风险转嫁给了力量薄弱的生态系统和人民——因此对全球事务的影响较小。

这就不难理解为何即使有明显迹象表明全球的环境危机正在加剧，但是统治精英仍旧给予稳固的支持，推动经济发展。我们可以设想出很多理由。消费是个人的权利；企业的职能就是提供富有竞争力的选择；社区的职责是确保社区成员得享（越来越多的物质）福利；政府的职责是确保经济平稳发展，市民能有就业机会；而世界银行这样的国际贷款机构则是推动全球经济发展。大家对于如何提高人类福祉,推动经济以更加可持续的形式发展所能采取的最佳方法存在基本的共识,那就是更自由的贸易、更高的个人收入(实际意义上)、独立的跨国公司、可靠的全球融资、有竞争力的市场,以及稳妥的科学研究。人们普遍相信,在竞争性市场从事贸易和投资,可以确保资源的高效分配和利用。必须依靠经济资助推动欠发达经济的发展,而这些经济的发展又会反过来有助于维持全球秩序的稳定。同时,科学研究——我们认定其为客观和理性的——一方面保证科技进步,从而使消费者有更好的选择;另一方面也可以确保新产品投放潜在的危险会得到准确的评估。

这一基本共识——也有人称之为"意识形态"——可以赋予产业科学家权力,从而使得各个公司更加能够混淆视听、安抚人民,使人民不确定究竟是否需要采取行动(也使消费者更加担心,"毫无必要的规定"会引发经济后果)。独立科学家于20世纪60年代末开始调查环境当中存在的铅及其后果时,以及20世纪70年代调查含氯氟碳化物及其后果时,产业科学家们就是那样做的。此后虽然也取得了不小的进展,但如今企业仍在采用这样的策略拖延、阻碍甚至破坏许多环境法规的实施。

全球化的各项技术——飞机、电话、电脑——使得全球秩序的批评家们得以相互沟通,有时甚至组织发起高声抗议,引发全球媒体报道,正如反全球化活动家们所做的那样。从表面上看,批评家们似乎因此更有能力推动全球变革。然而,全球化进程是嵌入世界经济秩序之中的——嵌入最大的企业和最强大国家的生产链和贸易链之中的。因此,全球化的净效应就是在全世界巩固并扩大了资本主义文化的影响,而不是增强了批评消费主义的声音。

有些批评家提出证据证明,全球性互动的结构——自由贸易、跨国企业、联合国体系——导致了不平等消费、过度消费和浪费型消费的产生,但是当权者往往对此不予理睬。政策制定者和企业人为这些批评家们贴上了"不现实"、"不负责任"、"虚伪"这样的标签。

有些甚至称他们为"新种族歧视的殖民者",因为他们不认同发展中国家的穷人有消费的权利。这样一来,对撤销经济全球化,或推动贸易本土化的呼声,即使在非营利性环保团体中也没有什么人支持了。相反,适合——且可以增强——新自由主义经济秩序的环保方案对于国际社会更有吸引力。环保主义的许多时髦用语都体现了企业的世界观,诸如"企业-非政府组织伙伴关系"、"生态效益"、"企业的社会责任"、"自愿遵从"、"市场机制"、"技术转让"等等。连大多数非政府组织也为了现实意义和资金而妥协,将注意力放在可以实现的小目标上,例如,与企业和政府合作,改进某个特殊生态系统的管理。

一些非政府组织与政府和企业建立伙伴关系,并不意味着活动家们就不再对既定秩序提出质疑了,相比于以前可以说有过之而无不及。部分原因在于,如今互联网为他们提供了一个既便宜又便捷的全球论坛,这就提供了更加多元化的意见和信息来源,包括那些远离权力中心的人们也可以发表意见。但是这也可能造成批评者在一些问题上发出不和谐的声音——结果是任何一种声音都无法"听到"了,这不免矛盾。由于市场的全球化,这些团体很难对消费者产生影响,尤其当有越来越多的公司和政府的公关部门在主流媒体上驳斥环境批评时。当前终止加拿大海豹捕猎就面临了这样的问题。虽然西方媒体仍然会对保罗·麦卡尼抵达现场抗议捕猎的事情进行报道,但是他说的话以及其他抗议者传达的信息对俄罗斯和中国等主要消费市场几乎没有什么影响。即使是北美洲抵制"红龙虾"连锁餐厅的运动也未能获得多少支持——部分原因在于,加拿大政府在宣传他们"这一方"认定的"事实"时已经更加游刃有余了。

容我再重申一遍,一些微小的、可以实现的变化正在帮助减轻特定消费形式对环境产生的特定影响。然而,通过这一点一点的变化,缓解全球消费对地球环境的影响,这个步伐还是太慢了,无法避免造成不可弥补的伤害。有大量证据表明,人民、森林、沙漠、淡水、海洋和气候正深受其害——且危害还在加剧。由此得出的结论不可忽视:过去 50 年里确实取得了很大的进步和成功,但整个世界如果希望避免本世纪中期时陷入更加严峻的危机,就必须作出改变,加速环境保护主义的进程。这就提出了最后一个——也是最难的一个——问题:该怎么做?

平衡消费模式下更加光明的世界秩序

对环境保护主义作出改变,以控制消费的阴影,需要多年的谈判和磋商。因此,下面的想法只不过是抛砖引玉。我认为,朝着更加"平衡的消费"这个方向努力,有可能缓解个人消费以及消费品生产的企业、贸易和融资结构对生态造成的大量,即使不是大多数,破坏性的影响。

在建立更加可持续的全球消费模式的过程中,若想取得任何持久的进展,都同时需要政策支持和内在刺激。富裕的消费者可以在需求和嗜好之间寻求更多的个人平衡——用托马斯·普林森(Thomas Princen)、迈克尔·马尼阿特斯(Michael Maniates)、和肯·孔卡(Ken Conca)的话来说,就是在"节俭"、"俭朴"、"简约"和"自立"等价值观引导下,进行更加"谨慎的消费"。① 所有的消费者都可以重复使用、节约使用更多的消费品,或者,对有些消费品循环再利用,从而为实现平衡尽一份力。但是,本书分析指出,仅靠消费者是无法显著减少消费的生态阴影的,更不要说将其消除灭。整个世界必须重新调整结构和过程,引导消费行为,在社会之间及社会内部建立起更多的平衡,降低消费的不平等,允许穷人提高生活水平,却又不会对全球环境造成严重伤害。任何转型变革都必须处理好新兴经济体的资源输入与生态系统可持续性之间的不平衡。

要实现更多的平衡就要采取措施控制跨国公司、贸易及融资对环

---

① 参见 Princen,Maniates,and Conca(普林森,马尼阿特斯和孔卡)2002,326-328。

境造成的破坏。我认为必须从下面的做法入手。跨国公司需要消除国内、国外运营的双重标准。制造商在用一种技术取代另一种技术时要更加谨慎。交易商品的价格需要更好地反映生态和社会成本。国家需要确保，贸易及贸易协定不会降低环保标准。要向生活在已退化的生态系统中的穷人提供更多的经济资助，对其进行补偿。需要更好地起草全球环境法规，并严格执行，使得企业和国家不会仅仅通过在别处投射生态阴影的方式来履行义务。政府也需要建立起激励机制，减少过度消费和浪费型消费，以保护地球本身，而非像现在这样，只是保护各自的国家。活动家们要开展运动，揭露这些转嫁的生态阴影，这样的话，所有人都会知道将伤害转移到其他地方的国家举措是导致全球环境危机加剧的原因，而不是"解决方法"，也无法实现"可持续发展"。

要完成这个艰难的任务，我们首先要更加仔细地了解一下，消费者可以做些什么。

更加平衡的消费者

几十亿的消费者如今都在重复使用或者循环利用瓶子、罐子和报纸等物品。这个世界需要有责任心的消费者，也需要大家竭尽全力重复使用或循环利用商品，推动可持续发展。然而，并非所有的做法都会带来直接的利益。例如，许多城市的路边回收项目利用卡车收集丢弃的物品，运到工厂进行分类和清洗，这不仅需要资金，也需要精力，还会产生污染。有时，由于缺少买家，当局最后只能将循环利用的废物倒往垃圾堆。许多消费者将一个罐子或者一个瓶子扔进回收桶之后并没有意识到会发生什么；而对另一些人来说，他们原本担心使用保利龙杯子喝水或是驾驶一辆重达5 000磅的越野车会对环境造成影响，但似乎单靠循环利用等做法便可以缓解这种担心。

循环再利用这样的个人努力还是能够带来很多好处的，尽管结果有时与承诺并不相符。本书中举了一连串的例子，介绍那些选择减少废弃物，减轻环境伤害的人们是如何去做的。更多的人选择了"环保主义者"这样的事业——从反对海豹捕猎的活动家,到环保机构的政策制定者,再到世界银行的环境分析家都是"环保主义者"。其他许多人付出的努力较小,他们购买更加节能的家电,将油老虎换成了混合动力汽车。更多的人关掉了无需打开的灯,调低了暖气和空调的温度。更多的人食用有机牛肉,饮用公平贸易咖啡。更多的人购买生态认证的木材或海产品。更多的人抵制真皮草的衣服。如今差不多每个人都给汽车使用无铅汽油。这张清单还可以不断地列下去。

有些消费者正在改变一些做法。无论出于对环境的关心,还是出于自身利益(例如节约能源),这些消费者都在减少着个人因某些产品的消费而对全球环境产生的影响。这是一个积极的趋势,本书中提供的大量有说服力的证据表明,这一势头正变得越来越强劲。但仅仅靠这些努力仍是无法改变正投射下生态阴影的全球消费模式的。全世界的消费者形形色色——本身也是变化不定的——很难实现长久的改变。而且,当前的经济全球化的浪潮以更快的速度席卷更多的文化群落,这样的多样性和易变性也愈演愈烈。

那么正如本书中一再指出的,即使是在一国之内,消费者做出的选择往往也会增加对于整个环境的影响。举个例子来说,即使美国混合动力汽车的销量增加,越野车和其他轻型卡车的销量也在同时攀升,达到汽车总销量的一半。随着市场走向全球化,这种横切趋势也在不断加强。加拿大海豹皮草的消费就是一个很好的例子。第20章和21章中已有详细记录表明,活动家开展的活动使消费者相信,加拿大海豹捕猎行为既不道德,也不可持续,活动的支持者正在逐年增加。欧盟也因此禁止进口6—12天大的白毛海豹,甚至在1980年代成功终止了竖琴海豹的商业捕猎。时至今日,已没有什么欧洲人还会购买(或穿着)竖琴海豹皮(甚至是年龄大些的幼海豹)制成的皮草。然而,由于其他文化中对海豹皮草的需求量依旧很大,而且还在不断增加,尤其是在俄罗斯和中国,因此海豹捕猎量甚至比1960年代运动开始前还要大。

本土购物模式发生变化,带来了种种益处,但是全球化的市场却可以使这一切益处化为乌有。"可持续的"肉类产业也是一个例子。在北美洲和欧洲，有机牛肉和鸡肉的消费量不断增加，然而，来自工业化农场的肉类消费量也在同等增加，而且速度更快。自1950年以来，世界各地工业化肉品的消费量已经增长至5倍多，人均消费量翻了一番都不止。

对消费者进行教育，扩大特定文化内的绿色市场是能够减少个人对生态产生的影响的，还能够使得各国经济以较少的投入生产出更多的商品。然而，要想消除生态阴影，远不止教育市民、扩大环保市场这么简单。还需要尽力防止危害环境的产品，以及随之而来的生态成本被转移到"新兴"市场，因为在市民接受过"教育"的"绿色"市场中，这些产品的销量会缩减。还需要采取严厉措施，改变如今跨国企业、贸易、国际融资及国家政策在分摊全球化消费的成本、分配利益时所采取的做法。

平衡企业

虽然说人类要想生存，必须消费，但是在那些不断增长的、破坏环境的消费中，满足基本需求的消费仅占很小的一部分。许多破坏之所以会产生，是因为企业通过广告宣传玩弄文字游戏，操控事实，诱导人们的感知，诱使消费者欲望膨胀，意识到新的"需求"，而这些欲望和需求已远远超出了基本需求的范畴。什么是安全的，必须的？什么是健康的，想要的？长久以来，企业对这些问题的回答始终令消费者迷惑——有时甚至带有欺骗性。我们真的需要杀死所有的细菌来保护我们的孩子吗？消毒剂制造商来苏尔（Lysol）——声称能杀死99.9%的有害细菌——说需要，它说，"生命需要来苏尔。这是事实。"这种大言不惭的吹嘘很容易让人嗤之以鼻。然而，企业对于广告中所说是否是事实——或者对研究得出的事实——毫不在意，这种态度造成的结果可就没那么好笑了。

烟草业就是一个臭名昭著的例子。现在，没有一位客观的医生会否认，吸烟会产生致命的影响。据世界卫生组织估计，仅在20世纪就有大约 1 亿人死于与抽烟有关的疾病——尤其是癌症、中风和心脏病。即使有几百万人濒临死亡,香烟公司仍然继续操控着研究,隐瞒研究结果,拖延阻碍相关法规的制定与实施,将上法庭作为标准业务的一部分,还将香烟广告对准了年轻人。许多富裕国家的政府向消费者宣传吸烟的危害,并强制设定非吸烟区,以"保护"消费者不受烟草公司的影响。结果,这些国家的烟草销量下滑。但与此同时,在发展中国家,有越来越多的人开始吸烟,因此全世界的总销量继续攀升。其后果骇人听闻:每年约有 500 万人死于吸烟——世界卫生组织预测,到 2020 年时,这个数字会增加 1 倍。

还有许多企业将伤害出口至其他国家,以抵消国内销量下跌造成的影响。在有些情况下,富裕国家的政府落实政策保护居民及当地环境,也促使公司将生态成本出口至贫穷的地区。这样造成的后果与烟草造成的后果同样令人震惊。保护臭氧层的国际协定清楚表明,国际环境协定能够减少、缓和甚至防止企业双重标准所引发的后果。企业技术转让和国际援助也能够加快贫困区域内部应对企业双重标准带来的阴影效应的进程。在极少数情况下,企业行为守则能够创造良机,促使跨国公司相关联的供应商遵从比当地法律更高的标准。如果企业从扩大新市场中获取的利益超过了来自于旧有市场的利益,变革甚至会迅速发生——就如同 2002 年可持续发展世界首脑会议之后,只用了四年时间就将整个撒哈拉以南非洲地区的含铅汽油替换成了无铅汽油。

但是对于那些面临着极大风险的人民和生态系统来说,这些努力还是太慢了——也太晚了。各级政府都需要落实更加严厉的政策,采取抑制措施,防止跨国公司用不公平的做法转移生态成本。非政府组织可以开展活动,揭露这些被转移的生态成本,突出强调企业的双重标准,这样也能起到辅助作用——而消费者也可以抵制那些不断从成本转移中获利的企业。一份有约束力的国际行为守则将会极大地提高政府的能力,使其能够更好地控制跨国投资者和跨国企业的有害行为。

要想减缓出口商和投资商转嫁消费品生态成本的趋势,就需要企业对于新的环保条例和标准作出积极回应——但又不失谨慎。过去,企业对于环保措施的反应常常是拒绝接受、拖延实施然后慢慢地用"改良的"产品取代"问题"产品(通常从富裕的市场开始做起)。而且,从含铅汽油和含氟冰箱的历史可以看出,常规的结果就是用一种生态压力源取代另一种压力源:用苯代替铅,用氢氟碳化物(HFCs)代替氯氟碳化物(CFCs)。同时,为了追求更大的利润,开拓占领更大的市场,企业还在持续开发销售新的消费品。其中有很多消费品能不断地为顾客带来便利与享乐。气囊或烟雾报警器等一些消费品则使生活更安全。还有电脑等一些消费品改变了人们的生活,从人际关系到全球商业,方方面面都在发生变化。创新型企业的价值不仅在于更好地为消费者服务,还可以助力经济和社会的蓬勃发展。

尽管如此,推出新产品虽然不伤害现在的人民和生态系统,却极有可能损害未来的人民和生态系统的利益。不粘锅使用的神奇化学物质究竟有多安全?防火地毯、床垫和枕头中使用的化学物质又有多安全?没有人能给出确切的答案。消费品中使用的几万种化学物品中,只有很少量的是经过严格检验的,以免产生有害的意外后果。在美国等国家中,癌症患病率越来越高,其中会有这些意外后果的影响吗?人们仅对几千种化学物质进行了初步检测,就已发现其中有好几百种会使实验室动物患上肿瘤。如果这些物质不断累积、结合、成熟又会发生什么?还是没有人能给出确切的答案。

我们确切知道的就是,企业定期推出新产品,却对这些产品给环境造成的影响知之甚少。毫无疑问,许多产品带来的利益比将来付出的代价要大,但是其中有些产品经证明对人类和生态系统是有害的,甚至是致命的。如果想当然地认为是无害的那就太天真了。谁在1928年——或者1938年、1948年、1958年——就能预见到托马斯·米奇利备受赞誉的神奇冷冻剂——稳定、无毒、不易燃的氯氟碳化物——的发现会在全世界造成这么严重的后果?谁能预见到氯氟碳化物会飘入上层大气,在经历了几代人之后,对臭氧层造成破坏?事实上，在 1970 年代以前，甚至都没有人想象过这种可能性，至少没有公开设想过。

尽管如此，企业和政府如果采取预防措施，还是能够通过更大的努力，减少推出和改良消费品存在的风险。需要做些什么呢？富兰克林与马歇尔学院政府管治学教授克里·怀特塞德（Kerry Whiteside）说道，核心理念在于，企业和政府要遵循"预期性预防措施策略"，"既奉行优良的科学，又不失自觉的政治判断"。优良的科学和政治学意味着"以不同的方式进行科学研究，推动迥异学科的从业人员进行更多的对话，与非科学界相关的领域则增加更多的透明度。"态度也要更谦卑，因为"只有意识到自己无力掌控世界，才能够取得进步"。①

要采取预防措施，还需要对思维方式作出重大改变——必须接受，那些将一种新的化学物质、有机物或装置引入某个生态系统的人，必须证明它们是无害的。必须"防止想当然地认为，每种科技风险都值得去冒一冒，或者认为，无论我们对环境造成怎样的破坏，都可以修补。"还必须确保，谁损害了他人的利益就一定要作出补偿，即使这样的伤害要几代人之后才会显现。要采取预防措施保护全球环境，还需要设立制度、制定政策，对"单一民族国家内的同胞们，以及全世界的人们和他们的子孙后代"都有所约束。②

要做出这样的改变并非易事。美国政府拒绝在制定政策、作出决定前采取预防措施——其他大多数政府也不愿这么做——声称这样做会阻碍创新，延缓经济发展。但在过去几十年里，预警思维还是在一些地方有所发展，尽管这样的发展缓慢而不均衡，对它的定义也是五花八门。1970 年代，预警思维首次出现在德国的环境法规中，接着又在 80 年代和 90 年代扩展到整个欧洲。如今，许多欧洲国家政府以及一些国际条约或文书中都会提及。法国甚至在 2005 年修订宪法，增加了《环境宪章》，其中第 5 条条款中就包含了预警原则。

---

① Whiteside（怀特塞德）2006，viii，xi，30，xiii。
② Whiteside（怀特塞德）2006，39，153。

尽管如此,欧洲发生的这些变化对于整个世界的影响还是微乎其微。关键原因在于,对于采用更多预警措施的号召,跨国企业的反应并不积极。如今几乎所有的企业展现的公众形象,都是从事负责任的投资,来自100多个国家的几千家企业都是联合国全球契约的成员,该契约在第7条中言明,"企业应当支持采取预防措施应对环境问题。"①听起来似乎前景一片光明,但是至今为止,企业的做法与实践这一承诺还相去甚远。没有一家跨国企业在环境治理中采取真正的预防措施。许多企业仍然只是敷衍了事地评估了环境影响后,就进行投资。许多企业参照不现实的可持续产量模型,继续开采自然资源。还有许多企业在制造和运输商品时,仍然不考虑生态成本。大多数企业在推出新产品之前,只进行了有限的研究,这样的研究往往淡化了任何可能出现的风险。全球交易系统以越来越快的速度将消费品分送至世界各国,在这样的系统下,企业犯下的一个看似无足轻重的小错,其危害性会不断增大,足以破坏地球维持生命的能力。

平衡贸易

贸易的阴影效应没有什么简单的方法可以缓解。国家既不能放弃国际贸易,也不能对其进行严格的限制——在目前的经济结构下,大量的社会效益都是来自于跨国的商品交换和服务交换。然而,仍然必须采取措施保护弱势人民和生态系统。签订国际协议,对濒危物种的交易和有害废物的出口进行限制,如果不能禁止的话,这会有所助益。生态标识和有机市场也可以引导市场需求的变化,要求商品的来源更具有可持续性,或者在其使用周期中,产生的环境影响更小(例如更节能的家电)。政府制定的政策,也能够确保消费价格更好地反映出自然资源、生产过程以及产品运输等所消耗的社会成本和环境成

---

① 联合国全球契约第7条涉及《里约环境与发展宣言》对"预防性措施"的定义,《宣言》强调,要根据政府"能力",采取"高性价比的措施",进行预防。《里约宣言》(第15条)的完整定义是:"为了保护环境,各国政府应根据各自能力,广泛采取预防性措施。如果存在严重损害或不可逆损伤的威胁,不得以缺乏充实的科学证据为由,延迟采取高性价比的措施,防止环境恶化。"参见联合国环境规划署网站上的《里约环境与发展宣言》,网址 http://www. unep. org/。

本。但是，通过进口关税或者出口禁令限制贸易也有可能扭曲价格，造成不良刺激，从而导致环境恶化的速度加快，保护了低效的生产商，反过来又减少了政府用于环境治理的收入——征税产生的收入。这样的例子在热带地区木材砍伐的历史中俯拾皆是。一些热带国家森林砍伐的速度越来越快，部分原因就在于政府制定了政策，控制木材交易，保护国内加工者。

各国政府以及世界贸易组织这样的国际机构需要采取预测策略，对全球贸易进行引导，预防生态阴影。一些企业在新的地方进行投资，或者推销新产品时就采取了预测策略。需要采取更强有力的措施，确保贸易和贸易协定并不是用来降低环保标准的。还需要付出更大的努力，将生态成本和社会成本包含在消费品价格之中，既是为了提高当地社区的收入，也可以减少浪费型消费和过度消费。目前，许多，即使不是大多数，贸易商品的价格都不能恰当地反映出生态成本和社会成本。以一块标准的热带胶合板的价格为例，尽管这个价格通常反映出了企业在伐木、加工、运输、销售、缴纳各种费用、纳税等方面的成本，但却没有反映出雨林和当地动物付出的生态成本——以及全球气候长期付出的生态成本——也没有反映出当地人民支付的社会成本。对于来自亚马孙的牛肉等许多其他贸易商品来说，情况同样如此。

另一方面，相信解决方法在于贸易本土化，或者在于彻底禁绝国际贸易，那就如同相信"自由"贸易可以解决所有问题一样，会造成很大的伤害。尽管我们确实需要具体的、目标明确的国际贸易禁令来保护濒临灭绝的物种，但是国家或地区的禁令也会产生反效果，导致新市场建立，而新市场中对于环境的管控比较少。而且，贸易限制会对低效能企业形成保护，刺激浪费型消费。20世纪八九十年代，印度尼西亚的胶合板出口就是这样的情况。削减某个生态系统的经济价值或社会价值会产生强制刺激，使之转变成一个具有较高价值的完全不同的生态系统——例如将一座被砍伐的雨林烧光，来开发大豆种植园或者牧场。

国际机构需要对各个国家进行约束，若其出于本土原因限制贸易从而对全球环境产生影响，则要负上更多的责任。在很多情况下，全球性成本是高于本土利益的。举个例子来说，90年代末，中国决定禁止砍伐树木，以控制洪涝灾害，这样一来，当中国急速发展的建筑业寻求新的廉价木材来源时，木材的进口量飞涨。结果可想而知。印度尼西亚等出口国的森林砍伐速度猛增，2000至2005年间，外岛经历了全世界最严重的森林流失。短期的生态成本——洪涝、土壤流失、森林火灾——大多限于加里曼丹和苏拉威西这样相对偏远的地区。但是，中国对于热带木材的消费造成的生态阴影总有一天会反咬一口。如今造成气候变化的人为二氧化碳排放中，有高达1/5是由热带森林的砍伐引起的。

尽管国际法律和国家政策都对贸易的阴影效应产生一定的预防作用，但总的来说，世界银行和世界贸易组织等团体还在给发展中国家施加压力，迫使其开放市场、吸引外商投资，这就使得生产、使用和处理消费品的生态成本更容易，而不是更难被转移。要想确保政府和企业在从事国际贸易时，不会将使用过的二手汽车和电脑等物品倾销至无法回收利用商品、也无法执行适当的环保标准的贫困地区，还有很长一段路要走。在逐步禁用危险产品的过程中，也需要付出更多的努力，防止政府和企业在环保条例薄弱的市场扩大销售，以弥补国内销量下跌造成的损失。

同时，国际机构和各国政府在对通过贸易更新消费品的过程进行监管和引导时还有更多工作要做。虽然贸易可以加速发展中国家的生产变革，但如果新产品造成的整体影响超过了旧产品更新带来的收益，那么一个小问题最终就会演变成大问题。

汽车产业就是一个很好的例子，表明以越来越多的"更安全的"新产品取代旧产品是存在危险的。有数据显示，多亏了更好的技术和管控——座椅安全带、婴儿座椅、防震玻璃、防抱死刹车系统、铺面化道路、交通信号灯、超速监视区和酒驾检测点——如今在富裕国家，驾车已经越来越安全了。这方面的进展逐年增加。然而，汽车拥有量也在同步上升——行驶过地球上每一平方英寸"能铺就"的公路，行驶得更远——这就意味着，汽车对人类安全造成的总体影响已成为全球性的危机。8亿多辆乘用车和商用车每年发生的交通事故都会造成2 000万至5 000万人受伤，100多万人死亡，这已成为全球暴力伤害和暴力死亡最主要的原因。随着"改良"汽车的数量直逼10亿辆大关，这个数字还在不断增加。事实上，专家预测，到2020年时，每年死于交通事故的人数将达到200万人。

尾气排放的历史也与之情况相似。由于有了触媒转换器和混合动力引擎等技术，加上加州尾气检测方案这样的政府法规，如今许多车辆每英里行程排放的温室气体量正在减少。加州许多城市的空气质量因此都有所提高。然而，到目前为止，各方面的进步加起来也只不过使得环境影响增量式减少——与替换汽油发动机所能带来的显著减少不可同日而语，比如说，用只排放出水和热量的氢燃料电池取代汽油发动机。2005年，美国肺脏协会仍旧将洛杉矶长滩和里弗赛德交通走廊列为美国空气污染最严重的城市。而且，过去几十年来，上海、墨西哥城和德里等城市的交通污染越来越严重，抵消了伦敦、温哥华或洛杉矶等地原本就不显著的成效。油老虎越野车的数量越来越多，加上出口至发展中国家的二手车数量也在不断增加，这都使得全球环境承受了更大的压力。全世界在尾气排放方面的发展趋势与交通安全方面的趋势极为相似，由于采用了新技术，实施了新法规，富裕国家每辆汽车的尾气排放量都在减少，但是全世界范围内的汽车排放量——尤其是在贫困国家——却在上升，对贫困国家人民造成的伤害尤为严重。

那么，更加小心谨慎地引导产品更新换代就至关重要了。全世界都在更换含氟冰箱——加上健全的国际协议、协同合作的跨国公司、合理的国际融资，以及始终一贯的国家政策——表明贸易有可能加速全世界的环保变革。从这些努力中也可以看出，环境收益有可能会进一步提高（例如，许多新型冰箱的能耗降低了），这也是消费品更新换代流程中的一部分。

类似的变化过程还有许多机会发生。以白炽灯泡这个看似无关紧要的东西为例。白炽灯泡虽然是19世纪末取得的一项重大进步，但它仍然是一种非常低效的产品，耗费的电力中只有不到10%用来生成可见光。相比之下，紧凑型荧光灯只需1/4的电力便可生成同样的光——并且持续的时间是前者的10倍。据国际能源总署估计，改用荧光灯可以减少全球18%的用电量。然而，更换白炽灯的进展比较缓慢，部分原因在于，白炽灯比荧光灯便宜。全球范围内，白炽灯泡销量仍占灯泡总销量的67%——尽管光输出仅有4%。[①] 另一方面，也有迹象表明，更大的进展是能够取得的。2007年，澳大利亚政府宣布将逐步停用白炽灯，以期在2012年时，将本国的温室气体排放量减少400万公吨——家庭电费减少66%。新西兰和比利时，以及加利福尼亚和新泽西都在考虑采取同样的做法。

　　细小如替换低效能灯泡这样的变化，如果没有资金，也是无法有效推行的（例如，需要确保用完的荧光灯泡中的水银能够得到安全处理）。一些影响更加深远的做法，比如说利用绿色建筑节约能源和资源，就需要更大的投资。澳大利亚、新西兰、比利时和美国等国家的政府、企业和消费者们需要帮助支付转轨成本，甚至帮助平衡第一世界与第三世界之间的资金流量。

平衡资金流量

　　双边及多边援助通过多种方式帮助发展中国家进行环境管理。它资助政府项目，以兑现各国在国际条约中许下的环保承诺；也支持企业将环保技术融入收获和生产过程。它为环保研究和教育提供资金，为政府环保机构提供技术援助；还为那些在社区内工作，或者与企业和政府机构合作的非营利性环保组织提供资助；并帮助消费者将有害商品更换成伤害性不那么大的商品。

[①] 对于全球市场份额和白炽灯泡光输出的估计来自荷兰飞利浦电子集团的哈里·福哈尔（Harry Verhaar），Gandhi（甘地）2007，A3做了记录。

国际援助还能够增强弱小国家抵御生态阴影的能力，例如，提高这些国家监控及实施环境法规的能力。若某个生态系统已非某个主权国家所能控制，不论是公海，还是平流层，抑或是南极洲，国际援助都可以提供必要的支持，促使各方协同努力，保护该生态系统免于承担消费的生态成本。它还可以推动各发展中国家在进行环保决策时遵循预警原则。有了国际援助，中国和印度等国家的政府、企业和消费者们履行环保承诺的能力得以增强，因此，以环保消费品替代有害于全球环境的消费品的速度也就更快，无氟冰箱就是这样的例子。

但与此同时，国际援助也会让人民和生态系统更容易吸收全球消费不断增长带来的生态成本。与贸易和投资利益相关联的拨款及技术援助所保障的，更多的是捐助国消费者能够买到便宜的商品，而不是发展中国家消费者能够享有更好的生活条件。披着"援助"外衣的贷款是一个更大的问题。这些贷款的利率和期限通常比商业银行提供的贷款要优越。如今已经几十年过去了，大多数借款国还在苦苦挣扎，支付着利息，更别提偿还贷款本金了。这些经济体（或货币）均处于经济繁荣与萧条交替循环之中，因此几乎所有的国家都不得不借贷更多以维持生存。造成的一个结果就是，整个发展中世界外债不断增加——如今已比 1970 年高了 30 多倍，接受"援助"的国家仅支付的利息就超过一千亿美元。

过去 50 年来，这类国家中有许多都加大自然资源出口量，以赚取足够的外汇偿还债务。同时，世界银行和国际货币基金组织（IMF）等组织努力推动各国赚取外汇，它们要求政府撤销对贸易和资金流量的管控，以此作为借款条件。由此产生的"结构调整"使重点转向了自然资源出口和低端制造业——建立起罐头、木材和 T 恤的经济结构。这样的调整也使得许多发展中国家更容易成为一些企业倾销高消费国家的废物和二手商品的对象。的确，做了这些调整后，一些经济体稳固安定下来——甚至得到发展。但通常，是它们自己承受了高消费"捐赠"国的生态阴影，将稻田变成了养虾池，将城镇变成了烟雾工厂。

国际捐赠者要向发展中国家的人民和生态系统提供拨款和技

援助,为他们的利益服务,而不是为国内的经济利益服务。要将更多的资金转移到发展中国家,帮助他们一起保护全球环境。1991年至2008年间,国际环境基金共拨款70多亿美元,这是一个好的开始,但是高消费国家也要转让数千亿,而不是数百亿美元,这么做不是发善心,而是为了缓解并补偿其本身消费不断增长而造成的生态阴影。债务免除具有深远的影响,能够打破贫困国家通过向捐赠国的消费者出口越来越多的商品以偿还不断累积的债务的恶性循环,这些源源不断而又价格低廉的商品是通过剥削人民生产出来的,是以全球自然资本减少为代价的。

筹划未来

对世界秩序进行全面改革,对于加快步伐,深化推进消费平衡是必不可少的。按照某些标准来说,环保主义全球化正在改善环境管理,大大减少了某些消费品对某些消费者的单位影响。但却未能阻止投资、贸易及融资的全球化——跨国公司和强大国家推动全球化进程——将消费不断增长所产生的严重失衡的生态成本转嫁给最为脆弱的生态系统、最贫困的人民,以及遥远的未来。将生态影响集中于最弱势的人群和系统,不仅对那里的几十亿人民是不公平的,还极有可能使社会和生态系统陷入衰退,甚至崩溃,一发而不可收拾。

要想抓住任何一次机会,改变全球消费造成的环境影响,不是一本浮光掠影地谈一谈生态阴影是如何及为何形成、转移和消退的书籍所能做到的,还需要付出更大的努力。这就是说,我认为明智的做法是从追求更加平衡的消费起步——个人消费或结构消费——这样的话,向世界上最贫穷的人民和最脆弱的生态系统转移的生产、使用和处理消费品的成本就会减少,利益就会增加。我们所有人都要成为更加负责任的消费者。我们必须制定更高的环保标准,改善技术,减少浪费,建立更大的生态市场,加快步伐朝环保目标迈进。但仅仅靠这一切本身是不够的。要想对那些造成消费严重失衡的结构进行改革,国际协定和国际组织就需要更好地开展工作,引导经济全球化,限制主权国家和跨国企业自身的利益。要建立起更加平等的全球消费模式，政府和制造商都必须坚守严格的预警原则，按照这一原则，跨国企业要在所有管辖区域内执行一致的标准，贸易商品的价格要能更多地反映环境成本和社会成本，要提供更多的国际援助对发展中国家自然资本大量消耗造成的影响进行补偿。只有到了那时，我们才能开始驶向更加光明的未来。

参考文献

Abele, John J.(约翰·埃伯利). 1970. *Oil Industry Warned on Pollution*(《对石油工业污染的警告》). *New York Times*(《纽约时报》), 29 January, 51, 60.

Ahmed, Kulsum(库尔苏姆·艾哈迈德). 1995. *Technological Development and Pollution Abatement: A Study of How Enterprises Are Finding Alternatives to Chlorofluorocarbons*(《技术发展,污染减轻:对企业发现氯氟碳化物替代品的研究》). Technical Paper(《技术论文》) no. 271. Washington, DC: World Bank.

Aldrich, Lester(莱斯特·奥德里奇). 2006. *Consumers Eat Up Organic Beef Despite Costs, Unproven Benefits*(《益处未经证实,消费者仍不惜代价食用有机牛肉》). *Wall Street Journal* (Eastern edition)[《华尔街日报》(东部版)], 12 July, B7C.

Allen, Jeremiah(耶利米·艾伦). 1979. *Anti Sealing as an Industry*(《反对海豹捕猎成为产业》). *Journal of Political Economy*(《政治经济学杂志》) 87 (April): 423—428.

Allison, Richard(理查德·艾利森). 2003. *Organic Out of Fashion? Depends Who You Ask*(《有机产品已经过时?要看你问谁了》). *Farmers Weekly*(《农场主周刊》), 22 August, 39.

Ananthaswamy, Anil(阿尼尔·阿南塔斯瓦米). 2001. *Green Monster: Devices for Cleaning Car Exhausts are Backfiring on the Environment*(《绿怪物:清洁汽车尾气的装置正在破坏环境》). *New

Scientist（《新科学家》），no. 2277（10 February）：18.

American Automobile Manufacturers Association (AAMA)（美国汽车制造商协会）. 1993. *AAMA Motor Vehicle Facts & Figures '93*（《1993 年美国汽车制造商协会机动车事实与数据》）. Detroit.

American Automobile Manufacturers Association (AAMA)（美国汽车制造商协会）. 1994. *AAMA Motor Vehicle Facts & Figures '94*（《1994 年美国汽车制造商协会机动车事实与数据》）. Detroit.

American Automobile Manufacturers Association (AAMA)（美国汽车制造商协会）. 1997. *AAMA Motor Vehicle Facts & Figures '97*（《1997 年美国汽车制造商协会机动车事实与数据》）. Detroit.

Andersen, Stephen O.（斯蒂芬·安德森）, and K. Madhava Sarma（马达法·萨尔马）. 2002. *Protecting the Ozone Layer: The United Nations History*（《保护臭氧层：联合国的历史》）. London: Earthscan.

Ascherio, Alberto et al（阿尔贝托·阿斯切利奥等人）. 2006. Pesticide Exposure and Risk for Parkinson's Disease（《接触农药及对帕金森病造成的危险》）. *Annals of Neurology*（《神经学年鉴》）60（August）：197—203.

Ash, Mark（马可·阿什）, Janet Livezey（珍妮特·利夫齐）, and Erik Dohlman（埃里克·道尔门）. 2006. *Soybean Backgrounder*（《大豆简报》）. Washington, DC: Economic Research Service, Department of Agriculture.

Armstrong, Jane（简·阿姆斯特朗）. 2006a. Ottawa Raises Quota for Seal Hunt（《渥太华提高海豹捕猎配额》）. *Globe and Mail*（Canada）[《环球邮报》（加拿大）], 16 March, A8.

Armstrong, Jane（简·阿姆斯特朗）. 2006b. It's "Not Pretty," but Seal Business Thrives（《虽"不好看"，但海豹捕猎业务却兴盛起来》）. *Globe and Mail*（Canada）[《环球邮报》（加拿大）], 15 April, A3.

Automobile Manufacturers Association（AMA）(汽车制造商协会). 1935. *Automobile Facts and Figures*（《汽车事实与数据》）. New York.

Automobile Manufacturers Association（AMA）(汽车制造商协会). 1936. *Automobile Facts and Figures*（《汽车事实与数据》）. New York.

Automobile Manufacturers Association（AMA）(汽车制造商协会). 1938. *Automobile Facts and Figures*（《汽车事实与数据》）. New York.

Automobile Manufacturers Association（AMA）(汽车制造商协会). 1944—1945. *Automobile Facts and Figures*（《汽车事实与数据》）. New York.

Automobile Manufacturers Association（AMA）(汽车制造商协会). 1946—1947. *Automobile Facts and Figures*（《汽车事实与数据》）. New York.

Automobile Manufacturers Association（AMA）(汽车制造商协会). 1951. *Automobile Facts and Figures*（《汽车事实与数据》）. New York.

Bäckstrand, Karin（卡琳·拜克斯特朗）, and Eva Lövbrand（伊娃·洛维布朗德）. 2006. Planting Trees to Mitigate Climate Change: Contested Discourses of Ecological Modernization, Green Governmentality and Civic Environmentalism(《植树缓和气候变化:生态现代化、绿色治理与公民环保主义的争议》). *Global Environmental Politics*（《全球环境政治学》）6 (February): 50—75.

Bacon, Christopher M.（克里斯多夫·培根）, V. Ernesto Méndez（欧内斯托·门德斯）, Stephen R. Gliessman(斯蒂芬·格拉斯曼), David Goodman(大卫·古德曼) and Jonathan A. Fox(乔纳森·福克斯), eds. 2008. *Confronting the Coffee Crisis: Fair Trade, Sustainable Livelihoods and Ecosystems in Mexico and Central A-*

merica(《遭遇咖啡危机:墨西哥和中美洲的公平贸易、可持续生计及生态系统》). Cambridge, MA: MIT Press.

Bandivadekar, Anup P.(阿努普·班迪沃德卡), Vishesh Kumar(维希什·库马尔), Kenneth L. Gunter(肯尼思·甘特), and John W. Sutherland(约翰·萨瑟兰). 2004. A Model for Material Flows and Economic Exchanges within the U. S. Automotive Life Cycle Chain(《美国汽车生命周期链中的物料流通及经济交流模型》). *Journal of Manufacturing Systems*(《生产制造系统期刊》) 23, no. 1: 22—29.

Barrett, James R.(詹姆斯·巴雷特). 1987. *Work and Community in the Jungle: Chicago's Packinghouse Workers, 1894—1922*(《丛林中的工作与生活:芝加哥肉类加工厂的工人们,1894—1922》). Urbana: University of Illinois Press.

Barry, Patrick L.(帕特里克·巴里), and Tony Phillips(托尼·菲利普斯). 2006. Earth's Ozone Layer: Good News and a Puzzle(《地球臭氧层:喜讯与难题》). *Space and Earth Science*(《空间与地球科学》), 26 May. http://www.physorg.com/.

Bartlett, Captain Robert A.(罗伯特·巴特利特船长). 1929. The Sealing Saga of Newfoundland(《纽芬兰海豹捕猎传奇》). *National Geographic*(《国家地理》) 56, no. 1 (July): 91—130.

Bellmann, Klaus(克劳斯·贝曼), and Anshuman Khare(安舒曼·卡勒). 1999. European Response to Issues in Recycling Car Plastics(《欧洲对汽车塑料循环再利用中各种问题的回应》). *Technovation*(《技术创新》) 19: 721—734.

Benedick, Richard Elliot(理查德·埃利奥特·班尼迪克). 1998. *Ozone Diplomacy: New Directions in Safeguarding the Planet*(《臭氧外交:守护地球的新方向》). Cambridge, MA: Harvard University Press.

Bent, Silas(塞拉斯·本特) 1925. Tetraethyl Lead Fatal to

Makers(《致制造者于死地的四乙铅》). *New York Times* (《纽约时报》), 22 June, 3.

Bergeson, Lynn (林恩·帕格森) 2005. *Legal Lookout: EPA Seeks to Curb PBDEs* (《法律防范:EPA力图控制PBDEs的使用》). Washington, DC: Bergeson & Campbell, P. C.

Betsill, Michelle M. (米歇尔·贝特西尔) and Elisabeth Corell (伊丽莎白·科瑞尔), eds. 2007. *NGO Diplomacy: The Influence of Nongovernmental Organizations in International Environmental Negotiations* (《非政府组织外交:非政府组织在国际环境协商中的影响》). Cambridge, MA: MIT Press.

Betsill, Michelle (米歇尔·贝特西尔), Kathryn Hochstetler (凯瑟琳·霍克斯特勒), and Dimitris Stevis (迪米特里斯·斯德维斯), eds. 2006. *Palgrave Advances in International Environmental Politics* (《帕尔格雷夫对国际环境政治的研究进展》). New York: Palgrave Macmillan.

Betts, Kellyn (凯莉恩·贝茨). 2004. PBDEs and the Environmental Intervention Time Lag(《PBDEs及环境介入的时滞》). *Environmental Science and Technology* (《环境科技》) 38: 386A—387A.

Bevan, David (大卫·贝文). 2005. Facts of the Seal Hunt Are Worth Noting(《海豹捕猎的事实值得关注》). *Vancouver Sun* (《温哥华太阳报》), 14 January, A11.

Bhagwati, Jagdish (贾格迪什·巴格瓦蒂). 2004. *In Defense of Globalization* (《保卫全球化》). Oxford: Oxford University Press.

Bhattacharya, Hrishikes (赫里舍克斯·巴塔查里亚). 2002. *Commercial Exploitation of Fisheries: Production, Marketing and Finance Strategies* (《渔业的商业开发:生产、销售及财务策略》). New York: Oxford University Press.

Bordwell, Marilyn (玛里琳·波德维尔). 2002. Jamming Culture: Adbusters' Hip Media Campaign against Consumerism(《文

化干扰:广告破坏者反对消费主义的时尚媒体攻势》). In Thomas Princen, Michael Maniates, and Ken Conca, eds., *Confronting Consumption*(《面对消费》), 237—253. Cambridge, MA: MIT Press.

Bosch und Siemens Hausgeräte (BSH)(博西家用电器). 2004. *Environmental and Social Responsibility 2004* (《2004环境与社会责任》). Munich.

Bosch und Siemens Hausgeräte (BSH)(博西家用电器). 2006a. *BSH at a Glance 2006* (《2006博西电器一瞥》). Munich.

Bosch und Siemens Hausgeräte (BSH)(博西家用电器). 2006b. *Environmental and Corporate Responsibility 2006* (《2006环境与社会责任》). Munich.

Bradsher, Keith (基思·布拉德舍). 2002. *High and Mighty: SUVs—The World's Most Dangerous Vehicles and How They Got That Way* (《高大威猛的越野车——世界上最危险的汽车及其发展历程》). New York: Public Affairs.

Brinkler, Kelly (凯利·布里科勒). 2004. *CARE Report on Automotive Glass Recycling 2004 Update* (《2004美国赈济合作社关于汽车玻璃循环再利用的报告(更新版)》). London: Consortium for Automotive Recycling. (The consortium represents the United Kingdom's main motor vehicle manufacturers, importers, and dismantlers.)(该联合会代表了英国主要的机动车制造商、出口商和拆卸商。)

Brooke, Lindsay (林赛·布鲁克). 2000. *Automotive Industries* (《汽车产业》)180, no. 6 (June): 27.

Brown, Cassie (凯西·布朗). 1972. *Death on the Ice: The Great Newfoundland Sealing Disaster of 1914* (《冰上之死:1914年纽芬兰海豹捕猎重大灾难》). With Harold Horwood(哈罗德·霍伍德). Toronto: Doubleday Canada.

Brown, Colin G. (科林·布朗), John W. Longworth (约翰·朗沃

思), and Scott A. Waldron (斯科特·沃尔德伦), eds. 2002. *Regionalisation and Integration in China: Lessons from the Transformation of the Beef Industry*(《中国的区域化与整合：由牛肉产业改革得到的启示》). Aldershot, UK: Ashgate.

Brown, Lester (莱斯特·布朗). 2006. *Plan B 2.0: Rescuing a Planet under Stress and a Civilization in Trouble*(《B计划2.0：拯救重压下的星球,拯救困境中的文明》). New York: Norton.

Brown, Michael (迈克尔·布朗), and John May (约翰·梅). 1989. *The Greenpeace Story*(《了解绿色和平组织》). Scarborough, ON: Prentice-Hall Canada.

Bryner, Gary C. (盖理·布吕纳). 2001. *Gaia's Wager: Environmental Movements and the Challenge of Sustainability*(《盖亚的赌注：环境运动及可持续性的挑战》). Lanham, MD: Rowman & Littlefield.

Bucheli, Marcelo (马塞洛·比舍利). 2005. *Bananas and Business: The United Fruit Company in Colombia, 1899—2000*(《香蕉与生意：哥伦比亚联合果品公司,1899—2000》). New York: New York University Press.

Built Green Colorado (科罗拉多建造绿色组织)(Home Builders Association of Metro Denver). 2006. Whirlpool Corporation Delivers Energy Efficient Appliances with Superior Results(《惠而浦企业带来表现优异的节能家电》). http://www.builtgreen.org/.

Bulkeley, Harriet (哈里特·巴尔克利), and Susanne C. Moser (苏珊娜·莫泽), eds. 2007. *Responding to Climate Change: Governance and Social Action beyond Kyoto*(《应对气候变化:〈京都议定书〉之后的治理和社会行动》). Special issue. *Global Environmental Politics*(《全球环境政治学》) 7 (May).

Burros, Marian (玛丽安·布罗斯). 2002. Eating Well: The Greening of the Herd(《饮食环保：种群的绿色化》). *New York Times*(《纽约时报》), 29 May, F1.

Burros, Marian(玛丽安·布罗斯). 2006. Grass-Fed Rule Angers Farmers(《草饲规则激怒农民》). *New York Times*(《纽约时报》), 26 July, F5.

Buss, Jessica(杰西卡·巴斯). 2004. Organic Meat Sales Are Set for Struggle(《有机肉品销售面临竞争》). *Farmers Weekly*(《农场主周刊》), 13—19 August, 29.

Buss, Jessica(杰西卡·巴斯), and Shirley Macmillan(雪莉·麦克米伦). 2004. Co-op Claims Beef and Lamb Are Poor Relations of Organic Boom(《合作社声称牛肉和羊肉是繁盛的有机市场里的穷亲戚》). *Farmers Weekly*(《农场主周刊》), 26 November—2 December, 30.

Caballero, Benjamin(本杰明·卡巴莱罗), and Barry M. Popkin(巴里·波普金), eds. 2002. *The Nutrition Transition: Diet and Disease in the Developing World*(《营养的转移:发展中世界的饮食与疾病》). Boston: Academic Press.

Cagin, Seth(赛斯·卡然), and Philip Dray(菲利普·德雷). 1993. *Between Earth and Sky: How CFCs Changed Our World and Endangered the Ozone Layer*(《在天与地之间:氯氟碳化物是如何改变了世界,危害到臭氧层的》). New York: Pantheon Books.

Canadell, Josep G. et al(约瑟夫·卡纳德尔等人). 2007. Contributions to Accelerating Atmospheric CO_2 Growth from Economic Activity, Carbon Intensity, and Efficiency of Natural Sinks(《经济活动碳浓度及自然沉淀池的效率加速了大气中二氧化碳含量的增加》). *Proceedings of the National Academy of Sciences*(《国家科学院院刊》) 104 (November 20): 18866—18870.

Canadian Institute for Business and the Environment(加拿大商业与环境研究所). 2001. *The Economics of the Canadian Sealing Industry*(《加拿大海豹捕猎业经济学》). Montreal: Canadian Institute for Business and the Environment.

Candow, James E.（詹姆斯·坎达）. 1989. *Of Men and Seals: A History of the Newfoundland Seal Hunt*(《人类与海豹：纽芬兰海豹捕猎史》). Ottawa: Environment Canada.

Carle, Eric（埃里克·卡尔）. 2002. *"Slowly, Slowly, Slowly," Said the Sloth*(《树懒说："慢慢来，慢慢来，慢慢来。"》). New York: Philomel Books.

Carlson, Laurie Winn（劳里·温·卡尔森）. 2001. *Cattle: An Informal Social History*(《牛：社会史闲谈》). Chicago: Ivan R. Dee.

Cashore, Benjamin（本杰明·卡索）, Graeme Auld（格雷姆·奥尔德）, and Deanna Newsom（迪安娜·纽森）. 2004. *Governing through Markets: Forest Certification and the Emergence of Non-State Authority*(《通过市场进行管理：森林认证及非国家权力的兴起》). New Haven, CT: Yale University Press.

Cashore, Benjamin（本杰明·卡索）, Elizabeth Egan（伊丽莎白·伊根）, Graeme Auld（格雷姆·奥尔德）, and Deanna Newsom（迪安娜·纽森）. 2007. Revising Theories of Non-State Market Driven (NSMD) Governance: Lessons from the Finnish Forest Certification Experience(《修正非国家市场驱动管理的理论：从芬兰森林认证中汲取的教训》). *Global Environmental Politics*(《全球环境政治学》) 7 (February): 1—44.

Cass, Loren（洛伦·卡斯）. 2005. Norm Entrapment and Preference Change: The Evolution of the European Union Position on International Emissions Trading(《规范的圈套及优先权的变化：欧盟在国际排放交易中立场的演变》). *Global Environmental Politics*(《全球环境政治学》) 4 (May): 38—60.

Centers for Disease Control and Prevention（疾病控制与预防中心）. 2005. *MMWR Morbidity and Mortality Weekly Report*(《发病率与死亡率周报》) 54, no. 20 (27 May): 513—516.

Chantraine, Pol 54（波尔·尚特兰）. 1980. *The Living Ice: The*

Story of the Seals and the Men Who Hunt Them in the Gulf of St. Lawrence(《赖以生存的冰层:圣劳伦斯海湾的海豹和捕猎者的故事》). Translated by David Lobdell. Toronto: McClelland and Stewart.

Chasek, Pamela S. (帕梅拉·切塞克), David L. Downie (大卫·唐尼), and Janet Welsh Brown (珍妮特·威尔斯·布朗). 2006. Global Environmental Politics (《全球环境政治学》), 4th ed. Boulder, CO: Westview Press.

Chen, Ming [陈明(音)]. 2005. End-of-Life Vehicle Recycling in China: Now and the Future(《中国报废车辆的回收利用:现状与前景》). Journal of the Minerals, Metals, and Materials Society (《矿物、金属与材料学会杂志》)57, no. 10 (October): 20—26.

China Sourcing Reports(《中国采购资讯报告》). 2005. Refrigerators and Freezers (《冰箱和冷柜》). http://www.chinasourcingreports.com/.

Ciantar, Christopher (克里斯多夫·西昂塔尔), and Mark Hadfield (马克·哈德菲尔德). 2004. A Study of Tribological Durability with Associated Environmental Impacts of a Domestic Refrigerator(《家用冰箱的磨损耐久性及相关环境影响的研究》). Materials and Design (《材料与设计》) 25: 331—341.

Clapp, Jennifer (珍妮弗·克拉普). 1997. The Illegal CFC Trade: An Unexpected Wrinkle in the Ozone Protection Regime(《非法CFC贸易:臭氧保护制度中意料之外的问题》). International Environmental Affairs (《国际环境事务》) 9, no. 4: 259—273.

Clapp, Jennifer (珍妮弗·克拉普). 2001. Toxic Exports: The Transfer of Hazardous Wastes from Rich to Poor Countries (《有毒的出口贸易:有害废物从富裕国家向贫困国家转移》). Ithaca, NY: Cornell University Press.

Clapp, Jennifer (珍妮弗·克拉普). 2002. The Distancing of Waste: Overconsumption in a Global Economy(《废物的距离化:全球经

济下的过度消费》). In Thomas Princen, Michael Maniates, and Ken Conca, eds. , *Confronting Consumption*(《面对消费》), 155—176. Cambridge, MA: MIT Press.

Clapp, Jennifer（珍妮弗·克拉普）, and Peter Dauvergne（彼得·道维尼）. 2005. *Paths to a Green World: The Political Economy of the Global Environment*(《通往绿色世界之路:全球环境的政治经济》). Cambridge, MA: MIT Press.

Cloud, John（约翰·克劳德）. 2003. Why the SUV Is All the Rage(《越野车为何如此风靡》). *Time*(《时代》), 24 February, 34—44.

Clover, Charles（查尔斯·克洛弗）. 2004. *The End of the Line: How Overfishing Is Changing the World and What We Eat*(《渔业的终结:过渡捕鱼是如何改变世界和我们的饮食的》). London: Random House.

Cohen, Maurie J.（莫里·科恩）, and Joseph Murphy（约瑟夫·墨菲）. 2001. *Exploring Sustainable Consumption: Environmental Policy and the Social Sciences*(《探索可持续消费:环境政策与社会科学》). Oxford: Pergamon.

Coish, Calvin E.（卡尔文·科依西）. 1979. *Season of the Seal: The International Storm over Canada's Seal Hunt*(《属于海豹的时节:全球攻击加拿大海豹捕猎》). Saint John's, NF: Breakwater.

Cole, Doug（道格·科尔）. 1997. *Elliston: The Story of a Newfoundland Outport*(《艾利斯顿:一个纽芬兰小港的故事》). Portugal Cove, NF: ESPress.

Conca, Ken（肯·孔卡）. 2002. Consumption and Environment in a Global Economy(《全球经济下的消费与环境》). In Thomas Princen, Michael Maniates, and Ken Conca, eds. , *Confronting Consumption*(《面对消费》), 133—153. Cambridge, MA: MIT Press.

Conca, Ken（肯·孔卡）. 2005. *Governing Water: Contentious Transnational Politics and Global Institution Building*(《水域管理:有争

议的跨国政治及全球制度建设》). Cambridge, MA: MIT Press.

Conca, Ken (肯·孔卡), and Geoffrey D. Dabelko (杰弗里·达贝尔科), eds. 2004. *Green Planet Blues: Environmental Politics from Stockholm to Johannesburg*(《绿色星球的哀伤:从斯德哥尔摩到约翰内斯堡的环境政治学》), 3rd ed. Boulder, CO: Westview Press.

Cone, Marla (玛勒·科恩). 2005. *Silent Snow*(《沉默的雪》). New York: Grove Press.

Cooper, Tim (蒂姆·库珀). 2005. Slower Consumption: Reflections on Product Life Spans and the "Throwaway Society"(《慢消费:对产品使用寿命及"且用且扔社会"的思考》). *Journal of Industrial Ecology*(《产业生态学杂志》) 9, nos. 1—2 (Winter-Spring): 51—67.

Cox, Bruce (布鲁斯·科克斯). 2005. A Precautionary Tale (《一个有关预防措施的传说》). *Ottawa Citizen* (《渥太华公民报》), 10 March, A15.

Crandall, J. R. (克兰德尔), K. S. Bhalla (巴拉), and N. J. Madeley (梅德利). 2002. Designing Road Vehicles for Pedestrian Protection (《设计不危害行人安全的汽车》). *British Medical Journal* (《英国医学杂志》) 324 (11 May): 1145—1148.

Crocker, David A. (大卫·克罗克), and Toby Linden (托比·林登), eds. 1998. *Ethics of Consumption: The Good Life, Justice, and Global Stewardship* (《消费伦理学:美好生活、公平正义与全球管理》). Lanham, MD: Rowman & Littlefield.

Dale, Stephen (斯蒂芬·戴尔). 1996. *McLuhan's Children: The Greenpeace Message and the Media* (《麦克卢汉的孩子们:绿色和平组织的讯息及媒介》). Toronto: Between the Lines.

Dalton, Rex (雷克斯·道尔顿). 2005. Satellite Tags Give Fresh Angle to Tuna Quota (《卫星标签,金枪鱼配额的全新视角》). *Nature* (《自然》) 434 (28 April): 1056.

Daly, Herman E. (赫尔曼·达利). 1993. The Perils of Free Trade

(《自由贸易的危险》). *Scientific American*(《科学美国人》), November, 50—57.

Daly, Herman E.(赫尔曼·达利). 1996. *Beyond Growth: The Economics of Sustainable Development*(《超越增长：可持续发展的经济学》). Boston: Beacon.

Daly, Herman E.(赫尔曼·达利). 2005. Economics in a Full World(《完整世界的经济学》). *Scientific American*(《科学美国人》), September, 100—107.

Daoust, Pierre-Yves(皮埃尔-伊万·达奥斯特), Alice Cook(爱丽丝·库克), Trent K. Bollinger(特伦特·博林格), Keith G. Campbell(基思·坎贝尔), and James Wong(詹姆斯·王). 2002. Animal Welfare and the Harp Seal Hunt in Atlantic Canada(《加拿大大西洋地区的动物福利与竖琴海豹捕猎》). *Canadian Veterinary Journal*(《加拿大兽医杂志》) 43 (September): 687—694.

Dauvergne, Peter(彼得·道维尼). 1997. *Shadows in the Forest: Japan and the Politics of Timber in Southeast Asia*(《森林的阴影：日本与东南亚的木材政治学》). Cambridge, MA: MIT Press.

Dauvergne, Peter(彼得·道维尼). 2001. *Loggers and Degradation in the Asia-Pacific: Corporations and Environmental Management*(《伐木工人及亚太地区的退化：企业与环境管理》). Cambridge: Cambridge University Press.

Dauvergne, Peter(彼得·道维尼), ed. 2005. *Handbook of Global Environmental Politics*(《全球环境政治学手册》). Cheltenham, UK: Edward Elgar.

Davies, Brian(布莱恩·戴维斯). 1989. *Red Ice: My Fight to Save the Seals*(《鲜血染红的冰层：我拯救海豹的斗争》). London: Methuen.

Davidson, Cliff I.(克利夫·戴维森), ed. 1999. *Clean Hands: Clair Patterson's Crusade Against Environmental Lead Contamination*

(《洁净的双手:克莱尔·帕特森对抗环境铅污染的战斗》). Commack, NY: Nova Science.

Davis, Devra Lee (德芙拉·李·戴维斯), and Pamela S. Webster(帕梅拉·韦伯斯特). 2002. The Social Context of Science: Cancer and the Environment(《科学的社会背景:癌症与环境》). *Annals of the American Academy* (《美国学院年鉴》) 584, no. 1: 13—34.

Depledge, Joanna (乔安娜·德普拉芝). 2007. A Special Relationship: Chairpersons and the Secretariat in the Climate Change Negotiations(《特殊关系:气候变化谈判中的主席与秘书处》). *Global Environmental Politics* (《全球环境政治学》) 7 (February): 45—68.

DeSombre, Elizabeth R. (伊丽莎白·德索布雷). 2007. *The Global Environment and World Politics* (《全球环境与世界政治》), 2nd ed. London: Continuum International.

Diamond, Jared M. (杰瑞德·戴蒙德). 2005. *Collapse: How Societies Choose to Fail or Succeed* (《崩溃:社会如何选择失败或成功》). New York: Viking.

Dimitrov, Radoslav (拉多斯拉夫·季米特洛夫). 2005. *Science and International Environmental Policy: Regimes and Nonregimes in Global Governance* (《科学与国际环境政策:全球治理的政体与非政体》). Lanham, MD: Rowman & Littlefield.

Downie, David Leonard (大卫·伦纳德·唐尼), and Terry Fenge (特里·芬格), eds. 2003. *Northern Lights against POPs: Combatting Toxic Threats in the Arctic* (《持久性有机污染物背景下的北极光:在北极圈对抗毒物威胁》). Montreal: McGill-Queen's University Press.

Dressler, Andrew E. (安德鲁·德雷斯勒), and Edward A. Parson (爱德华·帕森). 2006. *The Science and Politics of Global Climate Change* (《全球气候变化的科学与政治学》). Cambridge: Cambridge University Press.

Dryzek, John (约翰·德雷泽克). 2005. *Politics of the Earth: Environmental Discourses（《地球政治学：环境论》），2nd ed. Oxford：Oxford University Press.

Dryzek, John（约翰·德雷泽克）, and David Schlosberg（大卫·施勒斯伯格）, eds. 2005. *Debating the Earth: The Environmental Politics Reader*（《地球争夺战：环境政治学读本》），2nd ed. Oxford: Oxford University Press.

Dunn, James A., Jr.（小詹姆斯·邓恩）1998. *Driving Forces: The Automobile, Its Enemies, and the Politics of Mobility*（《驱动力：汽车、敌人及流动政治学》）. Washington, DC: Brookings Institution.

Eby, Clare Virginia（克莱尔·弗吉尼亚·伊比）, ed. 2003. *The Jungle: Upton Sinclair. An Authoritative Text: Contexts and Backgrounds. Criticism*（《丛林：厄普顿·辛克莱。权威文本：上下文和背景。评论》）. New York: Norton.

Ecology Center（生态中心）. 2005. *Moving Towards Sustainable Plastics: A Report Card on the Six Leading Automakers*（《走向可持续型塑料：关于六大汽车制造商的报告单》）. Ann Arbor, MI: Ecology Center.

Economist Intelligence Unit（经济学人智库）. 2005. *World Energy Outlook: Driven by Demand*（《世界能源展望：需求驱动》）. *Energy and Electricity Outlook*（《能源与电力展望》）, June. http://www.eiu.com/.

Ehrlich, Paul R.（保罗·欧立希）, and Anne H. Ehrlich（安·欧立希）. 2004. *One With Nineveh: Politics, Consumption, and the Human Future*（《尼尼微：政治学、消费及人类未来》）. Washington, DC: Island Press.

El-Fadel, Mutasem（穆特森·埃尔-法德勒）, and Zaher Hashisho（查希尔·哈希什）. 2001. Phase-Out of Leaded Gasoline in Developing Countries: Approaches and Prospects for Lebanon（《发展中国家含铅汽油的禁用：黎巴嫩的策略与前景》）. *Journal of Environmental*

Assessment Policy and Management(《环境评估政策与管理杂志》) 3 (March): 35—59.

Electrolux(伊莱克斯). 2005. *Our World, Our Approach: Sustainability Report*(《我们的世界,我们的道路:可持续发展报告》) 2005. Stockholm.

Elliott, Lorraine(罗琳·艾略特). 2004. *The Global Politics of the Environment*(《全球环境政治学》), 2nd ed. New York: New York University Press.

Energy Information Administration(能源情报署). 2005. *International Energy Outlook*(《国际能源展望》). July. Washington, DC: Department of Energy.

Energy Information Administration(能源情报署). 2007. *Emissions of Greenhouse Gases in the United States 2006*(《2006美国温室气体排放》). November. Washington, DC: Department of Energy.

ENERGY STAR("能源之星"). 2006. *ENERGY STAR: Overview of 2005 Achievements*(《"能源之星":2005成果概览》). Washington, DC: ENERGY STAR and Environmental Protection Agency.

Espach, Ralph(拉尔夫·埃斯帕齐). 2006. When is Sustainable Forestry Sustainable?(《可持续林业何时才能可持续?》) The Forest Stewardship Council in Argentina and Brazil. *Global Environmental Politics*(《全球环境政治学》) 6 (May): 55—84.

Euromonitor International(欧睿国际). 2003. *Global Market Information Database: The World Market for Electrical Appliances*(《全球市场信息数据库:世界电器市场》). November. http://www.euromonitor.com/.

Falkner, Robert(罗伯特·福克纳). 2003. Private Environmental Governance and International Relations: Exploring the Links(《私人环境治理与国际关系:探索其联系》). In David Humphreys, Matthew Paterson, and Lloyd Pettiford, eds. , *Global Environmental Govern-*

ance for the Twenty-First Century: Theoretical Approaches and Normative Considerations (《21世纪全球环境治理:理论方法与规范考量》). Special issue. Global Environmental Politics (《全球环境政治学》) 3 (May): 72—87.

Fenton, Michael D. (迈克尔·芬东). 2000. Iron and Steel Scrap (《废铁与废钢》). In U. S. Geological Survey Minerals Yearbook—1999 (《地质调查矿物年鉴—1999》), 40. 1—40. 5. Washington, DC: Department of the Interior, Geological Survey.

Filho, Kepler Euclides (开普勒·欧几里得·菲力欧). 2004. Supply Chain Approach to Sustainable Beef Production from a Brazilian Perspective(《一个巴西人眼中用供应链解决可持续牛肉生产的方法》). Livestock Production Science (《家畜生产科学》) 90, no. 1: 53—61.

Fisheries and Oceans Canada (加拿大渔业及海洋部). 2003. Atlantic Seal Hunt 2003—2005: Management Plan (《2003—2005大西洋海豹捕猎:管理计划》). Ottawa.

Flegal, A. Russell (拉塞尔·弗里戈). 1998. Introduction: Clair Patterson's Influence on Environmental Research(《简介:克莱尔·帕特森对环境研究的影响》). Environmental Research (《环境研究》) 78, no. 2: 65—70.

Fonda, Daren (达仁·方达). 2004. The Shrinking SUV(《没落的越野车》). Time (《时代》), 30 August, 65.

Food and Agriculture Organization (FAO)(联合国粮食农业组织). 2005a. Global Forest Resources Assessment 2005: Progress Towards Sustainable Forest Management (《2005全球林业资源评估:迈向可持续森林管理》). Rome.

Food and Agriculture Organization (FAO)(联合国粮食农业组织). 2005b. Incentives to Curb Deforestation Needed to Counter Climate Change(《奖励激励,控制森林砍伐,对抗气候变化》). FAO Media Release(粮农组织媒体发布), 9 December 2005.

Foster, Mark S.（马克·福斯特）. 1981. *From Streetcar to Superhighway: American City Planners and Urban Transportation, 1900—1940*（《从有轨电车到高速公路：美国城市规划与城市交通,1900—1940》）. Philadelphia: Temple University Press.

Freese, Barbara（芭芭拉·弗里兹）. 2003. *Coal: A Human History*（《煤炭：一部人类》）. Cambridge, MA: Perseus.

Freund, Peter（彼得·弗罗因德）, and George Martin（乔治·马丁）. 1993. *The Ecology of the Automobile*（《汽车生态学》）. Montreal: Black Rose Books.

Friedman, Thomas L.（托马斯·弗里德曼）. 2005. *The World Is Flat: A Brief History of the Twenty-First Century*（《世界是平的：21世纪简史》）. New York: Farrar, Straus and Giroux.

Friedman, Vanessa（瓦妮莎·弗里德曼）. 2003. Fur in a Not-So-Cold Climate: After Such a Loud Campaign against It, Why Is Fur Making a Comeback?（《气候算不上冷,皮草却已大热：为何一场喧嚣的运动后,皮草可以卷土重来?》）. *Financial Times*（《金融时报》）, 13 December, 5.

Frumkin, Howard（霍华德·弗鲁姆金）. 2002. Urban Sprawl and Public Health（《城市蔓延与公共健康》）. *Public Health Reports*（《公共健康报告》）117 (May—June): 201—217.

Fuchs, Doris A.（多丽丝·福斯）, and Sylvia Lorek（西尔维亚·罗瑞克）. 2005. Sustainable Consumption Governance: A History of Promises and Failures（《可持续消费管理：许诺与失败的历史》）. *Journal of Consumer Policy*（《消费者政策杂志》）28: 261—288.

Gallagher, Kelly Sims（凯利·西姆斯·加拉格尔）. 2006. *China Shifts Gears: Automakers, Oil, Pollution, and Development*（《中国换挡：汽车制造商、石油、污染与发展》）. Cambridge, MA: MIT Press.

Gandhi, Unnati（尤纳第·甘地）. 2007. Global Enlightenment Turns Off the Bulb（《灯泡因全球启示而熄灭》）. *Globe and Mail*（Canada)[《环球邮报》(加拿大)], 5 March, A3.

Garcia-Johnson, Ronie (罗尼·加西亚-约翰逊). 2000. *Exporting Environmentalism: U. S. Multinational Chemical Corporations in Brazil and Mexico*(《出口环保主义：巴西和墨西哥的美国跨国化工企业》). Cambridge, MA: MIT Press.

Gibney, Ling-yee (凌宜·吉布尼). 1975. Chlorofluorocarbon-Ozone Issue Flares Up Again(《氟氯烃-臭氧问题再度爆发》). *Chemical and Engineering News*(《化工新闻》), 11 August, 13.

Giddens, Anthony (安东尼·吉登斯). 2002. *Runaway World: How Globalization Is Reshaping Our Lives*(《失控的世界：全球化如何重塑我们的生活》). Rev. ed. London: Profile.

Gill, Alexandra (亚历山德拉·吉尔). 2002. Free-Range and Grass-Fed: These Cows Are Over the Moon(《放养与草饲：乐疯了的牛》). *Globe and Mail*(Canada)[《环球邮报》(加拿大)], 15 January, L8.

Gladwell, Malcolm (马尔科姆·格拉德韦尔). 2000. *The Tipping Point: How Little Things Can Make a Big Difference*(《临界点：小事情如何产生大影响》). Boston: Little, Brown.

Goar, Carol (卡罗尔·戈尔). 1982. Seal Wars: The Final Battle?(《海豹战争：最后的战斗？》). *Maclean's*(《麦考林杂志》), 6 December, 23—25.

Gold, Mark (马克·戈尔德). 2004. *The Global Benefits of Eating Less Meat*(《少吃肉造福全世界》). Petersfield, Hampshire, UK: Compassion in World Farming Trust.

Goldenberg, Suzanne (苏珊娜·戈登堡). 2004. Taboo: Unscrupulous: Culture of Indifference Leaves America Open to BSE(《禁忌：无耻——冷漠的文化纵容疯牛病肆虐美国》). *Guardian*(London)[《卫报》(伦敦)], 12 January, 13.

Goodland, Robert (罗伯特·古德兰). 1998. The Case against

the Consumption of Grain-Fed Meat(《谷饲肉消费案》). In David A. Crocker and Toby Linden, eds. , *Ethics of Consumption: The Good Life, Justice, and Global Stewardship*(《消费伦理：美好生活,公平正义与全球管理》), 95—112. Lanham, MD: Rowman & Littlefield.

Goodwin, Neva R. （涅瓦·古德温）, Frank Ackerman（弗兰克·阿克曼）, and David Kiron（大卫·凯伦）, eds. 1997. *The Consumer Society*(《消费社会》). Washington, DC: Island Press.

Gordon, Bruce（布鲁斯·戈登）, Richard Mackay（理查德·麦凯）, and Eva Rehfuess（伊娃·瑞弗斯）. 2004. *Inheriting the World: The Atlas of Children's Health and the Environment*(《继承世界：儿童健康与环境图谱》). Geneva: World Health Organization.

Gould, Larry（拉里·古尔德）. 1962. Albemarle Paper Surprises Wall St(《雅宝纸业震惊华尔街》). *New York Times*(《纽约时报》), 23 September, 1, 29.

Gouveia, Lourdes（卢尔德·戈维亚）, and Arunas Juska（阿鲁纳斯·尤斯卡）. 2002. Taming Nature, Taming Workers: Constructing the Separation between Meat Consumption and Meat Production in the U. S.(《驯服自然,驯服工人：构建美国肉类消费与肉类生产的距离感》). *Sociologia Ruralis*（《农村社会学》）42 (October): 370—390.

Graebner, William（威廉·格雷布纳）. 1987. Hegemony through Science: Information Engineering and Lead Toxicology, 1925—1965 (《通过科学掌控领导权：信息工程学与铅毒理学,1925—1965》). In David Rosner and Gerald Markowitz, eds. , *Dying for Work: Workers' Safety and Health in Twentieth-Century America*(《为工作献身：20世纪美国工人安全与健康》), 140—159. Bloomington: Indiana University Press.

Green, Rhys E. （里斯·格林）, Stephen J. Cornell（斯蒂芬·康奈尔）, Jörn P. W. Scharlemann（约恩·查尔曼）, and Andrew Balmford（安德鲁·鲍姆福德）. 2005. Farming and the Fate of Wild Nature(《农

耕及野生自然的命运》). Science (《科学》), 28 January, 550—555.

Greenberg, Nadivah (纳迪瓦·格林伯格). 2006. Shop Right: American Conservatisms, Consumption, and the Environment(《正确购物：美国保守主义、消费与环境》). Global Environmental Politics (《全球环境政治学》) 6 (May): 85—111.

Gross, Daniel (丹尼尔·格罗斯)(and the editors at Forbes magazine)(及《福布斯》杂志众编辑). 1996. Henry Ford and the Model T (《亨利·福特与T型车》). In Forbes: Greatest Business Stories of All Time (《福布斯：史上最伟大的商业传奇》), 75—89. New York: Wiley.

Gudoshnikov, Sergey (谢尔盖·古多什尼科夫), Lindsay Jolly (琳塞·乔利), and Donald Spence (唐纳德·斯彭斯), eds. 2004. The World Sugar Market (《全球糖品市场》). Cambridge: Woodhead.

Guha, Ramachandra (拉玛羌德拉·古哈). 2000. Environmentalism: A Global History (《环境保护主义：全球史》). New York: Longman.

Gulbrandsen, Lars H (拉尔斯·古尔布兰德森). 2005. Mark of Sustainability? Challenges for Fishery and Forestry Eco-Labeling(《可持续性的标志？渔业与林业生态标识面临的挑战》). Environment (《环境》) 47 (June): 8—23.

Gulbrandsen, Lars H. (拉尔斯·古尔布兰德森). 2006. Creating Markets for Eco-Labelling: Are Consumers Insignificant? (《创建生态标识市场：消费者无足轻重吗？》)International Journal of Consumer Studies (《国际消费者研究杂志》) 30 (September): 477—489.

Gunter, Michael M. (迈克尔·甘特) 2004. Building the Next Ark: How NGOs Protect Biodiversity (《建造新方舟：非政府组织对生态多样性的保护》). Dartmouth, NH: Dartmouth College Press and University Press of New England.

Haegi, Marcel (马塞尔·赫之). 2002. A New Deal for Road Crash Victims(《交通事故受害者新政》). British Medical Journal (《英

国医学杂志》) 324 (11 May): 1110.

　　Hamer, Mick（米克·哈默尔）. 1996. A Hundred Years of Carnage(《百年杀戮》). *New Scientist* (《新科学家》), no. 2042 (10 August): 14—15.

　　Hammar, Henrik（亨里克·哈马尔）, and Åsa Loöfgren（阿萨·洛夫格伦）. 2004. Leaded Gasoline in Europe: Differences in Timing and Taxes(《含铅汽油在欧洲：时间选择与税费征收的差异》). In Winston Harrington, Richard D. Morgenstern, and Thomas Sterner, eds. , *Choosing Environmental Policy: Comparing Instruments and Outcomes in the United States and Europe* (《环境政策的选择：欧美环保手段与结果之比较》), 192—205. Washington, DC: Resources for the Future.

　　Hammitt, James K. （詹姆斯·汉密特）. 2004. CFCs: A Look Across Two Continents(《氯氟碳化物：两大洲纵览》). In Winston Harrington, Richard D. Morgenstern, and Thomas Sterner, eds. , *Choosing Environmental Policy: Comparing Instruments and Outcomes in the United States and Europe* (《环境政策的选择：欧美环保手段与结果之比较》), 158—174. Washington, DC: Resources for the Future.

　　Harrington, Winston（温斯顿·哈灵顿）, Richard D. Morgenstern（理查德·莫根施特恩）, and Thomas Sterner（托马斯·斯蒂纳）, eds. 2004. *Choosing Environmental Policy: Comparing Instruments and Outcomes in the United States and Europe* (《环境政策的选择：欧美环保手段与结果之比较》). Washington, DC: Resources for the Future.

　　Harter, John-Henry（约翰-亨利·哈特）. 2004. Environmental Justice for Whom? Class, New Social Movements, and the Environment: A Case Study of Greenpeace Canada, 1971—2000(《环境正义为了谁？阶层、新社会运动与环境：加拿大绿色和平组织研究，1971—2000》). *Labour/Le Travail* (《劳动》), no. 54 (Fall): 83—121.

　　Heazle, Michael（迈克尔·赫索尔）. 2006. *Scientific Uncertainty and the Politics of Whaling* (《科学不确定性与捕鲸政治学》). Seattle:

University of Washington Press.

Helleiner, Eric (埃里克·黑莱纳). 2002. Think Globally, Transact Locally: The Local Currency Movement and Green Political Economy(《全球思维,本土交易:本地汇率波动与绿色政治经济学》). In Thomas Princen, Michael Maniates, and Ken Conca, eds., Confronting Consumption (《面对消费》), 255—274. Cambridge, MA: MIT Press.

Hendrickson, Mary (玛丽·亨德里克森), and William Heffernan (威廉·赫弗南). 2005. Concentration of Agricultural Markets(《农业市场的整合》). University of Missouri, Columbia, Department of Rural Sociology. http://www.foodcircles.missouri.edu/CRJanuary05.pdf.

Higgins, Amy (艾米·希金斯). 2001. New Fridges: More Features, Less Juice(《新型冰箱:更多性能,更少果汁》). Machine Design (《机械设计》), 5 April, 50—58.

Hilton, F. Hank (汉克·希尔顿). 2001. Later Abatement, Faster Abatement: Evidence and Explanations From the Global Phaseout of Leaded Gasoline(《迟一些,快一些:全球禁用含铅汽油的根据和说明》). Journal of Environment and Development (《环境与发展杂志》) 10, no. 3 (September): 246—265.

Hirst, Paul (保罗·赫斯特), and Grahame Thompson (格雷厄姆·汤普森). 1999. Globalization in Question: The International Economy and the Possibilities of Governance (《全球化进行时:国际经济与治理的可能性》), 2nd ed. Cambridge, MA: Polity Press.

Hites, Ronald A. et al (罗纳德·海茨等人). 2004. Global Assessment of Polybrominated Diphenyl Ethers in Farmed and Wild Salmon(《全球养殖鲑鱼与野生鲑鱼中多溴联苯醚评估》). Environmental Science and Technology (《环境科技》) 38, no. 19: 4945—4949.

Hochstetler, Kathryn(凯瑟琳·霍克斯特勒). 2002. After the

Boomerang: Environmental Movements and Politics in the La Plata River Basin(《自食其果之后:拉普拉塔河流域环境运动与政治学》). *Global Environmental Politics*(《全球环境政治学》) 2 (November): 35—57.

Hond, Frank den(弗兰克・德恩・亨德), Peter Groenewegen(彼得・格朗维根), and Nico M. van Straalen(尼克・万・斯塔伦), eds. 2003. *Pesticides: Problems, Improvements, Alternatives*(《杀虫剂:问题、改进与替换物》). Oxford: Blackwell Science.

Horwood, Harold(哈罗德・霍伍德). 1960. Tragedy on the Whelping Ice(《产崽冰层上的悲剧》). *Canadian Audubon*(《加拿大奥杜邦》) 22, no. 2 (March—April): 37—41.

Hough, Peter(彼得・霍夫). 1998. *The Global Politics of Pesticides: Forging Consensus from Conflicting Interests*(《全球杀虫剂政治学:从利益冲突中达成共识》). London: Earthscan.

Humphreys, David(大卫・汉弗莱斯). 2006. *Logjam: Deforestation and the Crisis of Global Governance*(《僵局:森林砍伐与全球治理的危机》). London: Earthscan.

Humphreys, David(大卫・汉弗莱斯), Matthew Paterson(马修・帕特森), and Lloyd Pettiford(劳埃德・派迪福德), eds. 2003. Global Environmental Governance for the Twenty-First Century: Theoretical Approaches and Normative Considerations(《21世纪全球环境治理:理论方法与规范考量》). Special issue. *Global Environmental Politics*(《全球环境政治学》) 3 (May).

Hunter, Robert(罗伯特・亨特). 1979. *Warriors of the Rainbow: A Chronicle of the Greenpeace Movement*(《彩虹战士:绿色和平运动纪事》). New York: Holt, Rinehart and Winston.

Intergovernmental Panel on Climate Change (IPCC)(政府间气候变化专门委员会). 2001. *Climate Change 2001: The Scientific Basis*(《2001气候变化:科学依据》). Geneva.

International Energy Agency（国际能源署）. 2006. *Oil, Gas, Coal and Electricity—Quarterly Statistics*（《油、气、煤、电——统计季报》）, no. 2. Paris: Organization for Economic Cooperation and Development.

International Fund for Animal Welfare (IFAW)（国际爱护动物基金会）. 2005. *Seals and Sealing in Canada*（《加拿大海豹与海豹捕猎》）. Guelph, ON.

Jackson, Kenneth T.（肯尼思·杰克逊）. 1985. *Crabgrass Frontier: The Suburbanization of the United States*（《马唐草边疆：美国城市郊区化》）. Oxford: Oxford University Press.

Jackson, Richard（理查德·杰克逊）, and Glenn Banks（格伦·班克斯）. 2003. *In Search of the Serpent's Skin: The Story of the Porgera Gold Mine*（《寻找蛇皮：波尔盖拉金矿的故事》）. Brisbane, Australia: Boolarong Press.

Japanese Forestry Agency（日本林野厅）. 1993. *Forestry White Paper: Fiscal Year 1992, Summary*（《林业白皮书：1992财政年摘要》）. Tokyo: Government of Japan.

Jasanoff, Sheila（谢拉·亚萨诺夫）, and Marybeth Long Martello（玛丽贝斯·朗·马尔泰洛）, eds. 2004. *Earthly Politics: Local and Global in Environmental Politics*（《世俗政治：环境政治学的局部与全局》）. Cambridge, MA: MIT Press.

Johansen, Bruce E.（布鲁斯·约翰森）. 2003. *The Dirty Dozen: Toxic Chemicals and the Earth's Future*（《十二金刚：有毒化学品与地球的未来》）. Westport, CT: Praeger.

Johnston, Paul（保罗·约翰斯顿）, and David Santillo（大卫·圣提诺）. 2005. *The Canadian Seal Hunt: No Management and No Plan*（《加拿大海豹捕猎：无管理无规划》）. Amsterdam: Greenpeace International. March.

Jones, Darryl（达瑞尔·琼斯）. 2003. *The Pig Sector*（《养猪

业》). Paris: OECD.

Joyce, Randolph（伦道夫·乔伊斯）. 1982. More than One Way to Skin a Seal Hunt(《给海豹捕猎披上外衣不止一种方法》). *Maclean's*(《麦考林杂志》), 22 March, 23—24.

Kaimowitz, David et al（大卫·凯莫维茨等人）. 2004. Hamburger Connection Fuels Amazon Destruction, Cattle Ranching and Deforestation in Brazil's Amazon(《汉堡刺激了亚马孙的毁灭,畜牧场的建造及巴西亚马孙的森林砍伐》). Center for International Forestry (CIFOR). Bogor, Indonesia. April.

Kauffman, George B.（乔治·考夫曼）. 1989. Midgley: Saint or Serpent?(《米奇利:圣人还是毒蛇?》). *Chemtech*(《化学科技》), December, 716—725.

Kean, Abram（亚伯兰·基恩）. 1935. *Old and Young Ahead: A Millionaire in Seals Being the Life History of Captain Abram Kean*(《前方有老有少:亚伯兰·基恩船长,海豹中走出的百万富翁》), O. B. E. London: Heath Cranton.

Keck, Margaret E.（玛格丽特·凯克）, and Kathryn Sikkink（凯瑟琳·森金克）. 1998. *Activists Beyond Borders: Advocacy Networks in International Politics*(《跨越国界的活动家:国际政治中的倡议网络》). Ithaca, NY: Cornell University Press.

Kelly, Katy（凯蒂·凯利）. 2005. Birth of the Cool(《酷一派的诞生》). *U. S. News and World Report*(《新闻与世界报道》), 15 August, 52.

Kelly, Kevin（凯文·凯利）, and Heidi Dawley（海蒂·道利）. 1995. Don't Get the Lead Out(《请勿除铅》). *Business Week*(《商业周刊》), 15 May, 50.

Kim, Hyung Chul(金邢哲), Gregory A. Keoleian（格雷戈里·凯欧利恩）, and Yuhta Horie（裕太·霍里）. 2006. *Energy Policy*(《能源政策》) 34, no. 15 (October): 2310—2323.

Kitman, Jamie Lincoln(杰米·林肯·吉特曼). 2000. The Secret History of Lead(《铅之秘史》). *Nation*(《国家》), 20 March, 11—44.

Kovarik, William(威廉·科瓦里克). 1999. Charles F. Kettering and the 1921 Discovery of Tetraethyl Lead in the Context of Technological Alternatives(《查尔斯·凯特灵及1921年技术选择背景下四乙铅的发现》). Revised version of paper presented to the Society of Automotive Engineers Conference(《汽车工程师学会会议论文修订版》), 1994, Baltimore. http://www.radford.edu/~wkovarik/papers/.

Kovarik, William(威廉·科瓦里克). 2003. Ethyl: The 1920s Environmental Conflict over Leaded Gasoline and Alternative Fuels(《乙基:1920年代含铅汽油及替换燃料引发的环境冲突》). Paper presented to the American Society for Environmental(提交给美国环境史学会的论文) History, Annual Conference, 26—30 March, Providence, RI. http://www.radford.edu/~wkovarik/papers/.

Kovarik, William(威廉·科瓦里克). 2005. Ethyl-leaded Gasoline: How a Classic Occupational Disease Became an International Public Health Disaster(《乙基含铅汽油:一种典型的职业病如何发展成为世界公共卫生灾难》). *International Journal of Occupational and Environmental Health*(《国际职业与环境健康杂志》) 11 (October): 384—397.

Lacey, Marc(马克·莱西). 2004a. Belatedly, Africa Is Converting to Lead-Free Gasoline(《非洲在转用无铅汽油的道路上姗姗来迟》). *The New York Times* (International edition)[《纽约时报》(国际版)], 31 October 2004, N3.

Lacey, Marc(马克·莱西). 2004b. Sub-Saharan Africa Shifts to Lead-Free Gas(《撒哈拉以南非洲转用无铅汽油》). *International Herald Tribune*(《国际先驱论坛报》), 2 November, 5.

Lamson, Cynthia(辛西娅·拉姆森). 1979. "Bloody Decks and a Bumper Crop": The Rhetoric of Sealing Counter-Protest(《"血腥的甲

板,丰收的作物":海豹捕猎反抗议的语言艺术》). Social and Economic Studies, no. 24. Saint John's, NF: Institute of Social and Economic Research, Memorial University.

Langley, Billy C.(比利·兰利). 1994. *Refrigerant Management: The Recovery, Recycling, and Reclaiming of CFCs*(《制冷剂管理:氯氟碳化物的回收再利用》). Albany, NY: Delmar.

Lansdown, Richard(理查德·兰斯当), and William Yule(威廉·尤尔). 1986. *Lead Toxicity: History and Environmental Impact*(《铅之毒:历史及环境影响》). Baltimore: Johns Hopkins University Press.

Lawrence, Felicity(费利希蒂·劳伦斯). 2006. Whether You Know It or Not, You'll Probably be Eating Soya Today(《无论是否知情,你今天都有可能吃大豆》). *Guardian* (London)[《卫报》(伦敦)], 25 July, 8.

Lavigne, David M(大卫·拉维尼). 1976. Life or Death for the Harp Seal(《竖琴海豹的生死存亡》). *National Geographic*(《国家地理》) 149, no. 1 (January): 129—142.

Lavigne, David M.(大卫·拉维尼). 1995. Seals and Fisheries, Science and Politics(《海豹与渔业,科学与政治》). Paper presented to the 11th Biennial Conference on the Biology of Marine Mammals(提交给第 11 届海洋哺乳动物生物学双年展的论文), 14—18 December, Orlando, FL.

Lee, John Alan(约翰·艾伦·李). 1988. Seals, Wolves and Words: Loaded Language in Environmental Controversy(《海豹、狼与话语:环境争议中的鼓动性语言》). *Alternatives*(《选择》) 15 (November – December): 20—29.

Lee, Yok-Shiu F.(李煜绍), and Alvin Y. So.(阿尔文·索), eds. 1999. *Asia's Environmental Movements: Comparative Perspectives*(《亚洲环境运动:比较视野》). Armonk, NY: M. E. Sharpe.

Leigh, Charles(查尔斯·利). 2005. Food for Thought as Organic

Sales Grow: More Expensive but Experts Split on Whether It Is Any Better for You(《有机销售增长引发的思考:价格更昂贵,专家却对其益处产生分歧》). *Guardian* (London)[《卫报》(伦敦)],31 May 2005,18.

Lemonick,Michael D.(迈克尔·莱蒙尼克),and David Bjerklie(大卫·布杰克里). 2004. How We Grew So BIG(《我们因何事事求大》). *Time*(《时代》),7 June,58—69.

Lewis,Jack(杰克·路易斯). 1985. Lead Poisoning: A Historical Perspective(《铅中毒:历史回顾》). *EPA Journal*(《美国环保署期刊》),May. http://www.epa.gov/history/topics/perspect/lead.htm.

Lichtenberg,Judith(朱迪斯·利希滕贝格). 1998. Consuming Because Others Consume(《因他人消费而消费》). In David A. Crocker and Toby Linden,eds. 1998. *Ethics of Consumption: The Good Life, Justice, and Global Stewardship*(《消费伦理:美好生活、公平正义与全球管理》),155—175. Lanham,MD: Rowman & Littlefield.

Lillie,Harry R.(哈里·利利). 1955. *The Path Through Penguin City*(《穿越企鹅之城》). London: Ernest Benn.

Lipschutz,Ronnie D.(罗尼·利普舒兹). 2003. *Global Environmental Politics: Power, Perspectives, and Practice*(《全球环境政治学:权力、视野与实践》). Washington,DC: CQ Press.

Litfin,Karen T.(凯伦·利特芬). 1994. *Ozone Discourse: Science and Politics in Global Environmental Cooperation*(《臭氧话语:全球环境合作中的科学与政治》). New York: Columbia University Press.

Litfin,Karen T.(凯伦·利特芬). 2000. Environment, Wealth and Authority: Global Climate Change and Emerging Modes of Legitimation(《环境、财富与权力:全球气候变化与新兴的合法化模式》). *International Studies Review*(《国际研究评论》)2(Summer): 119—148.

Livestock and the Environment: Meeting the Challenge(《牲畜与环境:迎接挑战》). 1999. Report of a study coordinated by the United Nations Food and Agriculture Organization, the United States Agency for International Development, and the World Bank(联合国粮农组织、美国国际开发署及世界银行合作研究报告). Rome: FAO.

Löfgren, Åsa(阿萨·洛夫格伦), and Hammar, Henrik(亨里克·哈马尔). 2000. The Phase Out of Leaded Gasoline in the EU Countries—A Successful Failure? Transportation Research Part D(《欧盟国家逐步禁用含铅汽油——成功的失败？交通研究第四部分》), Transport and Environment(《交通与环境》) 5D, no. 6: 419—431.

Lomborg, Bjrn(比约恩·兰伯格). 2001. The Skeptical Environmentalist(《多疑的环保主义者》). Cambridge: Cambridge University Press.

Luban, David(大卫·路班). 1998. The Political Economy of Consumption(《消费的政治经济》). In David A. Crocker and Toby Linden, eds. 1998. Ethics of Consumption: The Good Life, Justice, and Global Stewardship(《消费伦理：美好生活、公平正义与全球管理》), 113—130. Lanham, MD: Rowman & Littlefield.

Lust, Peter(彼得·卢斯特). 1967. The Last Seal Pup: The Story of Canada's Seal Hunt(《最后一只小海豹：加拿大海豹捕猎的故事》). Montreal: Harvest House.

Lynam, Donald R. （唐纳德·里南）, Lillian G. Piantanida（莉莲·皮耶塔尼达）, and Jerome F. Cole(杰罗姆·科尔), eds. 1981. (International Lead Zinc Research Organization.)Environmental Lead(《环境铅》). New York: Academic Press.

MacFarlane, Alan(艾伦·麦克法兰), and Iris MacFarlane(艾丽斯·麦克法兰). 2004. The Empire of Tea: The Remarkable History of the Plant that Took Over the World(《茶叶王国：一种征服世界的植物的辉煌历史》). New York: Overlook Press.

MacNeill, Jim(吉姆·麦克尼尔), Pieter Winsemius(皮耶特·温斯米厄斯), and Taizo Yakushiji(药师寺泰藏). 1991. Beyond Interdependence: The Meshing of the World's Economy and the Earth's Ecology(《相互依存之外:世界经济与地球生态的啮合》). New York: Oxford University Press.

Madsen, Robert A. (罗伯特·马德森). 1995. Of Oil and Rainforests: Using Commodity Cartels to Conserve Depletable Natural Resources(《关于石油与雨林:利用商品卡特尔保护非再生自然资源》). *International Environmental Affairs: A Journal for Research and Policy*《国际环境事务:研究与政策》7 (Summer): 207—234.

Maguire, Steve (史蒂夫·马奎尔), and Cynthia Hardy (辛西娅·哈迪). 2006. The Emergence of New Global Institutions: A Discursive Perspective(《漫谈新型国际组织的兴起》). *Organization Studies*(《组织研究》) 27, no. 1: 7—29.

Majtenyi, Cathy (凯西·马吉腾). 2005. Leaded Fuel to be Phased Out in Sub-Saharan Africa(《含铅燃料将被清除出撒哈拉以南非洲地区》). *Voice of America*(《美国之音》), 27 December.

Malthus, Thomas R. (托马斯·马尔萨斯). 1798. *An Essay on the Principle of Population*(《人口论》). 1st ed. London: J. Johnson. http://www.econlib.org/library/Malthus/malPop.html.

Maniates, Michael F. (迈克尔·马尼阿特斯). 2002a. Individualization: Plant a Tree, Buy a Bike, Save the World?(《个人化:种一棵树、买一辆自行车,就能拯救世界?》). In Thomas Princen, Michael Maniates, and Ken Conca, eds., *Confronting Consumption*(《面对消费》), 43—66. Cambridge, MA: MIT Press.

Maniates, Michael F. (迈克尔·马尼阿特斯). 2002b. In Search of Consumptive Resistance: The Voluntary Simplicity Movement(《寻找消费阻力:自愿简朴运动》). In Thomas Princen, Michael Maniates, and Ken Conca, eds., *Confronting Consumption*(《面对消费》), 199—236. Cambridge, MA: MIT Press.

Maniates, Michael F. (迈克尔·马尼阿特斯), ed. 2003. *Encountering Global Environmental Politics: Teaching, Learning and Empowering Knowledge（《邂逅全球环境政治学：教、学与知识赋予》）. Lanham, MD: Rowman and Littlefield.

Manno, Jack（杰克·曼诺）. 2002. Commoditization: Consumption Efficiency and an Economy of Care and Connection（《商品化：消费效率与责任及关联经济》）. In Thomas Princen, Michael Maniates, and Ken Conca, eds., *Confronting Consumption*（《面对消费》）, 67—99. Cambridge, MA: MIT Press.

Markowitz, Gerald（杰拉尔德·马科维茨）, and David Rosner（大卫·罗斯纳）. 2002. *Deceit and Denial: The Deadly Politics of Industrial Pollution*（《欺骗与否定：工业污染的致命政治学》）. Berkeley: University of California Press.

McAuley, John W.（约翰·麦考利）. 2003. Global Sustainability and Key Needs in Future Automotive Design（《未来汽车设计中的全球可持续性及关键需求》）. *Environmental Science and Technology*（《环境科技》）37, no. 23: 5414—5416.

McKay, George（乔治·麦凯）. 1996. *Senseless Acts of Beauty: Cultures of Resistance since the Sixties*（《无意识的行为之美：60 年代以来的抗拒文化》）. London: Verso.

McKendrick, Neil（尼尔·麦肯德里克）, John Brewer（约翰·布鲁尔）, and J. H. Plumb（普拉姆）. 1982. *The Birth of a Consumer Society: The Commercialization of Eighteenth-Century England*（《消费社会的诞生：18 世纪英格兰的商业化》）. Bloomington: University of Indiana Press.

McShane, Clay（克莱·麦克沙恩）. 1994. *Down the Asphalt Path: The Automobile and the American City*（《沿着柏油路走下去：汽车与美国城市》）. New York: Columbia University Press.

Meacham, Cory J.（科里·米查姆）. 1997. *How the Tiger Lost its Stripes: An Exploration into the Endangerment of a Species*（《老虎的斑纹是如何消失的：物种濒危探究》）. New York: Harcourt Brace.

Meikle, James (詹姆斯·米克尔). 2006. Farmers and Butchers Illegally Selling Meat as Organic(《农民和肉贩非法将肉作为有机肉销售》). *Guardian* (London)[《卫报》(伦敦)], 15 May, 6.

Midgley, Thomas (托马斯·米奇利), IV. 2001. *From the Periodic Table to Production: The Life of Thomas Midgley, Jr., the Inventor of Ethyl Gasoline and Freon Refrigerants* (《从元素周期表到产品生产:乙基汽油和氟利昂制冷剂的发明者小托马斯·米奇利的一生》). Corona, CA: Stargazer.

Millstone, Erik (埃里克·米尔斯通), and Tim Lang (蒂姆·朗). 2003. *The Penguin Atlas of Food: Who Eats What, Where, and Why* (《企鹅食物图集:谁在何地因何原因吃了什么》). London: Penguin Books.

Mittelstaedt, Martin (马丁·米特斯塔德). 2006a. Coming to Terms with Perils of Non-Stick Products(《对不粘产品的危险做出让步》). *Globe and Mail* (Canada)[《环球邮报》(加拿大)], 29 May, A1, A8.

Mittelstaedt, Martin (马丁·米特斯塔德). 2006b. Are Plastic Products Coated in Peril? (《塑料产品有危害吗?》)*Globe and Mail* (Canada)[《环球邮报》(加拿大)], 31 May, A3.

Mittelstaedt, Martin (马丁·米特斯塔德). 2006c. Want a Full-Time Job? Live Chemical-Free(《想要一份全职工作? 那就不要使用化学产品》). *Globe and Mail* (Canada)[《环球邮报》(加拿大)], 1 June, A8.

Molina, Mario J. (马里奥·莫利纳), and F. Sherwood Rowland (舍伍德·罗兰). 1974. Stratospheric Sink for Chlorofluoromethanes: Chlorine Atom-Catalysed Destruction of Ozone(《氯氟甲烷的平流层沉淀池:氯原子催化物对臭氧的破坏》). *Nature* (《自然》) 249 (28 June): 810—812.

Moran, Susan (苏珊·莫兰). 2006. The Range Gets Crowded for

Natural Beef(《牧场挤满了天然养殖牛》). *New York Times* [《纽约时报》], 10 June, C1.

Moss, Michael (迈克尔·莫斯), Richard A. Oppel Jr. (小理查德·奥佩尔), and Simon Romero (西蒙·罗梅罗). 2004. Mad Cow Forces Beef Industry to Change Course(《疯牛病迫使牛肉产业转变方向》). *New York Times*《纽约时报》, 5 January, A1.

Motor Vehicle Manufacturers Association (MVMA) of the United States(美国机动车厂商协会). 1972. 1977. 1978. 1982. 1987. *Automobile Facts & Figures*(《汽车事实与数据》). (Title varies slightly from year to year.) Detroit.

Mowat, Farley (法利·莫厄特). 1973. *Wake of the Great Sealers*(《伟大的海豹捕猎者的觉醒》). Drawings and pictures by David Blackwood. Boston: Little, Brown.

Moxham, Roy (罗伊·莫克塞姆). 2003. *Tea: Addiction, Exploitation and Empire*(《茶叶:成瘾、开发、建立王国》). London: Constable and Robinson.

Murphy, Sean P. (肖恩·墨菲). 2004. In Hyannis, a Quiet Force: Group Pursues Global Mission of Animal Welfare(《海恩尼斯一股安静的力量:保护动物福利的全球使命》). *Boston Globe*(《波士顿环球报》), 15 August, B3.

Mushita, Andrew T. (安德鲁·慕士塔), and Carol B. Thompson (卡罗尔·汤普森). 2002. Patenting Biodiversity? Rejecting WTO/TRIPS in Southern Africa(《为生物多样性申请专利? 南非向 WTO/TRIPS 说不》). *Global Environmental Politics*(《全球环境政治学》) 2 (February): 65—82.

Myers, Norman (诺曼·迈尔斯), and Jennifer Kent (珍妮弗·肯特). 2004. *The New Consumers: The Influence of Affluence on the Environment*(《新型消费者:富足对环境的影响》). Washington, DC: Island Press.

Myers, Ransom A.（兰塞姆·迈尔斯），and Boris Worm(鲍里斯·沃尔姆). 2003. Rapid Worldwide Depletion of Predatory Fish Communities(《全球掠食性鱼群迅速衰竭》). *Nature*（《自然》）423（15 May）：280—283.

Nader, Ralph（拉尔夫·纳德）. 1965. *Unsafe at any Speed: The Designed-in Dangers of the American Automobile*（《任何速度都不安全：美国汽车设计上的危险》）. New York: Grossman.

Najam, Adil（阿迪尔·纳贾姆），Mihaela Papa（米哈埃拉·帕帕），and Nadaa Taiyab（纳达·泰亚伯）. 2005. *Global Environmental Governance: A Reform Agenda*（《全球环境治理：一项改革议程》）. Winnipeg: International Institute for Sustainable Development.

Nantulya, Vinand M.（芬兰德·兰图雅），and Michael R. Reich（迈克尔·赖希）. 2002. The Neglected Epidemic: Road Traffic Injuries in Developing Countries(《被忽视的瘟疫：发展中国家的交通伤害》). *British Medical Journal*（《英国医学杂志》）324（11 May）：1139—1141.

National Automobile Chamber of Commerce（全国汽车商会）. 1931. *Facts and Figures of the Automobile Industry*（《汽车业的事实与数据》）. New York: National Automobile Chamber of Commerce.

Needleman, Herbert L.（赫伯特·内德勒曼）. 1998. Clair Patterson and Robert Kehoe: Two Views of Lead Toxicity(《克莱尔·帕特森与罗伯特·基欧：关于铅毒性的两种观点》). *Environmental Research*（《环境研究》）78, no. 2: 79—85.

Needleman, Herbert L.（赫伯特·内德勒曼）. 2000. The Removal of Lead from Gasoline: Historical and Personal Reflections(《去除汽油中的铅：历史反思与个人反思》). *Environmental Research*（《环境研究》）84（September）：20—35.

Needleman, Hebert L. et al（赫伯特·内德勒曼等人）. 1979. Deficits in Psychologic and Classroom Performance of Children with Elevated Dentine Lead Levels(《牙质中铅含量增高的儿童心理表现与

课堂表现的缺陷》). *New England Journal of Medicine*（《新英格兰医学期刊》）300, issue 13: 689—695.

Newell, Peter. （彼得·纽厄尔）. 2000. *Climate for Change: Non-State Actors and the Global Politics of the Greenhouse*（《变化的气候：温室效应的非国家行为者及全球政治学》）. Cambridge: Cambridge University Press.

Newell, Peter. （彼得·纽厄尔）. 2003. Globalization and the Governance of Biotechnology（《全球化与生物技术的治理》）. In David Humphreys, Matthew Paterson, and Lloyd Pettiford, eds., *Global Environmental Governance for the Twenty-First Century: Theoretical Approaches and Normative Considerations*（《21世纪全球环境治理：理论方法与规范考量》）. Special issue. *Global Environmental Politics*（《全球环境政治学》）3 (May): 56—71.

Newell, Richard G. （理查德·纽厄尔）, and Kristian Rogers（克里斯蒂安·罗杰斯）. 2004. Leaded Gasoline in the United States（《美国的含铅汽油》）. In Winston Harrington, Richard D. Morgenstern, and Thomas Sterner, eds., *Choosing Environmental Policy: Comparing Instruments and Outcomes in the United States and Europe*（《环境政策的选择：欧美环保手段与结果之比较》）, 174—191. Washington, DC: Resources for the Future.

Nierenberg, Danielle （丹妮尔·尼伦贝格）. 2005. *Happier Meals: Rethinking the Global Meat Industry*（《吃得更快乐：对全球肉品业的再思考》）. Worldwatch Paper（《世界观察报》）no. 171. Washington, DC: Worldwatch Institute.

Noble, Kenneth B. （肯尼思·诺布尔）. 1984. Lead Industry Digs in Its Heels on Gas Additive（《铅产业在石油添加剂问题上寸步不让》）. *New York Times*（《纽约时报》）, 6 August, E8.

Nriagu, Jerome O （杰罗姆·恩莱安古）. 1998. Clair Patterson and Robert Kehoe's Paradigm of "Show Me the Data" on Environmental Lead Poisoning(《在环境铅中毒问题上克莱尔·帕特森和罗伯特·基欧"请提供数据"的范例》). *Environmental Research*(《环境研究》) 78, no. 2: 71—78.

Oliveira, Victor(维克托·奥利维拉), and David Davis(大卫·戴维斯). 2006. *Recent Trends and Economic Issues in the WIC Infant Formula Rebate Program*(《WIC 婴儿配方奶粉返利计划的最新趋势及经济问题》). Economic Research Report(《经济研究报告》) no. ERR-22. Washington, DC: Department of Agriculture.

O'Neill, Kate(凯特·奥尼尔). 2000. *Waste Trading among Rich Nations: Building a New Theory of Environmental Regulation*(《富裕国家间的废物交易:打造环境规制的新理论》). Cambridge, MA: MIT.

O'Rourke, Dara(达拉·欧诺科). 2005. Market Movements: Non-governmental Organization Strategies to Influence Global Production and Consumption(《市场动态:非政府组织影响全球生产与消费的战略》). *Journal of Industrial Ecology*(《产业生态学杂志》) 9, nos. 1—2 (Winter–Spring): 115—128.

Ostro, Bart(巴特·奥斯特罗). 2000. *Lead: Evaluation of Current California Air Quality Standards with Respect to Protection of Children*(《铅:为保护儿童对当下加州空气质量标准进行的评估》). Report prepared for California Air Resources Board and California Office of Environmental Health Hazard Assessment(为加州空气资源委员会和加州环境健康危害评估办公室准备的报告). http://www.oehha.ca.gov/air/criteria_pollutants/AQAC2.html.

Park, Susan(苏珊·帕克). 2005. How Transnational Environmental Advocacy Networks Socialize International Financial Institutions: A Case Study of the International Finance Corporation(《跨国环保网络如何推动国际金融机构的社会化:国际金融公司个案研究》). *Global Environmental Politics*(《全球环境政治学》) 5 (November): 95—119.

Parson, Edward A. （爱德华·帕森）. 2003. *Protecting the Ozone Layer: Science and Strategy* (《保护臭氧层：科学与战略》). Oxford: Oxford University Press.

Paterson, Matthew （马修·帕特森）. 2000. Car Culture and Global Environmental Politics(《汽车文化与全球环境政治学》). *Review of International Studies* (《国际研究评论》) 26 (April): 253—270.

Paterson, Matthew （马修·帕特森）. 2007. *Automobile Politics: Ecology and Cultural Political Economy* (《汽车政治学：生态与文化政治经济》). Cambridge: Cambridge University Press.

Patterson, Clair C. （克莱尔·帕特森）. 1965. Contaminated and Natural Lead Environments of Man(《人类被污染的环境与自然铅环境》). *Archives of Environmental Health* (《环境健康档案》) 11 (September): 344—360.

Pearce, David （大卫·皮尔斯）, ed. 1990. *Elephants, Economics and Ivory* (《大象、经济利益与象牙》). London: Earthscan.

Pellow, David （大卫·佩洛）. 2007. *Resisting Global Toxics: Transnational Movements for Environmental Justice* (《抵制全球铅中毒：争取环境正义的跨国运动》). Cambridge, MA: MIT Press.

Phiri, Patson （帕森·菲里）. 2006. Slow Progress on Phase Out of Leaded Fuel in SADC(《SADC 逐步禁铅进展缓慢》). *All Africa* (《非洲全景》), 17 January.

Pollan, Michael （迈克尔·波伦）. 2002. Power Steer(《电钢》). *New York Times Magazine* (《纽约时报》), 31 March, sec. 6, pp. , 44—51, 68, 71—72, 76—77.

Popkin, Barry M. （巴里·波普金）. 1993. Nutritional Patterns and Transitions(《营养模式及转变》). *Population and Development Review* (《人口与发展评论》) 19 (March), 138—157.

Porter, Gareth （加雷斯·波特）. 1999. Trade Competition and Pollution Standards: "Race to the Bottom" or "Stuck at the Bottom"?

(《贸易竞争与污染标准:"逐底竞争"抑或"在底部挣扎"?》)*Journal of Environment and Development*(《环境与发展杂志》)8, no. 2: 133—151.

Porter, Richard C. (理查德·波特). 1999. *Economics at the Wheel: The Costs of Cars and Drivers*(《车轮经济学:汽车与司机的代价》). San Diego, CA: Academic Press.

Pounds, J. Alan(艾伦·庞兹), and Robert Puschendorf(罗伯特·普申多尔夫). 2004. Ecology: Clouded Futures(《生态:蒙上阴影的未来》). *Nature*(《自然》)427 (8 January): 107—109.

Pretty, Jules N.(朱尔斯·普雷蒂). 2005. *The Pesticide Detox: Towards a More Sustainable Agriculture*(《除去农药之毒:走向更加可持续化的农业》). London: Earthscan.

Princen, Thomas(托马斯·普林森). 2002a. Consumption and Its Externalities: Where Economy Meets Ecology(《消费及其外部效应:当经济遭遇生态》). In Thomas Princen, Michael Maniates, and Ken Conca, eds., *Confronting Consumption*(《面对消费》), 23—42. Cambridge, MA: MIT Press.

Princen, Thomas(托马斯·普林森). 2002b. Distancing: Consumption and the Severing of Feedback(《距离化:消费与反馈的隔绝》). In Thomas Princen, Michael Maniates, and Ken Conca, eds. , *Confronting Consumption*(《面对消费》), 103—131. Cambridge, MA: MIT Press.

Princen, Thomas(托马斯·普林森). 2005. *The Logic of Sufficiency*(《充分性的逻辑》). Cambridge, MA: MIT Press.

Princen, Thomas(托马斯·普林森), Michael Maniates(迈克尔·马尼阿特斯), and Ken Conca(肯·孔卡), eds. 2002. *Confronting Consumption*(《面对消费》). Cambridge, MA: MIT Press.

Purdum, Todd S.(托德·普德姆). 2005. High Priest of the Pasture(《牧场的大祭司》). *New York Times*(《纽约时报》), 1 May, sec. 6,

p. 76.

Raloff, Janet（珍妮特·拉洛夫）. 2003. New PCBs? Throughout Life, Our Bodies Accumulate Flame Retardants, and Scientists Are Beginning to Worry(《新型PCBs？我们的身体终其一生都在积聚阻燃剂，引发科学家担忧》). *Science News*（《科学资讯》）164, no. 17: 266—268.

Read, Nicholas（尼古拉斯·里德）. 2007. Burger Eaters and Cows Large Part of Problem(《问题大部分在于吃汉堡的人和牛》). *Vancouver Sun*（《温哥华太阳报》）, 10 February, C7.

Redclift, Michael（迈克尔·雷德克利夫特）. 1996. *Wasted: Counting the Costs of Global Consumption*（《被浪费的：计算全球消费的成本》）. London: Earthscan.

Renner, Rebecca（丽贝卡·伦纳）. 2004. Tracking the Dirty By-products of a World Trying to Stay Clean(《追踪这个试图保持清洁的世界里肮脏的副产品》). *Science*（《科学》）, 10 December, 1887.

Rixson, Derrick（德里克·里克森）. 2000. *The History of Meat Trading*（《肉类交易史》）. Nottingham: Nottingham University Press.

Robbins, Jim（吉姆·罗宾斯）. 2003. Balancing Cattle, Land and Ledgers(《牛群、土地与分类账之间的平衡》). *New York Times*（《纽约时报》）, 8 October, F8.

Robert, Joseph C.（约瑟夫·罗伯特）1983. *Ethyl: A History of the Corporation and the People Who Made It* (《乙基：乙基制造公司与制造者》). Charlottesville: University of Virginia Press.

Robertson, Roland（罗兰·罗伯森）. 1992. *Globalization: Social Theory and Global Culture* (《全球化：社会理论与全球文化》). London: Sage.

Robertson, Roland（罗兰·罗伯森）, and Kathleen M. White(凯思琳·怀特). 2002. *Globality and Modernity* (《全球性与现代性》). London: Sage.

Robinson, Nick（尼克·罗宾逊）. 2000. *The Politics of Agenda Setting: The Car and the Shaping of Public Policy*（《日程设定的政治学：汽车及公共政策的形成》）. Aldershot, UK: Ashgate.

Rogers, Ben（本·罗杰斯）. 2003. *Beef and Liberty*（《牛肉与自由》）. London: Chatto and Windus.

Roosevelt, Margot（玛戈特·罗斯福）. 2006. Grass-Fed Revolution（《草饲革命》）. *Time*（《时代》）, 12 June, 76—78.

Rosenblatt, Roger（罗杰·罗森布拉特）. 1999. *Consuming Desires: Consumption, Culture, and the Pursuit of Happiness*（《消费欲望：消费、文化与幸福的追求》）. Washington, DC: Island Press.

Rosner, David（大卫·罗斯纳）, and Gerald Markowitz（杰拉尔德·马科维茨）. 1985. A "Gift of God"? The Public Health Controversy over Leaded Gasoline during the 1920s（《"上帝的礼物"？1920年代有关含铅汽油对公众健康影响的争议》）. *American Journal of Public Health*（《美国公共健康杂志》）75（April）: 344—352.

Rowland, Sherwood（舍伍德·罗兰）. 2000. Ozone Hole（《臭氧洞》）. In Heather Newbold, ed. , *Life Stories: World-Renowned Scientists Reflect on Their Lives and the Future of Life on Earth*（《生命故事：世界著名科学家对生平的回顾和对地球生命前景的展望》）, 134—155. Berkeley: University of California Press.

Rowlands, Ian H.（伊恩·罗兰兹）. 2000. Beauty and the Beast? BP's and Exxon's Positions on Global Climate Change（《美女与野兽？英国石油公司与艾克森石油公司在全球气候变化上的立场》）. *Environment and Planning C: Government and Policy*（《环境与规划C：政府和政策》）18, no. 3: 339—354.

Royal Commission on Seals and the Sealing Industry in Canada（加拿大海豹及海豹捕猎业皇家委员会）. 1986. *Seals and Sealing in Canada: Report of the Royal Commission*（《加拿大海豹与海豹捕猎：皇家委员会报告》）. Vol. 2. Montreal.

Rudel, Ruthann A. et al（茹茜安·鲁德尔等人）. 2007. Animal Mammary Gland Carcinogens(《动物乳腺致癌物质》). Cancer（《癌症》）109 (15 June): 2635—2667.

Rutledge, Margie（玛吉·拉特利奇）. 2005. Cutting through the Smog(《穿透烟雾》). Globe and Mail (Canada)[《环球邮报》(加拿大)], 30 July, F7.

Sancton, Thomas et al（托马斯·桑克顿等人）. 2001. Life without Beef(《没有牛肉的日子》). Time Europe（《时代欧洲报》）, 26 February, 18—23.

Sayeg, Philip（菲利普·萨雅格）. 1998. Successful Conversion to Unleaded Gasoline in Thailand（《泰国成功转用无铅汽油》）. World Bank Technical Paper(世界银行技术论文) no. 410. Washington, DC: World Bank.

Schaffer, Paul（保罗·谢弗）. 2004. The Fuss over Fluff(《残渣风波》). American Metal Market（《美国金属市场》）112, no. 7 (16 February): 4—5.

Schecter, Arnold et al（阿诺德·谢克特等人）. 2006. Polybrominated Diphenyl Ether (PBDE) Levels in an Expanded Market Basket Survey of U. S. Food and Estimated PBDE Dietary Intake by Age and Sex(《美国食品扩大市场消费需求调查中多溴二苯醚的水平及据年龄和性别评估的多溴二苯醚饮食摄入量》). Environmental Health Perspectives（《环境健康视野》）114 (October): 1515—1520.

Schlosser, Eric（埃里克·施洛瑟）. 2001. Fast Food Nation: The Dark Side of the All-American Meal（《快餐之国:十足美式饮食的阴暗面》）. Boston: Houghton Mifflin.

Schlosser, Eric（埃里克·施洛瑟）. 2002. The Killing Zone(《死亡区》). Guardian (London)[《卫报》(伦敦)], 23 February, 26.

Schmitz, Andrew（安德鲁·施米茨）, ed. 2002. Sugar and Related Sweetener Markets: International Perspectives（《糖及相关甜味剂

市场:国际视野》). New York: CABI.

Scholte, Jan Aart (扬·阿特·斯科尔特). 2005. *Globalization: A Critical Introduction* (《全球化:学术性导读》), 2nd ed. Basingstoke, UK: Palgrave Macmillan.

Schor, Juliet B. (朱丽叶·斯格尔). 2004. *Born to Buy: The Commercialized Child and the New Consumer Culture* (《生来就为了购物:商品化的儿童及新型消费文化》). New York: Scribner.

Schor, Juliet B. (朱丽叶·斯格尔). 2005. Sustainable Consumption and Worktime Reduction(《可持续消费与工作时间的减少》). *Journal of Industrial Ecology* (《产业生态学杂志》) 9, nos. 1—2 (Winter-Spring): 37—50.

Schor, Juliet B. (朱丽叶·斯格尔), and Douglas B. Holt(道格拉斯·霍尔特), eds. 2000. *The Consumer Society Reader* (《消费社会读本》). New York: New Press.

Schultz, Stacey (史黛丝·舒尔茨), and Julian E. Barnes(朱利安·巴尔内斯). 2002. How Canadian Subsidies Led to a New Slaughter of Seal Pups(《加拿大补贴引发新一轮海豹幼崽屠杀》). *U. S. News and World Report* (《新闻与世界报道》), 6 May, 56.

Selin, Henrik (亨里克·塞林), and Noelle Eckley (诺艾尔·埃克利). 2003. Science, Politics, and Persistent Organic Pollutants: Scientific Assessments and their Role in International Environmental Negotiations(《科学、政治学与持久性有机污染物:科学评定及其在国际环境协商中的作用》). *International Environmental Agreements: Politics, Law and Economics* (《国际环境协议:政治、法律与经济》) 3, no. 1: 17—42.

Selin, Henrik (亨里克·塞林), and Stacy D. Van Deveer(史黛西·范·迪维尔). 2006. Global Standards: Hazardous Substances and E-Waste Management in the European Union(《全球标准:欧盟有害物质与电子垃圾的管理》). *Environment* (《环境》) 48, no. 10 (December): 6—17.

Severson, Kim(金姆·西弗森). 2005. Give 'Em a Chance, Steers Will Eat Grass(《只要有机会,铁都能吃草》). *New York Times*(《纽约时报》), 1 June, F1.

Shapiro, Irving S.(欧文·夏皮罗). 1975. The Ozone Layer vs. the Aerosol Industry: Du Pont Wants to See Them Both Survive(《臭氧层 vs. 气雾剂产业:杜邦公司乐见两者蓬勃发展》). *Washington Post*(《华盛顿邮报》), 9 July, 13.

Sheehan, Molly O'Meara(莫利·欧米拉·希恩). 2001. *City Limits: Putting the Brakes on Sprawl*(《城市之限:为城市无计划发展踩下刹车》). Washington, DC: Worldwatch Institute.

Simms, Ciaran(夏兰·西姆斯), and Desmond O'Neill(德斯蒙德·奥尼尔). 2005. Sports Utility Vehicles and Older Pedestrians: A Damaging Collision(《越野车与年迈的行人:伤害性的冲突》). *British Medical Journal*(《英国医学杂志》) 331 (8 October): 787—788.

Sinclair, Stuart(斯图尔特·辛克莱). 1983. *The World Car: The Future of the Automobile Industry*(《世界汽车:汽车产业的未来》). London: Euromonitor.

Sinclair, Upton(厄普顿·辛克莱). 1906. *The Jungle*(《屠场》). New York: Doubleday, Page.

Sinclair, Upton(厄普顿·辛克莱). 1962. *The Autobiography of Upton Sinclair*(《厄普顿·辛克莱自传》). New York: Harcourt, Brace, & World.

Skaer, Mark(马克·斯卡尔). 2001. The Decade of Refrigerant Chaos—and Change(《制冷剂混乱的十年——及其变化》). *Air Conditioning, Heating and Refrigeration News*(《空调、供暖和制冷资讯》) 212, no. 18: 106—111.

Skaggs, Jimmy(吉米·斯卡格斯). 1986. *Prime Cut: Livestock Raising and Meatpacking in the United States 1607—1983*(《特级肉

块:美国畜牧业与肉类加工业 1607—1983》). College Station: Texas A & M Press.

Skjæreth, Jon Birger(乔恩·比格尔·斯杰思), and Tora Skodvin (托拉·斯科温). 2001. Climate Change and the Oil Industry: Common Problems, Different Strategies(《气候变化与石油产业:共同的问题,不同的策略》). *Global Environmental Politics*(《全球政治经济学》) 1 (November): 18—42.

Smil, Vaclav(瓦茨拉夫·斯米尔). 2000. *Feeding the World: A Challenge for the Twenty-First Century*(《养活整个世界:21 世纪面临的挑战》). Cambridge, MA: MIT Press.

Smil, Vaclav(瓦茨拉夫·斯米尔). 2002. Eating Meat: Evolution, Patterns, and Consequences(《食肉:进化、模式与后果》). *Population and Development Review*(《人口与发展评论》) 28 (December): 599—639.

Smith, George Otis(乔治·奥蒂斯·史密斯). 1920. Where the World Gets Its Oil: But Where Will Our Children Get It When American Wells Cease to Flow?(《世界石油从何而来:当美国油井枯竭,我们的子孙从哪里获取石油?》)*National Geographic Magazine*(《国家地理杂志》) 37, no. 2 (February): 181—202.

Soluri, John(约翰·斯鲁里). 2006. *Banana Cultures: Agriculture, Consumption, and Environmental Change in Honduras and the United States*(《香蕉文化:洪都拉斯与美国的农业、消费和环境变化》). Austin: University of Texas Press.

Southerton, Dale(戴尔·萨瑟顿), Heather Chappells(希瑟·查珀尔斯), and Bas Van Vliet(巴斯·万·弗利特), eds. 2004. *Sustainable Consumption: The Implications of Changing Infrastructures of Provision*(《可持续消费:物品供应基础设施变化的含义》). Cheltenham, UK: Edward Elgar.

Speth, James Gustave(詹姆斯·古斯塔夫·斯佩斯). 2004. *Red

Sky at Morning: America and the Crisis of the Global Environment（《清晨红色的天空：美国与全球环境危机》）. New Haven, CT: Yale University Press.

Speth, James Gustave（詹姆斯·古斯塔夫·斯佩斯）, and Peter M. Haas（彼得·哈斯）. 2006. Global Environmental Governance（《全球环境治理》）. Washington, DC: Island Press.

Steinberg, Paul F.（保罗·斯坦伯格）. 2001. Environmental Leadership in Developing Countries: Transnational Relations and Biodiversity Policy in Costa Rica and Bolivia（《发展中国家的环境导向：哥斯达黎加与玻利维亚的跨国关系及生物多样性政策》）. Cambridge, MA: MIT Press.

Stern, Nicholas（尼古拉斯·斯特恩）. 2006. Stern Review on the Economics of Climate Change（《斯特恩述评气候变化经济学》）. London: H. M. Treasury.

Stevenson, Drury（德鲁利·史蒂文森）. 2005. No Purchase Necessary（《没有什么非买不可》）. Cornell International Law Journal（《康奈尔国际法杂志》）38, no. 1: 251—262.

Stoett, Peter J.（彼得·斯特艾特）. 1997. The International Politics of Whaling（《捕鲸的国际政治学》）. Vancouver: University of British Columbia Press.

Stokstad, Eric（埃里克·斯托克斯塔德）. 2006. Du Pont Settlement to Fund Test of Potential Toxics（《杜邦公司决定资助潜在有毒物质检测》）. Science（《科学》）, 6 January, 26—27.

Striffler, Steve（史蒂夫·斯特里夫勒）. 2002. In the Shadows of State and Capital: The United Fruit Company, Popular Struggle, and Agrarian Restructuring in Ecuador, 1900—1995（《处于国家与资本的阴影之中：联合果品公司、人民斗争与厄瓜多尔农田改造，1900—1995》）. Durham, NC: Duke University Press.

Striffler, Steve（史蒂夫·斯特里夫勒）, and Mark Moberg（马

克·莫伯格），eds. 2003. *Banana Wars: Power, Production, and History in the Americas*（《香蕉战争：美洲的权力、生产与历史》）. Durham, NC: Duke University Press.

Subak, Susan（苏珊·苏巴克）. 1999. Global Environmental Costs of Beef Production（《牛肉生产的全球环境成本》）. *Ecological Economics*（《生态经济学》）30, no. 1: 79—91.

Switzer, Jacqueline Vaughn（杰奎琳·沃恩·思维泽）. 2004. *Environmental Politics: Domestic and Global Dimensions*（《环境政治学：国内维度与全球维度》）. Belmont, CA: Thomson/Wadsworth.

Talbot, John M.（约翰·塔尔博特）. 2004. *Grounds for Agreement: The Political Economy of the Coffee Commodity Chain*（《协议的基础：咖啡商品链的政治经济》）. Boulder, CO: Rowman & Littlefield.

Tedlow, Richard S.（理查德·特德洛）. 1990. *New and Improved: The Story of Mass Marketing in America*（《新改良：美国大众营销》）. New York: Basic Books.

Thévenot, Roger（罗杰·泰弗洛）. 1979. *A History of Refrigeration throughout the World*（《全球冷冻史》）. Translated by J. C. Fidler. Paris: International Institute of Refrigeration.

Thomas, Chris et al（克里斯·托马斯等人）. 2004. Extinction Risk from Climate Change（《气候变化引发的灭绝风险》）. *Nature*（《自然》）427 (8 January): 145—148.

Thomas, Daniel A.（丹尼尔·托马斯）. 2004. Safety First（《安全第一》）. *Planning*（《规划》）70 (May): 26—29.

Thomson, Vivian E.（维维安·汤姆森）. 2000. Getting the Lead Out: Grab-Bag Ethics in Environmental Policy Making（《除铅：环境政策制定中的摸彩袋伦理学》）. In Joel Reichart and Patricia H. Werhane, eds., *Environmental Challenges to Business*（《企业面临的环境挑战》）, 185—203, Ruffin Series in Business Ethics（《鲁芬商业伦理丛书》）, vol. 2. St. Joseph, MN: Society for Business Ethics.

Timberg, Craig（克雷格·廷伯格）. 2006. Era of Leaded Gas Comes to an End in Most of Africa(《非洲大部分地区含铅汽油时代走向终结》). *Washington Post*（《华盛顿邮报》）, 1 January, A14.

Tucker, Richard P.（理查德·塔克）. 2002. Environmentally Damaging Consumption: The Impact of American Markets on Tropical Ecosystems in the Twentieth Century(《破坏环境的消费：20世纪美国市场对热带生态系统的影响》). In Thomas Princen, Michael Maniates, and Ken Conca, eds., *Confronting Consumption*（《面对消费》）, 177—195. Cambridge, MA: MIT Press.

Tucker, Richard P.（理查德·塔克）, and J. F. Richards（理查兹）, eds. 1983. *Global Deforestation and the Nineteenth-Century World Economy*（《全球森林砍伐与19世纪世界经济》）. Durham, NC: Duke University Press.

United Nations Centre for Human Settlements (UNCHS)（联合国人居中心）. 2001. *The State of the World's Cities*（《世界城市状况》）. Nairobi.

United Nations Conference on Trade and Development (UNCTAD)（联合国贸易与发展会议）. 2001. *World Investment Report 2001: Promoting Linkages*（《2001世界投资报告：推动相互联系》）. New York.

United Nations Conference on Trade and Development (UNCTAD)（联合国贸易与发展会议）. 2002. *World Investment Report 2002: Transnational Corporations and Export Competitiveness*（《2002世界投资报告：跨国企业与出口竞争力》）. World Investment Report 2002（《2002世界投资报告》）. New York.（See also the data from the 1990, 1995, and 2000 Reports）.

United Nations Conference on Trade and Development (UNCTAD)（联合国贸易与发展会议）. 2007. *World Investment Report 2007: Transnational Corporations, Extractive Industries and Development*（《2007世界投资报告：跨国企业，采掘工业与发展》）. World Investment

Report 2007(《2007 世界投资报告》). New York.

United Nations Environment Programme (UNEP)(联合国环境规划署). 1989. *CFCs for Aerosols, Sterilants and Miscellaneous Uses* (《用于气雾剂、消毒剂及其他用途的氯氟碳化物》). Report by the Technical Options Committee on Aerosols, Sterilants and Miscellaneous Uses (《技术选择委员会关于气雾剂、消毒剂及其他物质使用的报告》). Nairobi.

United Nations Environment Programme (UNEP)(联合国环境规划署). 2002. GEO: *Global Environment Outlook 3: Past, Present and Future Perspectives* (《全球环境展望 3:过去、现在与未来》). Nairobi.

United Nations Environment Programme (UNEP)(联合国环境规划署). 2004. Leaded-Petrol Phase Out in Sub-Saharan Africa(《撒哈拉以南非洲地区逐步禁用含铅汽油》). UNEP news release(联合国环境规划署新闻稿), 7 May.

United Nations Environment Programme (UNEP)(联合国环境规划署). 2005a. Basic Facts and Data on the Science and Politics of Ozone Protection(《臭氧保护相关科学与政治学的基本事实与数据》). UNEP news release(联合国环境规划署新闻稿), November.

United Nations Environment Programme (UNEP)(联合国环境规划署). 2005b. Sub-Saharan Africa Celebrates Leaded Petrol Phase-Out (《撒哈拉以南非洲地区庆贺禁用含铅汽油》). News release(新闻稿) 2005/66, 27 December.

United Nations Population Fund (UNFPA)(联合国人口基金会). 2004. *State of the World Population 2004* (《2004 世界人口状况》). New York.

United Nations Secretariat(联合国秘书处). 2001. *World Population Prospects: The 2000 Revision 2001* (《2001 世界人口展望:2000 回顾》)(Highlights). New York: Population Division of the Department of Economic and Social Affairs. New York.

United States Environmental Protection Agency (EPA)(美国环保署). 1973. *EPA's Position on the Health Implications of Airborne Lead*(《美国环保署在空中传播的铅对健康影响问题上的立场》). Washington, DC.

United States Public Health Service(美国公共卫生署). 1925. *Proceedings of a Conference to Determine Whether or Not there is a Public Health Question in the Manufacture, Distribution or Use of Tetraethyl Lead Gasoline*(《确定含四乙铅汽油的生产、销售或使用是否影响公共健康会议记录》). *Public Health Bulletin*(《公共卫生公报》), no. 158. Washington, DC.

United States Surgeon General(美国卫生总监). 1926. *The Use of Tetraethyl Lead and Its Relation to Public Health*(《四乙铅的使用及其与公共健康的关系》). *Public Health Bulletin*(《公共卫生公报》), no. 163. Washington, DC.

Victor, David G.(大卫·维克多). 2006. Toward Effective International Cooperation on Climate Change: Numbers, Interests and Institutions(《实现有效国际合作,控制气候变化:数量、利益与机构》). *Global Environmental Politics*(《全球环境政治学》) 6 (August): 90—103.

Vince, Gaia(盖亚·文斯). 2004. Dust Storms on the Rise Globally(《全球沙尘暴愈演愈烈》). NewScientist. com news service, 20 August.

Vogel, David(大卫·沃格尔). 1995. *Trading Up: Consumer and Environmental Regulation in a Global Economy*(《购买高价商品:全球化经济下的消费者与环境规制》). Cambridge, MA: Harvard University Press.

Vogel, David(大卫·沃格尔). 2003. The Hare and the Tortoise Revisited: The New Politics of Consumer and Environmental Regulation in Europe(《再访野兔与乌龟:欧洲消费者与环境规制新型政治

学》). *British Journal of Political Science*(《英国政治学杂志》) 33, no. 1: 557—580.

Vogel, David (大卫·沃格尔). 2004. Trade and Environment in the Global Economy: Contrasting European and American Perspectives(《全球经济下的贸易与环境:欧美视角对比研究》). In Norman Vig and Michael Faure, eds., *Green Giants? Environmental Policies of the United States and the European Union* (《绿巨人?美国与欧盟的环境政策》), 231—252. Cambridge, MA: MIT Press.

Vogler, John (约翰·沃格勒). 2000. *The Global Commons: Environmental and Technological Governance* (《全球生态系统:环境与技术治理》), 2nd ed. New York: Wiley.

Wakefield, Julie (朱莉·韦克菲尔德). 2002. The Lead Effect? (《铅的影响?》). *Environmental Health Perspectives* (《环境健康视野》) 110 (October): A574—A580.

Wall, Derek (德里克·沃尔). 1999. *Earth First! and the Anti-Roads Movement* (《首要任务保护地球!及反修路运动》). London: Routledge.

Walter, Katey M. (凯蒂·沃尔特), Laurence C. Smith (劳伦斯·史密斯), and F. Stuart Chapin III (斯图亚特·查宾三世). 2007. Methane Bubbling from Northern Lakes: Present and Future Contributions to the Global Methane Budget(《从北部湖泊冒出的沼气:现在及将来对全球甲烷的贡献量》). *Philosophical Transactions of the Royal Society A* (皇家学会哲学会刊 A) 365 (15 July): 1657—1676.

Wapner, Paul (保罗·威普纳). 2002. Horizontal Politics: Transnational Environmental Activism and Global Cultural Change(《水平化政治:跨国环保行动主义与全球文化变化》). *Global Environmental Politics* (《全球环境政治学》) 2 (May): 37—62.

Wapner, Paul (保罗·威普纳), and John Willoughby (约翰·威洛比). 2005. The Irony of Environmentalism: The Ecological Futility but Political Necessity of Lifestyle Change(《环保主义的反讽：生活方式的改变是政治上的必须却于生态无益》). *Ethics and International Affairs*(《伦理与国际事务》)19 (Fall)：77—89.

Ward's Communications（沃德通信）. 2002. *Ward's Motor Vehicle Facts & Figures: Documenting the Performance and Impact of the U.S. Auto Industry*（《沃德机动车事实与数据：美国汽车业表现与影响证明》）. Southfield, MI.

Ward's Communications（沃德通信）. 2003. *Ward's Motor Vehicle Facts & Figures: Documenting the Performance and Impact of the U.S. Auto Industry*（《沃德机动车事实与数据：美国汽车业表现与影响证明》）. Southfield, MI.

Warner, Melanie（梅勒妮·沃纳）. 2006. U.S. Restaurant Chains Find There Is No Too Much（《美国餐饮连锁店发现没有太多》）. *New York Times*（《纽约时报》）, 28 July, C5.

Weatherhead, Elizabeth C.（伊丽莎白·韦瑟黑德）, and Signe Bech Andersen（西涅·本奇·安德森）. 2006. The Search for Signs of Recovery of the Ozone Layer（《寻找臭氧层恢复的迹象》）. *Nature*（《自然》）441 (4 May)：39—45.

Weiser, Rivka（丽芙卡·韦泽）. 2005. *Teflon and Human Health: Do the Charges Stick? Assessing the Safety of PFOA*（《铁氟龙与人类健康：电荷是否会附着？全氟辛酸的安全性评估》）. Edited by Gilbert L. Ross. New York: American Council on Science and Health.

Weisskopf, Michael（迈克尔·魏斯科普夫）. 1988. CFCs: Rise and Fall of Chemical "Miracle"; Chlorofluorocarbons vs. Ozone（《氯氟碳化物：化学"奇迹"的兴衰；氯氟烃对臭氧》）. *Washington Post*（《华盛顿邮报》）, 10 April, A1.

Wenz, Peter S.（彼得·文茨）. 2001. *Environmental Ethics Today*（《今日环境伦理学》）. Oxford: Oxford University Press.

Westra, Laura（劳拉·韦斯特拉）, and Patricia H. Werhane（帕

特丽夏·威亨），eds. 1998. *The Business of Consumption: Environmental Ethics and the Global Economy*（《消费那些事：环境伦理学与全球经济》）. Lanham, MD: Rowman & Littlefield.

Weyler, Rex（雷克斯·韦勒）. 2004. *Greenpeace: How a Group of Ecologists, Journalists and Visionaries Changed the World*（《绿色和平组织：一群生态学家、记者和梦想家如何改变世界》）. Vancouver, BC: Raincoast Books.

Whirlpool Corporation（惠而浦公司）. 2006. *Whirlpool Annual Report*（《惠而浦年报》）. Benton Harbor, MI.

Whiteside, Kerry H.（克里·怀特塞德）. 2006. *Precautionary Politics: Principle and Practice in Confronting Environmental Risk*（《预防策略政治学：面对环境风险时的原则与做法》）. Cambridge, MA: MIT Press.

Wild, Antony（安东尼·怀尔德）. 2004. *Coffee: A Dark History*（《咖啡：一段黑暗史》）. London: Fourth Estate.

Wilkinson, Todd（托德·威尔金森）. 2003. Organic Beef Gains Amid Mad Cow Scare（《疯牛病恐慌中获利的有机牛肉》）. *Christian Science Monitor*（《基督教科学箴言报》）, 29 December, 3.

Wolf, Martin（马丁·沃尔夫）. 2004. *Why Globalization Works*（《全球化为何起作用》）. New Haven, CT: Yale University Press.

Womack, James P.（詹姆斯·沃马克）, Daniel T. Jones（丹尼尔·琼斯）, and Daniel Roos（丹尼尔·鲁斯）. 1990. *The Machine That Changed the World*（《改变世界的机器》）. New York: Rawson Associates.

Woollard, Robert F.（罗伯特·伍拉德）, and Aleck S. Ostry（亚力克·奥斯特拉亚）, eds. 2000. *Fatal Consumption: Rethinking Sustainable Development*（《致命的消费：可持续发展再思考》）. Vancouver: University of British Columbia Press.

World Bank（世界银行）. 2005. *World Development Indicators*

(《世界发展指标》). Washington, DC.

World Bank（世界银行）. 2006. *Global Economic Prospects 2007: Managing the Next Wave of Globalization*（《2007 全球经济前景：下一波全球化的管控》）. Washington, DC.

World Commission on Environment and Development（世界环境与发展委员会）. 1987. *Our Common Future*（《我们共同的未来》）. Oxford: Oxford University Press.

World Health Organization（WHO）（世界卫生组织）and World Bank（世界银行）. 2004. *World Report on Road Traffic Injury and Prevention*（《世界道路交通伤害与预防报告》）. Geneva.

World Health Professions Alliance（世界卫生组织职业联盟）. 2001. Antimicrobial Resistance: World Health Professions Alliance Fact Sheet [《抵制抗菌剂：世界卫生组织职业联盟情况简报》]. http://www.whpa.org/factresistance.htm. [Includes news release "Antibiotic Resistance is a Global Public Health Threat Calling for Urgent International Action"（包含新闻稿"'抗菌素',抗性对全球公共健康构成威胁,吁请世界各国即刻采取行动"）, 26 March 2001.]

World Meteorological Organization（世界气象组织）. 2006. *Greenhouse Gas Bulletin*（《温室气体公报》）, no. 1 (March).

World Resources Institute（世界资源研究所）. 2005. *Ecosystems and Human Well-Being: Synthesis*（《生态系统与人类福祉：综合体》）. Washington, DC.

Worldwatch Institute（世界观察研究所）. 2003. *State of the World 2003*（《2003 世界现状》）. Washington, DC.

Worldwatch Institute（世界观察研究所）. 2004a. *Good Stuff? A Behind-the-Scenes Guide to the Things We Buy*（《好东西？购物幕后指南》）. Washington, DC.

Worldwatch Institute（世界观察研究所）. 2004b. *State of the World 2004: The Consumer Society*（《2004 世界现状：消费社会》）.

Washington, DC.

Worldwatch Institute（世界观察研究所）. 2006. *Vital Signs 2006—2007*（《2006—2007 重要信号》）. Washington, DC.

World Wildlife Fund / World Wide Fund for Nature (WWF)（世界自然基金会）. 2006. *WWF Highlights*（《世界自然基金会聚焦》）, no. 4 (June): 1—7.

Worm, Boris et al（鲍里斯·沃尔姆等人）. 2006. Impacts of Biodiversity Loss on Ocean Ecosystem Services(《生物多样性损失对海洋生态系统的影响》). *Science*（《科学》）, 3 November, 787—790.

Yago, Glenn（格伦·亚戈）. 1984. *The Decline of Transit: Urban Transportation in German and U. S. Cities*, 1900—1970(《交通运输系统的衰退：德国与美国城市的交通运输, 1900—1970》). Cambridge: Cambridge University Press.

Yang, Xiaohua[杨晓华（音）]. 1995. Globalization of the Automobile Industry: The United States, Japan, and the People's Republic of China(《汽车产业的全球化：美国、日本与中国》). Westport, CT: Praeger.

Yardley, Jim（吉姆·亚德利）. 2004. Chinese Take Recklessly to Cars (Just Count the Wrecks)(《中国人不顾一切地爱上汽车(仅计数残骸)》). *New York Times* (International edition)[《纽约时报》（国际版）], 12 March, A4.

Zabarenko, Deborah（德博拉·扎巴云可）. 2006. 2005 Was Warmest Year on Record: NASA(《2005 年是有史以来最热的一年：美国宇航局》). *Reuters*, 24 January.

Zhao, Jimin[赵继敏（音）]. 2005. Implementing International Environmental Treaties in Developing Countries: China's Compliance with the Montreal Protocol(《在发展中国家贯彻国际环境公约：中国遵从蒙特利尔议定书》). *Global Environmental Politics*（《全球环境政治学》）5 (February): 58—81.

Zhao, Jimin[赵继敏(音)], and Leonard Ortolano(伦纳德·奥托兰诺). 1999. Implementing the Montreal Protocol in China: Use of Cleaner Technology in Two Industrial Sectors(《在中国执行〈蒙特利尔议定书〉:在两个工业部门采用更清洁技术》). *Environmental Impact Assessment Review* (《环境影响评估述评》) 19, nos. 5—6 (September – November): 499—519.

Zhao, Jimin[赵继敏(音)], and Leonard Ortolano (伦纳德·奥托兰诺). 2003. The Chinese Government's Role in Implementing Multilateral Environmental Agreements: The Case of the Montreal Protocol (《中国政府在贯彻多边环境协议中的作用:〈蒙特利尔议定书〉个案研究》). *China Quarterly* (《中国季刊》) 175 (September): 708—725.

Zhao, Jimin[赵继敏(音)], and Qing Xia[夏青(音)]. 1999. China's Environmental Labeling Program(《中国的环保标识计划》). *Environmental Impact Assessment Review* (《环境影响评估述评》) 19, nos. 5—6 (September – November): 477—497.

Zulu, Vincent (文森特·祖鲁). 1999. Chilly Reception: Mixed Feelings about Europe's Roaming Fridges(《冷遇:对欧洲冰箱的复杂感情》). *New Internationalist* (《新国际主义者》), no. 310 (March): 6.

致 谢

我要感谢加拿大研究员计划和加拿大社会科学与人文研究理事会提供资金支持。感谢我的研究生阿什丽·汉密尔顿(Ashley Hamilton)不辞辛劳地为本书收集研究资料。感谢我的研究生柯林·特里赫恩(Colin Trehearne)和凯特·内维尔(Kate Neville)对事实进行考证。感谢莎朗·戈德(Sharon Goad)和乔希·戈登(Josh Gordon)对研究提供帮助。感谢英属哥伦比亚大学文学院院长办公室的同仁们——尤其是黛拉·克鲁格(Della Krueger)——他们承担了我作为副院长的很多工作,使我有时间完成这本书。

与学生、朋友和同事们的上百次交流也让我受益匪浅。英属哥伦比亚大学的同学们使我立足现实、脚踏实地,他们对于我对研究的过度狂热诸多包容。特别感谢我的研究生宝拉·巴里奥斯(Paula Barrios)、谢恩·巴特(Shane Barter)、凯伊加·贝尔弗利(Kaija Belfry)、弗朗西瓦·德·泽特(François de Soete)、凯瑟琳·霍尔(Katherine Hall)、特蕾西·简斯(Tracey Janes)、琳赛·约翰逊(Lindsay Johnson)、梅达德·基辛格(Meidad Kissinger)、萨曼莎·科恩(Samantha Kohn)、特鲁西亚·阿尔布尔·拉萨尔(Talusier Arbour LaSalle)、简·李斯特(Jane Lister)、大卫·希金斯(David Seekings)、尼古拉斯·斯德多夫(Nicolas Sternsdorff)和哈米什·范德温(Hamish van der Ven)。

还要感谢2005年在夏威夷、2006年在圣地亚哥、2007年在芝加哥举办的国际研究协会会议上,以及2007年在柏林举办的法律与社会研讨会上参与讨论的各位和专题小组成员,我在这些会议上提交了本书的部分内容,一来是为了听听他们的意见,这会对我有所助益;二来也是为了得到他们的鼓励,因为这个项目非我个人之力所能及。还要感谢乔·鲍尔索克斯(Joe Bowersox)2007年11月邀请我至威拉姆特大学，这是我最后一次陈述观点（此后我便迫切地对本书做了"最后的"修改）。

我于 2001 至 2008 年间担任杂志《全球环境政治》的编辑，有幸与天才学者珍妮弗·克拉普（Jennifer Clapp）、肯·孔卡（Ken Conca）、贝丝·德索布雷（Beth DeSombre）、凯伦·利特芬（Karen Litfin）、玛丽安·米勒（Marian Miller）、马特·帕特森（Mat Paterson）和保罗·瓦普纳（Paul Wapner）共事，我的学识从而得以不断增长。还有不少人也对我的思想产生影响，对我影响最大的是我的父亲约翰·道维尼（John Dauvergne），过去几十年来与他的交谈使我受益良多，如今他仍然在帮助我，使我对于全球变化的理解不至偏颇。尤其要感谢麻省理工学院出版社的克莱·摩根（Clay Morgan），他始终坚定地支持我，并提出有用的建议。还要感谢不知名的审稿人，他们提出有建设性的批评意见，使我有信心更加直言不讳。

我要向我的搭档，也是我的妻子，凯瑟琳（Catherine）致以我最深的谢意。她每日大部分时间都用来支持我的写作，只留下碎片时间见缝插针地完成自己书籍的编写。

最后，我要将此书献给我的孩子们，邓肯（Duncan）、妮娜（Nina）和休（Hugh），他们是我在这个失衡的世界中幸福快乐的支柱。

译 后 记

彼得·道维尼这个名字对于任何一个长期关注环境保护并致力于环保的人来说,都不会陌生。他是英属哥伦比亚大学的国际关系学教授,专攻全球环境政治学,已出版十数本专著,发表了数十篇论文。他主要致力于探讨环境保护与全球政治经济的相关问题,尤其关注环境相关的社会不平等现象和生态系统的恶化。他的多本专著已被翻译成日文、韩文、阿拉伯文、中文等,在各国出版。

数年前,曾经拜读过道维尼教授与简·利斯特(Jane Lister)合著的《木材》(*Timber*)一书,书中揭露了木材这种日常生活中必不可少的原材料是如何损害了世界上最贫困的地区以及最脆弱的生态系统。在环境保护主义的浪潮似乎已席卷全球之时,道维尼教授以敏锐的目光和全球化的视野,捕捉到了不容忽视,却又极易被忽视的一部分地区和群体。《消费的阴影:对全球环境的影响》(以下简称《消费的阴影》)一书的出版实于《木材》之前。作者着眼全球,探讨了全球化的企业、贸易与金融光环投射下的环境阴影——地理位置上的偏远地区及政治上的弱小地区为消费增长所承担的代价。此书曾荣获人类生态学学会颁发的杰拉尔德·杨图书奖。在书中,道维尼指出,全球消费的增长已使得地球的生态系统和数十亿人口身处险境。诚然,汽车的普及、冰箱的发展、食用牛的加速生长均标志着经济的发展,为人们的生活带来了便捷和享受。但是,这一切都是以环境的破坏为代价的。他提供了大量的事实和精准的数据,追踪了五种商品给环境带来的影响:汽车、汽油、冰箱、牛肉和竖琴海豹。

收到出版社的翻译邀请时，研读再三，方始落笔，深感肩头责任的重大。希望通过此译作，能够将道维尼教授的观点推广开去，让更多的人了解到，经济和贸易的全球化以及消费的增长并非如表面上看来如此光彩夺目，它隐藏的另一面是实为严峻的生态恶果。同时，也希望借此唤醒更多看似享受着消费带来的福利的人们，让大家意识到，转嫁至贫困地区和脆弱生态系统的环境代价并不会消失，我们生活在同一个星球上，若不正视这一后果，谁都无法逃脱灾难。只有建立起平衡的、可持续的全球消费模式，方可走向更加光明的未来。

　　中国的经济发展取得了伟大成就，是发展中国家的成功典范。书中在列举各个产业的问题时，均以中国为例，在本书中即是承担了环境成本的地区。有数据显示，自2001年起，中国成为世界第三大汽车生产国；2002年时，中国已成为全球最大的肉品消费国；2004年，全球家用冰箱出口额的30%来自中国……中国虽然领衔了世界经济的发展，提高了国民的生活水平，但在表象的背后却是承担了发达国家环境负担的转移。在经济全球化的进程中，发达国家与发展中国家客观存在不同的产业分工，这是由发展阶段、资源禀赋、综合国力等客观因素决定的，中国对发达国家环境污染产业的承接在一定程度上也是一种平衡与妥协，是参与全球产业分工的无奈。当前，全球发展已经步入以清洁能源、人工智能、虚拟现实为主的全新技术革命。回到本书的话语体系中，"中国梦"的实现应该牢牢把握第四次工业革命的机遇，推进"中国制造2025"计划，在经济发展中真正落实习近平总书记"两山"理论和绿色发展思想，处理好经济发展与生态保护之间的关系，以人民为中心，提高发展质量。

　　希望此译作的出版，不仅能进一步推广环境保护的观点和思想，更期盼在国家大战略发展中，能为读者提供借鉴和指引，引发预警和思考，尽译者在专业翻译探索之外的绵薄贡献。

蔡媛媛
2018年9月16日

图书在版编目(CIP)数据

消费的阴影:对全球环境的影响/(加)彼得·道维尼著;蔡媛媛译.—南京:江苏人民出版社,2018.8
("同一颗星球"丛书)
书名原文:The Shadows of Consumption: Consequences for the Global Environment
ISBN 978-7-214-22582-5

Ⅰ.①消… Ⅱ.①彼…②蔡… Ⅲ.①消费—关系—生态环境—研究 Ⅳ.①F014.5②X24

中国版本图书馆CIP数据核字(2018)第220775号

The Shadows of Consumption: Consequences for the Global Environment by Peter Dauvergne
Copyright © 2010 by MIT Press
All rights reserved including the right of reproduction in whole or in part in any form.
This edition published by arrangement with MIT Press, a department of Massachusetts Institute of Technology.
Simplified Chinese translation copyright © 2018 by Jiangsu People's Publishig House
江苏版权局著作权合同登记:图字10-2017-088

书　　　名	消费的阴影:对全球环境的影响
著　　　者	[加拿大]彼得·道维尼
译　　　者	蔡媛媛
项 目 统 筹	戴宁宁
责 任 编 辑	戴宁宁
特 约 编 辑	李晓爽
责 任 监 制	陈晓明
装 帧 设 计	刘葶葶
出 版 发 行	江苏人民出版社
出版社地址	南京市湖南路1号A楼,邮编:210009
出版社网址	http://www.jspph.com
照　　　排	江苏凤凰制版有限公司
印　　　刷	江苏凤凰通达印刷有限公司
开　　　本	652毫米×960毫米　1/16
印　　　张	21.5　插页1
字　　　数	264千字
版　　　次	2019年1月第1版　2019年1月第1次印刷
标 准 书 号	ISBN 978-7-214-22582-5
定　　　价	56.00元

(江苏人民出版社图书凡印装错误可向承印厂调换)